DE
LA RESPONSABILITÉ

DES
PROPRIÉTAIRES DE NAVIRES

ET

DU PRÊT FAIT AU CAPITAINE

EN COURS DE VOYAGE

ÉTUDE CRITIQUE ET PRATIQUE DE DROIT MARITIME

PAR

ROMAIN DE SÈZE

PROFESSEUR HONORAIRE A L'INSTITUT CATHOLIQUE DE PARIS

EXTRAIT DE LA *Revue pratique de droit français.*

PARIS
LIBRAIRIE A. MARESCQ AÎNÉ

A. CHEVALIER-MARESCQ, GENDRE ET SUCCESSEUR

20, RUE SOUFFLOT, 20.

Au coin de la rue Victor-Cousin.

1883

Responsabilité des Propriétaires de Navires

ET DU

PRÊT FAIT AU CAPITAINE EN COURS DE VOYAGE

DE
LA RESPONSABILITÉ

DES

PROPRIÉTAIRES DE NAVIRES

ET

DU PRÊT FAIT AU CAPITAINE

EN COURS DE VOYAGE

ÉTUDE CRITIQUE ET PRATIQUE DE DROIT MARITIME

PAR

ROMAIN DE SÈZE

PROFESSEUR HONORAIRE A L'INSTITUT CATHOLIQUE DE PARIS

EXTRAIT DE LA *Revue pratique de droit français.*

PARIS

LIBRAIRIE A. MARESCQ AINÉ

A. CHEVALIER-MARESCQ, GENDRE ET SUCCESSEUR

20, RUE SOUFFLOT, 20.

Au coin de la rue Victor-Cousin.

1883

ÉTUDE

SUR LA

Responsabilité des Propriétaires de Navires

ET SUR

LE PRÊT FAIT AU CAPITAINE EN COURS DE VOYAGE.

PREMIÈRE PARTIE.

NATURE DE LA RESPONSABILITÉ DES PROPRIÉTAIRES DE NAVIRES.

CHAPITRE PREMIER.

*Faculté d'abandon du navire et du fret. — Son origine
et sa nature.*

Quiconque s'oblige personnellement oblige avec lui tout ce
qui lui appartient. Tous ses biens, meubles et immeubles, présents et à venir, deviennent, pour parler le langage du Code, le
gage commun de ses créanciers. C'est « un principe fondamen-
tal sur lequel il ne peut y avoir diversité d'opinions (1). »

On s'oblige par soi-même ou par son mandataire, et cette
obligation n'a pas moins d'étendue en ce qui touche les biens
que l'obligation prise en personne.

La préposition n'est qu'une espèce de mandat plus général,
relatif à plusieurs affaires ou à un commerce, mais à cause
même de cette généralité, le préposant ou *commettant*, outre
les obligations qu'il contracte en la personne de son préposé,

(1) Bigot-Préameneu, Exposé des motifs du régime hypothécaire adopté
dans le projet du Code civil.

1

répond encore du dommage causé par ce dernier dans les fonctions auxquelles il l'a employé (1).

Le capitaine d'un navire n'est autre chose qu'un mandataire, préposé à l'administration du navire. C'est le préposé de l'armateur.

Il semble bien résulter de ce que nous venons de dire que l'armateur est tenu sur tous ses biens des faits du capitaine et des engagements qu'il a pu prendre. Il n'en est point ainsi, ou, s'il est vrai que l'armateur soit tenu en principe sur tous ses biens, du moins peut-il s'affranchir par l'abandon du navire et du fret (2).

Ce privilège si remarquable de l'armateur est souvent désigné, dans la pratique, sous une forme incorrecte. On dit qu'il y a séparation entre la *fortune de terre* et la *fortune de mer* de l'armateur.

Comme la plupart de nos vieilles maximes, où nos pères cherchaient plutôt une image propre à frapper l'esprit et à s'y graver facilement qu'une sévère exactitude, cette formule prise à la lettre pourrait induire en erreur.

Non seulement, en effet, l'armateur n'est pas tenu sur sa *fortune de terre* des faits ou des engagements du capitaine qui monte un de ses navires, mais il n'en est pas tenu davantage sur ses autres navires, fussent-ils en voyage, et cependant ils semblent bien rentrer dans ce qu'on appelle sa *fortune de mer* ou *fortune flottante*.

Il ne peut être obligé par le capitaine *que sur le navire même auquel il l'a préposé et sur le fret qui en est le produit.*

C'est ce navire seul, avec son fret, que la coutume d'abord et plus tard la loi ont mis à part de tous ses autres biens, de sa fortune de mer aussi bien que de sa fortune de terre, pour l'affecter aux créances nées à son occasion et constituer leur gage unique.

La loi du 14 juin 1841 a levé tous les doutes que la rédaction de l'ordonnance, le commentaire de Valin et les termes équivoques de l'ancien art. 216 du Code de commerce avaient fait naître au sujet de l'étendue de cette règle. Le principe est aujourd'hui certain, son étendue est *générale*, mais pour le bien

(1) Code civil, art. 1384.
(2) Art. 216 du Code de comm.

comprendre et l'appliquer justement, il est plus que jamais utile d'en bien connaître l'origine et la nature.

La coutume qui lui a servi de berceau remonte au moyen âge. Le *Consulat de la mer* (1), ce vieux recueil d'usages, antérieur à saint Louis, constate son existence. Supposant un emprunt fait par le capitaine, et plus tard la perte du navire pour lequel a été fait l'emprunt, le *Consulat* décide que « *aucun parsonnier n'est tenu de rien rendre à celui qui aura prêté, puisque le navire est rompu et perdu. Le parsonnier y perd assez, puisqu'il y perd sa part* (2).

Ce témoignage n'est pas isolé. Le Règlement de procédure consulaire de Valence, postérieur au consulat d'un siècle environ (3), mais longtemps confondu avec lui dans les anciennes éditions, le confirme au contraire avec une précision remarquable : *Si les parts du patron qui a fait lesdits emprunts né suffisent pas pour les payer, le surplus sera acquitté sur celles des autres parsonniers qui auront garanti l'emprunt ;* AUTREMENT LESDITS PARSONNIERS NE SONT PAS TENUS, *le patron n'ayant pas eu le pouvoir d'obliger les biens de terre* (4) (DE CASA) *desdits parsonniers, s'il n'avait procuration ou autre plein pouvoir écrit.*

Un second siècle s'écoule (1444) et nous retrouvons à Gênes, non plus dans un recueil d'usages, mais dans un *statut de l'office de Gazarie,* la même disposition promulguée avec un luxe d'expressions qui semble indiquer chez ce peuple navigateur la volonté d'en faire un principe d'ordre public, protecteur de son commerce : *Statuimus et ordinamus, quod si patronus navis, cochæ, galeæ vel alterius ligni navigabilis, non habens speciale mandatum in publico instrumento obligandi dominos vel participes quorum sunt procuratores, vel pro quibus sunt patroni et eorum bona, quandocumque mutua, cambia seu pecuniam mutuatam susceperint in necessitatibus suis, rebus necessariis et opportunis dictis casibus, et obligaverint ultra valorem dictorum vasorum et naulorum percipiendorum ex ipsis, dictos dominos et eorum bona,*

(1) Originaire de Barcelone ou peut-être même de *Marseille.* Pardessus penche pour la première ville, mais il avoue qu'entre les deux il n'y a pas d'arguments décisifs qui permettent de trancher la question.

(2) *Consulat de la mer*, ch. 194 et 239.

(3) Il a été concédé à Majorque en 1343, à Barcelone en 1347 et à Perpignan en 1358.

(4) C'est de là probablement qu'est venue la locution usitée dans la pratique.

etiam si pecunia conversa fuerit in necessitate vel utilitate dictorum vasorum, QUOD PROPTEREA DICTI DOMINI ET ALIA EORUM BONA, QUAM DICTA VASA ET NAULA, NON INTELLIGANTUR IN ALIQUO OBLIGATA, VEL OBLIGATI (1)

Après cela on ne peut s'étonner de voir Casarégis présenter ce point de droit comme la coutume universelle de l'Italie, ni d'entendre Émerigon attester que cet usage immémorial a été invariablement suivi à Marseille.

Née, comme on le voit, dans le bassin de la Méditerranée, cette coutume s'est introduite en Hollande et même dans les villes anséatiques, mais, comme le fait remarquer Frémery, « de ce qu'elle ne se retrouve point inscrite dans les recueils primitifs dépositaires des usages formés dans le pays, on doit induire que c'est une idée importée chez les peuples du Nord, et qu'elle n'y est point indigène ; ils l'ont adoptée et ne l'ont point créée. En effet, ce droit fut toujours et est encore inconnu en Angleterre.... »

Il appartenait au même auteur dont les savantes recherches ont porté tant de lumière sur les points les plus obscurs de la coutume commerciale, de découvrir la source première de cet usage inconnu aux Romains.

Il s'est formé, suivant Frémery, sous l'influence de ce contrat de *commande* dont on connaît le rôle au moyen âge.

« Au lieu de considérer le capitaine du navire comme un simple préposé, la coutume des commerçants vit dans le capitaine le *maître* du navire, *lo senyor de la nau*, dit le *Consulat;* et de même qu'il avait à son bord d'habiles marchands à qui leurs concitoyens avaient confié, pour la faire valoir, une partie de leur fortune, à titre de *commande*, de même le capitaine fut, par sa fonction, investi de l'entière confiance des copropriétaires du navire, et chargé de gérer, seul et en son nom, comme un *commandataire* (2), tout ce qui concernait le bâtiment, son expédition et son entretien (3).

---

(1) Statut de l'office de Gazarie de 1441, ch. XCV, sous la rubrique : *Quod obligatio facta per patronum non habentem sufficiens mandatum non obsit domino.* Pard., IV, p. 520.

(2) « Tout maître de navire ou bâtiment est et doit être tenu ou réputé pour commandataire (*per comandatari*) en toutes affaires qu'il traite avec des marchands pour le fait de son navire » (*Consulat de la mer*, ch. 250 de l'édition de Pardessus, t. II, p. 355).

(3) Aussi la formule des *connaissements* porte-t-elle encore : « Je N.,

« Or, le principe essentiel du contrat de *commande*, c'est que celui qui a confié la *commande*, le *commendans*, ne peut, quoi qu'il arrive, rien perdre au delà de ce qu'il a exposé et confié à l'administration et aux soins du gérant, *commendatarius*.

« La coutume du commerce appliqua ce principe au capitaine à qui les copropriétaires ou *quirataires* avaient commis la gestion du navire (1). »

Si le contrat de commande est en effet la source de l'usage dont nous parlons, il est tout naturel de le voir naître en Italie, s'y développer comme dans sa patrie naturelle, gagner peu à peu toutes les villes qui bordent la Méditerranée, s'étendre même jusqu'en Hollande et dans les villes anséatiques qui avaient avec l'Italie des relations très suivies, mais frapper en vain à la porte de l'Angleterre où ne pénétrèrent jamais les principes du contrat de commande.

La ressemblance du capitaine avec le gérant d'une commandite était d'autant plus frappante que, suivant le droit alors en usage, le capitaine d'un navire était comme l'*exercitor* romain, personnellement et indéfiniment responsable des emprunts faits pour le navire (2).

Mais peu à peu le contrat de *commande* cessa d'être usité, le souvenir en devint de moins en moins présent à l'esprit des commerçants qui s'habituèrent à voir dans le capitaine non plus un *gérant* de l'expédition, mais un simple *préposé*. Et comme d'autre part la coutume commerciale, ennemie des entraves de la procédure, avait fini par admettre que celui qui contracte comme préposé, quand cette qualité est notoire, n'est point obligé personnellement, encore bien qu'il ait dit *je m'oblige*, et qu'il n'ait pas eu la précaution de déclarer qu'il gère l'affaire d'autrui, il en résulta que les emprunts faits par le capitaine en dehors d'un pouvoir spécial n'eurent plus d'autre garantie que le navire même et le fret qu'il avait pu rapporter. Le capitaine n'avait parlé qu'en sa qualité de préposé, la coutume ne lui permettait pas d'obliger son commet-

---

MAÎTRE, *après Dieu*, DU MON NAVIRE, *que Dieu sauve,* ... *reconnais avoir reçu dans mon dit navire..., que je m'oblige à transporter à...*

« *A quoi faire* JE M'OBLIGE, *moi* ET MON DIT NAVIRE, ET TOUS SES AGRÈS ET APPARAUX, etc »

(1) Frémery, *Études de droit commercial*, p. 182.

(2) Si le maître du navire a des deniers à lui propres ou à autrui, il est tenu de payer icelui préteur (*Consulat*, ch. 194).

tant, simple commanditaire, pour une valeur supérieure à celle du navire. En abandonnant ce gage au créancier qui n'avait dû compter que sur lui, ce dernier se trouvait quitte et pouvait échapper à tout recours. « Singulier amalgame, s'écrie Frémery, d'où il résultait que le prêteur n'avait aucun débiteur personnellement engagé! Mais personne ne paraît avoir fait attention à ce résultat. »

Examinant alors cette règle coutumière, et recherchant, avec la finesse d'analyse qui lui est habituelle, si elle est *juste et l'expression exacte du droit*, le savant auteur déclare que « il n'existe rien qui puisse faire supposer cette convention, possible sans doute et licite, mais inouïe, qui se réduirait à un lien entre une personne et une chose seulement... »; et, après avoir constaté que cet usage n'a jamais été universel, il conclut à regret que, «eût-il été marqué de ce caractère, la raison commanderait encore de reconnaître que c'est là un des cas rares où la coutume, malgré son universalité, n'est point l'expression du droit. »

Il est certain en effet que la coutume dont nous parlons n'a jamais été universelle, mais chez les peuples qui l'ont créée, elle est née, on peut le dire, avec leur commerce de mer qu'elle a bientôt porté à une puissance étonnante pour l'époque; transplantée du sein de la Méditerranée sur les côtes de l'Océan, puis jusqu'au fond de la Baltique, cette plante du Midi s'est acclimatée dans le Nord avec une telle rapidité qu'il est encore aujourd'hui impossible d'indiquer avec exactitude l'époque de cette migration. Délaissée un moment par des législateurs peu familiarisés avec les besoins du commerce, elle est aujourd'hui plus recherchée que jamais. Elle a résisté à la froide analyse des juristes d'outre-Rhin. Le Code allemand et le Code belge lui ont fait une place d'honneur, aussi bien que le Code italien. Enfin la Grande-Bretagne elle-même, à laquelle elle répugne, comme exception à ce principe de la responsabilité indéfinie qui fait le fond du droit anglais, civil, commercial ou politique, vient de lui ouvrir (1) une porte dérobée par laquelle il n'est pas impossible qu'elle pénètre dans la place.

---

(1) Aux termes de l'art. 54 du *Shipping merchant act de 1862*, la responsabilité pour les fautes du capitaine est limitée à 15 l. st. par tonneau de jauge pour dommages aux personnes et à 8 l. st. pour dommages aux marchandises.

Le monde moderne fait-il fausse route en accueillant d'aussi bonne grâce une vieille coutume, amalgame quelque peu monstrueux d'usages contradictoires, qui « répugne à la raison » et ne supporte pas l'examen ?

Cette question vaut bien la peine d'être examinée.

Frémery écrivait en 1833, au moment où ce principe contesté en France venait d'être rejeté par le Code espagnol (1). Peut-être faut-il attribuer à cette circonstance la sévère conclusion à laquelle il est arrivé. Il est cependant étonnant qu'un auteur aussi perspicace, après avoir le premier peut-être découvert la source juridique d'où est venue cette coutume, n'ait pas su la suivre dans sa marche naturelle et dans la transformation très régulière que le temps lui a fait subir. Il paraît même oublier, dans la suite de son étude, les documents qu'il a trouvés : « C'est chose difficile, il faut l'avouer, que de retrouver aujourd'hui les causes qui pourraient expliquer cette coutume singulière !... » C'était peut-être difficile avant le travail de l'auteur, mais lui-même y a reconnu l'influence de ce contrat de *commande* qui pendant les premiers siècles fut le ressort le plus puissant des opérations commerciales dans les villes de la Méditerranée. » Les passages cités à l'appui de cette explication, en elle-même très vraisemblable, paraissent concluants ; de graves auteurs l'ont acceptée (2) et il serait facile, je crois, de l'appuyer de nombreuses citations de Casarégis, dont, à son tour, elle éclaire la doctrine (3).

Ainsi, au moyen âge, le navire était considéré comme le capital social d'une commandite composée du capitaine, *gérant* de la commandite dont il possédait en général une part importante, et des autres propriétaires, regardés comme commanditaires.

Le capitaine, comme tout *gérant*, s'il contractait un emprunt, se trouvait obligé lui-même personnellement et indéfiniment, mais il ne pouvait au contraire obliger ses commanditaires. Il

(1) La révision du Code de commerce espagnol date de 1829.
(2) Voyez Anthoine de Saint-Joseph, *Concordance entre les Codes de commerce étrangers et le Code français*, p. 85, et dans la *Revue critique* de 1871-1872 un excellent article de M. Gonse, avocat à la Cour de cassation.
(3) Il n'appelle jamais les copropriétaires de navire que *participes*. Le Statut de Gênes dit aussi *domini seu participes*.

pouvait seulement engager leur part sociale, c'est-à-dire leur part du navire.

Si le crédit de ces derniers demeurait intact, si, en ce sens, on a pu dire qu'à leur égard *le navire seul était tenu,* on en aura bientôt conclu que, pour repousser l'action du créancier et échapper à tout recours, il leur suffisait de briser le lien juridique, c'est-à-dire d'abandonner le droit de propriété qui les rattachait au navire. On a comparé leur situation à celle du tiers détenteur d'un immeuble grevé d'hypothèque et qui peut se libérer par l'abandon de l'immeuble (1). J'aime mieux suivre la trace ouverte par Frémery et comparer l'armateur à un commanditaire dont l'apport consisterait en un immeuble dont il n'aurait pas encore transféré la propriété à la société.

Vienne la faillite de la commandite, est-ce que l'associé dont nous parlons n'échappera pas à tout recours par l'abandon de l'immeuble? Sans aucun doute. Et cependant il ne s'agit point ici d'un simple tiers détenteur. Le commanditaire est tenu des dettes contractées par le gérant, mais il n'en est pas tenu *indéfiniment.* Son obligation est restreinte aux limites de son apport, et c'est pour cela que la réalisation et l'abandon de cet apport le dégagent absolument. Il en est tout à fait de même de l'armateur. Obligé, mais dans les limites de sa part du navire, il peut échapper à tout recours en abandonnant cette part.

Je n'oublie pas qu'avec le temps, la forme de la *commande* s'altéra, et qu'au dix-huitième siècle tout au moins, le capitaine, au lieu d'être *maître* ou *gérant,* n'est plus qu'un simple *préposé,* mais je ne m'en étonne pas.

Je vois, au contraire, dans cette transformation des rapports du capitaine avec les créanciers du navire, une ressemblance de plus avec la situation du gérant de la commandite à laquelle le temps et les circonstances firent subir une modification du même genre.

L'histoire des sociétés commerciales est instructive à cet égard. Elle nous apprend que le vieux cadre de la commandite, ce moule primitif des sociétés à responsabilité limitée, ne suffisant plus aux besoins nouveaux du commerce, s'altéra peu à peu. La personnalité et, par suite, la responsabilité du gérant diminuant d'importance, à mesure que croissait le chiffre des

____

(1) En ce sens plusieurs arrêts et Frémery, p. 184, note 1.

affaires et des capitaux destinés à y faire face, s'effaça de jour en jour, au point de réduire son rôle à celui d'un simple préposé. C'est de cette transformation qu'est sortie la société *anonyme* ou *à responsabilité limitée*.

Singulier amalgame, pourrions-nous dire à notre tour, d'où il résulte que le prêteur n'a aucun débiteur personnellement engagé ! Aussi cette dernière forme de société ne fut-elle pas acceptée sans résistance. On cria au scandale, et les pertes immenses causées par ces premiers essais d'émancipation de l'anonymat ne semblaient que trop donner raison aux opposants. On fit appel à la raison et aux principes du droit. Mais tout fut inutile. La jurisprudence, débordée, se plia peu à peu aux combinaisons nouvelles qui tendaient à l'annihilation du rôle du gérant, et le législateur, emporté lui-même par le courant, dut consacrer à son tour la formule, inconnue aux Romains et pressentie seulement au moyen âge, d'une *obligation sans obligé*.

Il ne faut pas chercher ailleurs, que dans cette succession d'idées, l'explication et le sens de la règle contenue dans l'art. 216 du Code de commerce. Nous y voyons, au moyen âge, le navire considéré comme une sorte de *commande* entre les mains du capitaine. Les dépenses qu'il nécessite donnent lieu à deux sortes de responsabilité parfaitement distinctes : 1° la responsabilité *personnelle* et *indéfinie* du capitaine, *gérant*; 2° la responsabilité purement *réelle* des propriétaires, *limitée à la part* qu'ils ont dans le navire.

Avec le temps les choses changent : le rôle du *gérant* s'efface et le capitaine, dégagé à son tour de toute responsabilité personnelle, devient, quand il n'a lui-même aucune part dans le navire, le simple *préposé* des armateurs. Mais le rôle de ces derniers, devenus ses commettants, n'a pas changé pour cela de nature. Leur responsabilité personnelle reste à l'abri des engagements pris par le capitaine; seule leur part du navire en répond et il leur suffit de l'abandonner pour échapper à tout recours des tiers. Qu'est-ce donc que cette commandite où l'on ne voit que des commanditaires ? Est-ce une chose inconnue en droit ? Une sorte de monstre juridique contraire à la raison et aux principes du juste ? Bien loin de là, c'est un progrès; la *commande* devenue insuffisante a fait place à l'*anonymat*, la forme la plus parfaite des sociétés commerciales.

Le commerce de mer, de beaucoup le plus considérable, autrefois surtout, et le plus industrieux, a créé la *commande*, source de la *commandite*. Longtemps avant le commerce de terre, il a prévu l'insuffisance de cette dernière et nous lui devons encore le moule fécond d'où est sorti l'*anonymat*.

Rien de plus naturel, rien de plus logique en vérité, et si les vieux préjugés qui s'opposaient encore en 1833 à l'émancipation de l'*anonymat* n'avaient aveuglé Frémery, ce coup d'œil si juste qui lui avait fait découvrir, au milieu des obscurités du moyen âge, la source première de notre coutume, lui eût permis d'en suivre la trace et d'en prévoir le développement dans l'institution féconde que lui doit le monde moderne.

Ne nous contentons pas de ce premier aperçu, et, de peur de nous tromper nous-même, étudions la question de plus près en nous plaçant successivement dans deux hypothèses : 1° celle où le navire appartient à plusieurs, et 2° celle où il n'appartient qu'à un seul.

CHAPITRE II.

Du cas où le navire appartient à plusieurs armateurs. — Société nautique. — Sa nature.

Quand le navire appartient à plusieurs, la théorie qui précède me paraît inattaquable. Elle peut alors se résumer dans les deux propositions suivantes : 1° La copropriété d'un navire constitue une vraie *société*; 2° cette société, par sa nature, tient de très près au type de l'*anonymat*.

Déjà plusieurs auteurs, et des plus graves, ont vu dans la division du navire en *quirats* ou *actions*, cessibles ou transmissibles à volonté, la marque certaine d'une *société*.

Pardessus avait d'abord enseigné que les copropriétaires de navire formaient *une réunion d'intérêts tenant plus de la simple copropriété ou communauté que de la société*. Mais plus tard, ramené par l'étude des textes (1) à une notion plus exacte, il en vint à qualifier expressément les copropriétaires d'*associés*, et

(1) Dans sa traduction du *Consulat* il n'hésite pas à traduire par *actionnaire* le mot catalan *personar*.

leurs rapports d'*association*, de *société*. Le passage cité plus haut de la première édition (1) de son livre disparut même dans les éditions qui la suivirent.

M. Cresp, auquel j'emprunte ces citations, se prononce dans ce sens de la façon la plus formelle : « La jurisprudence ne peut raisonnablement, dit-il, refuser de voir dans les propriétaires de navires de véritables associés (2)... » Et, plus loin, citant les lignes de Pardessus, rapportées plus haut, il conclut : « En résultat, la question est vidée pour nous comme pour lui; c'est définitivement une *vraie société* (3). » Plus il creuse cette pensée, plus elle lui paraît vraie. Il la confirme une dernière fois en ces termes : « Un point est acquis à la discussion : la copropriété d'un navire ou de plusieurs engendre une société véritable et essentiellement commerciale; cela n'est plus douteux pour nous ni pour personne (4). »

Je ne puis invoquer l'autorité de M. Cresp qu'en faveur de la première de nos propositions. La seconde, je dois l'avouer, n'est pas conforme aux conclusions des belles leçons qu'il a consacrées aux *sociétés nautiques*.

En effet, après avoir constaté que la copropriété d'un navire donne naissance à une *vraie société*, le savant professeur, recherchant quelle en est la nature, y trouve tour à tour les apparences d'une *participation*, certains caractères essentiels de la *société collective*, et la faculté pour l'associé de transformer la chose, par son fait et à son gré, en *commandite* ou en *anonyme*. Embarrassé de concilier des caractères si contradictoires, il se déclare « forcé d'y voir une société *sui generis*, QUI PARTICIPE DE TOUTES A CERTAINS ÉGARDS, et ne rentre exclusivement dans aucune (5). »

Je crois, avec le savant professeur d'Aix, que la société dont nous parlons est une société *sui generis*, mais je ne puis admettre qu'elle participe, même à certains égards, de tous les types de société commerciale, car ces types contradictoires s'excluent forcément les uns les autres.

(1) N° 973.
(2) Cresp, t. 1, p. 344 et 345.
(3) *Ibid.*, p. 346.
(4) *Ibid.*, p. 386.
(5) Cresp, *Cours de droit maritime*, t.   , p. 394.

Il y a d'ailleurs dans les explications de M. Cresp, à ce sujet, des confusions et des erreurs qu'il importe de relever.

Et d'abord, la société nautique, née de la copropriété d'un navire, n'est pas une *participation*. On a longtemps hésité sur le caractère essentiel auquel on peut reconnaître ce genre de société. Après de longues discussions et de savantes recherches, on est arrivé à le préciser. Ce caractère est indiqué par le nom même employé autrefois à désigner la participation. Ce qui constitue son essence, a-t-on dit, *c'est que l'associé qui agit n'use que de son propre crédit* (1). Longtemps connue sous le nom de société *occulte* ou *anonyme*, la participation est en effet une société *qui n'apparaît pas*. Inconnue aux tiers, pour lesquels elle n'existe pas, elle ne peut en aucun cas ni leur nuire, ni leur profiter. Ils ne connaissent que l'associé qui a traité avec eux, et n'ont de droits et d'obligations que contre lui ou envers lui.

Ainsi, pour qu'une société nautique fût une participation, il faudrait, comme le remarque avec raison M. Laurin (2), *qu'il y eût un armateur gérant*, SEUL PORTÉ EN L'ACTE DE FRANCISA-TION, *et représentant à lui seul, au regard des tiers, la propriété du navire*. Nous ne nous plaçons pas dans cette hypothèse, et par conséquent l'idée de la participation doit être absolument écartée.

Est-il plus vrai qu'on trouve dans la société qui nous occupe certains caractères essentiels de la société *en nom collectif?*

Quels sont donc ces caractères? C'est, d'après M. Cresp, le caractère propre de la société *collective*, celui qui n'appartient qu'à elle seule : *la responsabilité solidaire et indéfinie des associés*. Cette constatation l'étonne d'ailleurs : « La division du fonds social en *quirats* ou *actions*, cessibles ou transmissibles à volonté, semble très exclusive d'une responsabilité indéfinie et solidaire. Or, cette responsabilité, cette solidarité de tous les associés est une chose antipathique à la *commandite*, à la société *anonyme*, et encore plus à la simple *participation;* c'est le caractère propre de la société *collective*, celui qui n'appartient qu'à elle seule. Et pourtant il est vrai de dire que ce même

<hr>

(1) Delamarre et Lepoitvin, t. VI, n° 102.
(2) Cresp, t. I, note 102, p. 388.

caractère appartient aussi à la société entre copropriétaires d'un navire (1). »

Il faut convenir cependant qu'il serait étrange de voir ce caractère combiné avec la cessibilité des actions et la faculté, pour l'associé, de se transformer PAR SON FAIT ET A SON GRÉ en *commanditaire* ou associé *anonyme!*

Mais je ferai remarquer d'abord que cette faculté pour le copropriétaire d'un navire de transformer *à volonté* son rôle d'associé *en nom collectif* en celui d'un simple *commanditaire*, annule chez lui en réalité la première de ces qualités. Il est obligé, si l'on y tient, indéfiniment et solidairement, mais *sous condition potestative* de sa part. C'est la condition SI VOLUERO, qui ne suspend pas seulement, mais qui *détruit la nature de l'obligation*, « car l'obligation, dit Pothier, étant *juris vinculum quo necessitate abstringimur*, et renfermant essentiellement une nécessité de donner ou de faire quelque chose, rien n'est plus contraire à sa nature que de la faire dépendre de la pure volonté de celui qu'on supposerait la contracter, et, par conséquent, une telle condition ne suspend pas, mais détruit l'obligation, qui pèche, en ce cas, par le défaut de lien... *Nulla promissio potest consistere quæ ex voluntate promittentis statum capit* (L. 108, § 1, ff. *De verb. oblig...* Il est contraire à l'es-sence de l'obligation qu'elle dépende de la pure et seule volonté de celui qu'on supposerait l'avoir contractée (2)... » Ainsi, être obligé sous condition purement potestative (3) ou ne pas être obligé, c'est au fond la même chose, et c'est pour cela qu'en droit un contrat dont l'exécution est attachée à une condition de ce genre n'a aucune valeur (4).

Ne nous payons donc pas de mots et reconnaissons que, dans la société qui nous occupe, l'obligation solidaire et indéfinie de chaque associé dépendant d'une condition *purement potestative de sa part*, n'a aucune existence réelle, et que la vraie et seule qualité des associés est la qualité de *commanditaire*.

Il me reste à expliquer cette ombre de société *collective* qui, combinée avec la faculté de transformer la chose en *commandite*

(1) Cresp, t. I, p. 388.
(2) Pothier, *Oblig.*, n° 205.
(3) De la part du prétendu obligé.
(4) Code civil. art. 1174 : « Toute obligation est nulle lorsqu'elle a été contractée sous une condition potestative de la part de celui qui s'oblige. »

ou *anonyme*, a conduit M. Cresp à voir, dans l'association dont nous parlons, une société composite de la plus étrange nature, « un vrai phénomène, comme il le dit lui-même : c'est dans une seule et même société l'amalgame et succession de tous les genres de société connus (1) !! »

Ce qui caractérise la société *en nom collectif*, c'est que chaque associé soit tenu indéfiniment et solidairement, envers les tiers, des dettes contractées par la société.

Distinguons d'abord entre l'obligation *solidaire* et l'obligation *indéfinie*.

Il est impossible, en présence des textes que nous connaissons et des termes même de l'art. 216, de soutenir que l'obligation des propriétaires ou copropriétaires de navire est *indéfinie*. Les anciens auteurs admettent, au contraire, qu'elle est *solidaire*. On trouve cette distinction nettement établie dans Émérigon (2) : « Les propriétaires de navire répondent *solidairement* de tout ce que fait leur capitaine dans le cours du voyage, pour cause de la navigation... mais cette action solidaire ne compète contre les propriétaires *que jusqu'à concurrence de l'intérêt qu'ils ont sur le corps du navire;* de sorte que si le navire périt, ou qu'ils abdiquent leur intérêt, ils ne sont garants de rien. *C'est ainsi que les lois maritimes du moyen âge l'ont toujours entendu.* »

Après avoir cité tous les documents à l'appui, il continue ainsi : « On voit par là que l'obligation où les propriétaires sont de garantir les faits de leur capitaine est *plus réelle que personnelle...* Le *Consulat de la mer*, ch. 33 (3), après avoir dit que *l'intérêt* que les armateurs ont sur le corps *est engagé* au paiement des dettes contractées par le capitaine en cours de voyage, ajoute que *la personne ni les autres biens des quirataires ne sont pas obligés...* »

Ainsi, bien loin d'être *indéfinie*, l'obligation des armateurs est *restreinte à la part qu'ils ont sur le navire.*

Est-elle *solidaire?* Malgré l'unanimité des auteurs anciens, ce caractère est très contesté aujourd'hui. On s'appuie, pour le combattre, sur l'exception relative au capitaine copropriétaire

(1) Cresp, t. I, p. 393 et 394.
(2) *Contrat à la grosse*, ch. 4. sect. 11, § 1er.
(3) Ou plutôt l'Ordonnance de procédure pour les juges-consuls de Valence, imprimée avec le *Consulat* et confondue avec lui par Casarégis et par Émérigon.

qui, privé de la faculté d'abandon, n'est du moins responsable
que dans la proportion de son intérêt.

« L'art. 216, dit M. Bédarride (1), considère la dette résultant des faits du capitaine comme essentiellement divisible
entre tous les intéressés. Cela résulte et de l'admission de l'a-
bandon partiel, et de la disposition textuelle au sujet du capitaine copropriétaire. La conséquence logique de cette divisi-
bilité légale est *l'exclusion de toute solidarité entre copropriétaires*. Cette exclusion est juste, car chacun d'eux n'a donné
mandat au capitaine que jusqu'à concurrence de sa part. Il ne
saurait donc, dans aucun cas, être tenu au delà. »

Cette opinion peut se recommander de l'autorité de M. Demangeat : « Lorsqu'un engagement, dit l'éminent conseiller à
la Cour de cassation, a été contracté *pour le navire ou pour l'expédition* par le capitaine, qui est en même temps copropriétaire,
il n'est tenu de cet engagement que pour la même part qu'il a
dans le navire (art. 216 *in fine*). Il est évident d'après cela que
les différents copropriétaires d'un navire ne sont jamais tenus
solidairement entre eux de l'obligation qui dérive du fait du
capitaine (2). »

La question est sérieuse, comme on le voit, et je n'oserais
me prononcer entre des autorités si graves de part et d'autre,
sans me livrer à une discussion approfondie, dont le moment
n'est pas encore venu. Mais nous pouvons la réserver, car, ainsi
que le remarque M. Laurin, le digne annotateur de M. Cresp,
« s'il y a ici solidarité, c'est indépendamment de la question de
savoir si notre société est en *nom collectif*, parce que, en matière commerciale, la solidarité est en quelque sorte (3) de
droit commun, comme une condition indispensable du crédit,
qui est le premier besoin du commerce (4). »

Pourquoi donc M. Cresp s'attardait-il à voir dans la copropriété du navire les caractères d'une société *collective?* Pourquoi M. Laurin *ne repousse-t-il pas absolument cette idée* (5)?

Si je ne me trompe, c'est par suite d'une confusion due aux
formules vicieuses employées dans la pratique et qui ont fini

(1) T. I, n° 299.
(2) Traité de droit commercial de Bravard-Veyrières, t. IV, p. 160.
(3) Tout à fait même, comme l'établit très bien M. Frémery, p. 21 et
suiv.
(4) T. I, note 104, p. 391.
(5) *Ibid., loc. cit.*

par passer dans nos lois. Peu familiarisés avec ce qu'on pourrait appeler le *mécanisme* de la *commande*, les peuples du Nord, qui ne la connurent longtemps que par des traductions imparfaites, n'en comprirent pas d'abord la donnée juridique.

Au lieu de voir dans cette nouvelle institution ce qui y était en réalité, une *restriction de l'obligation des associés*, ils la prirent pour une simple exception protectrice *des biens de terre* (DE CASA) de l'armateur, pour une *faculté d'abandon* du navire et du fret accordée à titre de consolation au propriétaire qui a perdu son navire (*lo persomar assats hi pert, pusque la sua part hi pert*). C'est la vieille formule du *Consulat*, simple recueil d'usages collectionnés sans ordre et sans méthode, et traduits en quelque sorte en langue vulgaire. Le propriétaire du navire perdu et rompu était bien assez malheureux, IL PERDAIT ASSEZ pour qu'on ne l'obligeât pas à perdre en outre *sa fortune de terre*. Il lui suffisait de constater cette perte du navire et du fret, en en faisant abandon.

Mais les jurisconsultes méridionaux ne s'étaient pas mépris sur le sens et la portée réelle du nouveau principe. Déjà, en 1343, l'ordonnance de procédure des juges-consuls de Valence le précise d'une façon remarquable. Nous avons vu tout à l'heure qu'après avoir dit que la part de chaque quirataire est engagée au paiement des dettes, elle ajoute : « Autrement (c'est-à-dire si les armateurs n'ont pas garanti l'emprunt) *lesdits actionnaires ne sont pas tenus,* le patron n'ayant pas eu le pouvoir d'obliger les biens de terre... »

Le temps marche, et la vraie donnée de la *commande* se dégage avec lui. Le statut de Gênes de 1441 ne parle plus de ces biens *de terre*, qu'on pourrait croire protégés par une faveur spéciale. Supposant un patron qui a *obligé les propriétaires du navire et leurs biens* au delà de la valeur du navire et du fret, il décide, sans se préoccuper même du point de savoir si la somme empruntée a tourné au profit du navire, « *quod propterea dicti domini et alia eorum bona, quam dicta vasa et naula* NON INTELLIGANTUR IN ALIQUO OBLIGATA, VEL OBLIGATI. »

Éclairés par l'énergique précision de ces termes, les jurisconsultes italiens vont jusqu'à y conformer les vieux textes. Casarégis, traduisant l'ordonnance de Valence, néglige le membre de phrase relatif aux biens de terre (1).

(1) « *Ma li detti compagni, ne altri lor beni non sono obligati, se il*

Lui-même, dans les courtes mais savantes explications dont il accompagne le texte, il en précise le sens : si la portion du patron dans le navire ne suffit pas à payer le créancier, SONO OBLIGATI LE PORZIONI EZIAN DIO, CHE SPETTANO A GLI ALTRI PARTE-CIPI. NON SONO PERO ESSI, NE ALTRI LOR BENI OBLIGATI PER TAL DEBITO, *quando il padrone sudetto non abbia avuta procura, o facoltà sufficienti d'obligarli* (1).

Peut-on dire plus clairement que les copropriétaires du navire ne sont tenus ni personnellement (*essi*) ni indéfiniment (*ne altri lor beni*), mais uniquement sur leur portion de com-manditaires (*le porzioni che spettano a gli altri partecipi*)?

Emérigon ne comprend pas autrement le même texte : « LA PERSONNE *ni les autres biens des quirataires ne sont pas obligés,* » dit-il, et il en conclut ce que tous les auteurs modernes con-cluent de l'obligation du commanditaire, à savoir, que cette obligation est *plus réelle que personnelle* (2).

Comme on l'a remarqué avec raison (3), les ingénieuses et subtiles combinaisons du génie méridional s'infiltrèrent dans le Nord avec une certaine lenteur.

Employées comme ces moyens *empiriques* dont on ignore le secret, leur adoption jeta quelque trouble dans l'application des principes du droit : il en fut ainsi de la coutume qui nous occupe.

Les jurisconsultes *ultramontains,* comme les appelait Casa-régis, la prenant pour un *privilège* destiné à protéger *la fortune de terre* de l'armateur, mirent tous leurs efforts à la restreindre. Cette tendance se remarque dans l'ordonnance de la marine qui semble bien en réduire l'effet à la responsabilité encourue par le copropriétaire à raison des fautes du capitaine (4).

Valin, son illustre commentateur, ne fait aucun doute à cet égard : « Il est pourtant des cas où il ne se libère pas en décla-rant faire cet abandon. Et d'abord cela est évident, s'il s'agit de dettes contractées par le capitaine pour causes qui aient

delto padrone non ha havuto procura, o altro poder sufficiente de obli-garli (Casarégis, t. I, p. 8).
(1) *Ibid.*
(2) Emérig., t. II, p. 454.
(3) Lemonnier, *Commentaires sur les principales polices d'assurance maritime,* préface, p. LII.
(4) *Les propriétaires des navires seront responsables* DES FAITS *du maître, mais ils demeureront déchargés en abandonnant le bâtiment et le fret.* Ord., l. II, t. VIII, art. 2.

réellement tourné au profit du navire (1). Il en faut dire
autant du cas où le capitaine a emprunté de l'argent pendant
le voyage, pour les besoins du navire. Alors, encore que le
capitaine ait fait un bon emploi de l'argent ou non, et quoique
le navire vienne à périr dans la suite, le propriétaire n'est
pas moins tenu de payer la somme due au prêteur, sauf son
recours contre le capitaine s'il a malversé : l'intérêt public
l'exige de la sorte. Autre chose serait, si c'était un prêt
à la grosse et que le navire pérît ensuite (2). » Et Valin cite
à l'appui de cette dernière hypothèse le *Consulat de la mer*,
ch. 236.

Malheureusement pour Valin, le chapitre du *Consulat* auquel
il renvoie contient une décision diamétralement opposée, et on
n'y voit pas la moindre distinction entre le *prêt simple* et le *prêt
à la grosse*. Quelques auteurs ont cru devoir la sous-entendre
pour expliquer une contradiction apparente entre cette décision et une autre qui la précède dans le même chapitre, mais
suivant la juste remarque de Frémery (3), « c'est par erreur
qu'on a cru voir là une trace du contrat à la grosse ; il n'en est
pas fait mention une seule fois dans le *Consulat*. Dans le contrat
à la grosse, on convient que l'emprunteur sera libéré si le
navire périt ; dans le cas prévu par le *Consulat*, cette convention n'existe pas ; *si les copropriétaires ne doivent rien*, c'est que,
dès l'origine, ils n'ont point été obligés (4). »

L'opinion professée par Valin n'avait donc aucun droit de se
recommander du *Consulat*. Née, dans le Nord, de l'interprétation erronée d'une coutume méridionale, encouragée par la
rédaction de l'*Ordonnance* dont les termes un peu élastiques
prêtaient à l'équivoque(5), elle acquit, sous ce haut patronage,
assez d'autorité pour s'imposer même un moment à l'*Amirauté*
de Marseille.

(1) Bien loin d'être *évidente*, cette opinion est expressément condamnée
par le Statut de Gênes : « ... *Etiamsi pecunia conversa fuerit in necessitate,
vel utilitate dictorum vasorum...* »
(2) Sur l'art. 2 de l'ordonnance, titre *Des propriétaires*.
(3) P. 184, note 1.
(4) Si le règlement de procédure de Valence pouvait laisser des doutes
sur l'exactitude de cette remarque, le Statut de Gênes ferait cesser toute
hésitation, et il est probable que Pardessus, qui l'a, je crois, publié le premier, ne le connaissait pas encore, lorsqu'il a émis, même sous la forme
dubitative, la pensée que le chap. 236 du *Consulat* faisait allusion au prêt
à la grosse.
(5) Cependant l'ordonnance ne dit nulle part que l'emprunt fait par le
capitaine oblige les propriétaires.

La jurisprudence de ce tribunal embrassée par Valin menaçait de s'étendre; elle fût peut-être arrivée à détruire la coutume elle-même si le parlement d'Aix ne s'y fût résolument
opposé.

A en juger par la vigueur des coups qu'il crut devoir porter à
la nouvelle doctrine, on ne peut douter qu'il n'en eût reconnu
le danger.

Parmi les nombreux exemples rapportés par Émérigon, je
n'en citerai qu'un dont les circonstances exceptionnellement
favorables auraient pu faire hésiter le Parlement.

Le capitaine Babin, commandant le navire *le Raphaël*, se
trouvant au cap Français, eut besoin d'argent pour les nécessités
du navire. Ne pouvant arriver à trouver de deniers à la grosse,
ni vendre les agrès qui lui étaient nécessaires, il tira sur son
armateur deux lettres de change, valeur reçue pour bis-
cuits, farines, et dernières expéditions du navire. Après avoir
mis à la voile, il rencontra un corsaire anglais contre lequel il
se battit. Le feu prit aux poudres et Babin eut le malheur de
sauter en l'air.

Les deux traites furent protestées faute d'acceptation et de
paiement. L'armateur actionné se défendit en rappelant qu'un
capitaine ne peut engager que le bâtiment, le fret et les choses
qui sont sous sa direction.

Le tuteur des enfants de Babin, actionné lui aussi en assis-
tance de cause et condamnation personnelle, répondait que
l'armateur trouvait une compensation dans les assurances de
sortie; qu'en refusant de payer les traites il devait du moins
abandonner les assurances; que ce serait une injustice des plus
odieuses que de ruiner entièrement deux pauvres pupilles, dont
le père s'était glorieusement sacrifié pour remplir ses devoirs,
etc., etc.

Quelque touchante que fût la position des mineurs Babin, le
Parlement n'hésita pas à maintenir les principes. Il mit l'armateur hors de cours et de procès, et condamna les héritiers du
capitaine à payer les lettres de change.

Cet arrêt, qui ne pouvait laisser aucun doute sur la résolution
que mettrait le parlement d'Aix à accomplir la tâche qu'il
s'était imposée (1), força l'Amirauté de Marseille « à corriger

(1) Le Parlement y mettait peut-être une sorte d'amour-propre national
On ne sait si le *Consulat de la mer* est originaire de Marseille, de Barcelone

sa jurisprudence, laquelle avait été canonisée par M. Valin (1). »

Le Parlement persista dans la sienne et de ses nombreuses décisions il résulte : 1° que le capitaine ne peut pas obliger les propriétaires, *mais seulement leur part sur le navire;* 2° que cette part répond au contraire des engagements du capitaine, *sans qu'il ait eu besoin pour cela de la grever ou de l'hypothéquer* d'une façon quelconque.

Je demande en quoi la situation faite aux propriétaires de navire par ces arrêts et par les anciens statuts auxquels ils n'ont fait que se conformer, diffère de la situation d'un associé *commanditaire?*

Je sais bien que l'opinion de Valin a continué à avoir ses partisans, et parmi eux la Cour suprême elle-même, que les cours souveraines se sont rangées au contraire à l'opinion d'Emerigon, qu'il s'est formé ainsi deux grands courants de jurisprudence entre lesquels les rédacteurs du Code de commerce n'ont pas osé ou n'ont pas su choisir. Mais sur les plaintes unanimes des armateurs français, la loi de 1841 est intervenue, et le sens de cette dernière ne peut être douteux.

Rompant avec les errements d'une tradition altérée, elle a pleinement confirmé la jurisprudence provençale. Avec plus d'autorité que Valin, elle l'a, on peut le dire, *canonisée.* Elle l'a fait en connaissance de cause, éclairée par la vaste et savante collection où Pardessus venait de réunir les monuments de droit maritime du monde entier, et, bien que par respect pour le Code dont elle a voulu conserver le texte autant que possible, elle parle encore de *faculté d'abandon,* il n'est pas permis de douter que la loi nouvelle n'ait voulu consacrer la coutume antique dont la jurisprudence provençale n'était que le fidèle écho.

La formule employée par le Code a d'ailleurs sa raison d'être, et si l'on était tenté d'y voir le désir de modifier, pour l'approprier à nos mœurs, la coutume méridionale, il serait facile de prouver qu'elle se justifie en dehors de cette explication. Nous avons constaté dans la copropriété d'un navire l'existence d'une vraie société, mais d'une société où les apports n'ont pas été réalisés, ils sont restés à l'état de simple pro-

ou d'Italie. Dans le doute, bien des Provençaux penchaient naturellement pour Marseille.

(1) Emérigon, t. II, p. 461.

messe, en ce sens que la propriété de la part de chaque associé est restée sur sa tête. Vienne le jour de l'échéance de la dette sociale, il faudra bien que l'associé, s'il veut échapper à la responsabilité personnelle, exécute ses promesses, *réalise son apport*, en transférant à la société la propriété de sa part. Or, comme il n'y a pas ici, au sens rigoureux du mot, de *personnalité civile* capable de recevoir cette propriété, le transfert devra se faire directement sur la tête des créanciers. C'est précisément ce que veut dire la loi quand elle parle de *l'abandon du navire et du fret* et l'on voit qu'en un sens, et quand on se borne à envisager le *résultat*, l'expression ne manque pas de justesse (1).

Mais quant au fond du droit, les textes cités plus haut nous ont permis de rendre à la coutume toute la pureté de sa formule primitive, et cette formule, reproduite aujourd'hui par le Code de commerce allemand, ne diffère en rien, nous l'avons vu, de celle qui protège l'associé commanditaire : *absence d'obligation indéfinie; responsabilité plutôt réelle que personnelle, et limitée à la part de l'associé dans le navire.*

On sait maintenant d'où provient cette apparence d'obligation indéfinie qui a embarrassé M. Cresp et lui a fait méconnaître le vrai caractère de la copropriété des navires.

Si, comme le croit le savant professeur, cette copropriété constitue une vraie société, la nature de cette société, tout au moins le type auquel elle se rattache, ne peut plus faire doute.

Dirigée par un capitaine *gérant*, indéfiniment responsable, c'était jadis une *commande*. Modifiée à cet égard et confiée aux soins d'un capitaine simple préposé, c'est aujourd'hui un *anonymat*.

Dans un cas seulement, regardé comme exceptionnel, mais qui se produit assez souvent dans la pratique, la loi a cru devoir déroger à ces principes. Aux termes du troisième paragraphe de l'art. 216, le capitaine copropriétaire auquel la loi n'accorde pas le bénéfice de l'abandon, n'est cependant responsable que dans la proportion de son intérêt; la société devient

---

(1) Il ne faut pas oublier, d'ailleurs, que la plupart du temps, quand l'armateur se trouve réduit à l'abandon, c'est parce que le navire est au fond de l'eau. Le navire est *rompu et perdu*, comme le prévoit le *Consulat*, et dans ce cas, il ne reste à l'armateur d'autre moyen de transférer la propriété du navire au créancier que de déclarer qu'il lui en fait *abandon*.

alors une sorte de commandite bâtarde, dont le *gérant*, contrairement aux principes, n'est pas tenu indéfiniment, bien qu'il le soit personnellement (1).

Je ne veux rien exagérer, et maintenant que j'ai établi à quelle *nature* de société *se rattache* la société nautique, je reconnais volontiers qu'elle constitue une société *sui generis*. Il en résulte, comme l'a très bien vu M. Laurin (2), que cette société ne relève que de ses propres règles, *suis stat regulis*, et qu'il ne faudrait lui appliquer aucune des conditions de fond ou de forme de la loi du 24 juillet 1867.

Ainsi, par exemple, c'est une société *légale* et non *conventionnelle*, qui résulte, *contre toutes les règles*, du fait même de la copropriété.

C'est une société essentiellement *temporaire*, qui commence avec un voyage, finit avec lui et se renouvelle d'elle-même à chaque voyage, en dehors de toute convention. C'est une société *de mer*, en quelque sorte, qui commence quand le navire quitte le port d'attache et s'éteint dès qu'il y rentre. Aussi le capitaine qui n'est à terre qu'un simple mandataire à qui l'on a confié la garde d'une propriété commune à plusieurs, retrouve à la mer son vrai rôle de gérant ou d'administrateur. « Le capitaine n'est vraiment *maître*, dit Emérigon (3), qu'après avoir mis à la voile. Il ne peut donc rien faire d'essentiel, que de concert avec les propriétaires, lorsqu'il est dans le lieu de la demeure. » Le *Consulat* lui refuse le droit d'acheter sans leur consentement *les agrès nécessaires au navire* (4), c'est dire qu'il ne peut, par le moindre emprunt, obliger les propriétaires, ni même leur part sur le navire. Et les engagements que prendront ceux-ci ou le capitaine avec leur consentement les obligeront personnellement et par conséquent indéfiniment.

C'est une société commerciale et pourtant elle ne forme pas

---

(1) Cette anomalie paraît avoir échappé à M. Anthoine de Saint-Joseph : « La nouvelle loi, dit-il, d'accord avec l'idée commerciale, considère le capitaine *comme un gérant responsable* et l'armateur comme un commanditaire qui n'a pas entendu s'engager au delà de ce qu'il a risqué » (*Concordance entre les Codes de comm.*, p. 35). Nous venons de voir que c'est une erreur. De nos jours, le capitaine non propriétaire n'est pas responsable du tout, et le capitaine copropriétaire n'est pas responsable comme gérant, puisqu'il ne l'est que dans la proportion de son intérêt.

(2) T. I, note 106, p. 394.

(3) *Contrats à la grosse*, ch. 4, sect. 3. Adde, *Guidon de la mer*, ch. 18, art. 4 ; *Droit de Wisby*, art. 25 ; et premier *recès* anséatique, art. 60.

4) Ch. 239.

une *personne morale*. On chercherait en vain le moment où la propriété est transférée de la tête des associés sur celle de la société. Ce transfert n'existe pas. Chacun garde la propriété de sa part, et les créanciers du navire, si la loi ne leur avait donné un privilége, ne passeraient pas avant les créanciers personnels de l'associé.

On pourrait pousser très loin ce parallèle entre les caractères de la société normale, régulière, ordinaire, et les étranges particularités de celle qui nous occupe. En voyant ces dernières se multiplier, on pourra douter de l'existence ici d'une vraie société. L'erreur, si, comme je le crois, c'en est une, serait moins dangereuse, à mon avis, que celle qui consisterait à confondre l'association dont nous parlons avec l'une quelconque des sociétés commerciales connues et à les soumettre à la loi commune. Aussi n'ai-je pas voulu démontrer que la copropriété d'un navire constitue une *vraie société anonyme*. Je crois seulement et j'espère avoir établi que par sa nature et son essence elle se rattache au type de l'*anonymat*, et que c'est dans les principes de l'*anonymat* qu'il faut chercher notamment la notion des rapports qui existent entre les propriétaires de navire et les tiers qui ont contracté, au cours du voyage, avec le capitaine.

CHAPITRE III.

Du cas où le navire appartient à un seul armateur. — Personnalité exceptionnelle du navire.

La coutume maritime qui permet à l'armateur d'échapper aux engagements pris par le capitaine moyennant l'abandon du navire et du fret, ne régit pas seulement l'hypothèse où le navire appartient à plusieurs, elle protège également le propriétaire unique du navire. L'absence évidente de société, dans ce cas, rend ma tâche plus difficile, mais ce que j'ai dit jusqu'ici aura préparé le lecteur à comprendre et à accepter ce qu'il me reste à dire.

Sans doute il est étrange, au premier abord, de voir des contrats qui n'obligent personne, pas même cet être purement moral dont l'existence dans les sociétés commerciales permet d'expliquer les franchises remarquables dont jouissent les associés.

Je ferai cependant une première remarque.

Nous avons vainement cherché tout à l'heure la personnalité civile dans la société née de la copropriété d'un navire, et par conséquent ce n'est pas à l'aide de cette personnalité qu'on pourrait expliquer la règle dont nous connaissons l'origine.

Et puis, si l'on veut aller au fond des choses, qu'est-ce après tout que cet être moral qu'on s'accorde à reconnaître dans les sociétés de commerce? Est-ce autre chose qu'une *abstraction* (1), une pure création de l'esprit, une *fiction* de droit imaginée par les jurisconsultes pour accroître le crédit de la société à l'aide d'une *séparation des patrimoines*, je veux dire d'une distinction légale entre le fonds social et les biens de chaque associé, à laquelle il a bien fallu donner un prétexte ou, si l'on veut, une base juridique?

Plus tard, cette création ingénieuse a rendu aux grandes entreprises un service inappréciable, en préparant l'esprit des jurisconsultes à admettre la transition du principe sévère de la responsabilité personnelle et indéfinie aux règles conventionnelles d'une responsabilité purement réelle et limitée parfois à une valeur insignifiante.

Mais elle ne tient pas à la *nature* de la société, elle n'est pas de son *essence*, puisque, suivant l'opinion commune, on ne doit pas la voir dans les sociétés civiles. Et cependant il suffit, d'après la Cour de cassation, qu'elles revêtent l'une des formes de la société commerciale pour obtenir sinon la personnalité morale, au moins tous les avantages qui y sont attachés.

Cette personnalité civile tient en effet à certaines *formes* de société, bien plus qu'à la société même, et l'on pourrait trouver des cas où elle survit à cette dernière.

Supposez une société anonyme dont les actions peu nombreuses arrivent par des acquisitions successives à se réunir dans la même main. Supposez que, malgré le défaut absolu de société qui est la conséquence nécessaire de cette réunion, les opérations continuent encore pendant quelque temps. Puis la société tombe en faillite. L'unique actionnaire sera-t-il devenu personnellement et indéfiniment responsable des opérations

(1) Blackstone l'appelle une *personne artificielle.*

faites à partir du jour où l'acquisition de la dernière action l'aura rendu maître de tout et aura par ce seul fait mis fin à la société ? Je ne crois pas qu'on trouvât un jurisconsulte qui en décidât ainsi.

Or quel est le principe qui peut protéger ici la personne et les autres biens de l'actionnaire contre les engagements de l'administrateur et du mandataire (1)? Ce ne peut être la société, elle a disparu et il n'en reste plus que l'ombre. Est-ce sa personnalité civile qui lui survit? Est-ce la *forme* de l'ancienne société qui persiste et suffit à elle seule à maintenir le *principe de l'anonymat?*

Quoi qu'il en soit, on voit combien ce principe tient à peu de chose, et, après l'avoir vu maintenu *par la seule forme* d'une société qui n'est plus, on sera moins surpris de le voir attaché par la loi à la propriété d'un navire.

Pour qui connaît le rôle si spécial et si particulier que le navire joue en droit maritime, cette proposition n'a rien de choquant. Il est difficile au contraire d'étudier les principes qui le concernent sans que l'idée de *personnalité civile* vienne naturellement à l'esprit.

Le navire en effet, ce chef-d'œuvre de l'industrie humaine, cette cité flottante qui va porter jusqu'aux extrémités du monde, avec le pavillon national, l'honneur de notre nom et les bienfaits de notre civilisation, ne saurait sans injure être comparé à aucune autre *chose*.

Grâce à ce merveilleux instrument où, comme le dit Frémery, *l'homme voit empreintes ses deux plus nobles facultés : l'intelligence et le courage,* les anciens ont fait le tour de l'Afrique et vu, à leur grand étonnement, *le soleil se coucher au nord.* Grâce à lui, de simples pêcheurs basques ont découvert l'île de Terre-Neuve (2), et le Génois à jamais illustre a découvert un nouveau monde. La grandeur des périls qu'il affronte a rendu insuffisante la *raison écrite* elle-même, et la science du droit lui est redevable des deux plus beaux contrats peut-être qui existent, le contrat de *commande* et le contrat d'*assurances*.

____

(1) On pourrait même supposer le cas où l'administrateur lui-même est devenu le seul actionnaire. Sa personne et ses biens se trouveront alors protégés *contre ses propres engagements*.

(2) D'Argentré, *Histoire de Bretagne*, cité par Valin, t. I, p. 8.

Si j'ai rappelé ce glorieux état de services, c'est moins pour me livrer à cet *enthousiasme* qui a *gagné*, au sujet du navire, *nos docteurs modernes même les plus graves* (1), que pour expliquer l'importance du rôle de tout temps reconnu au navire.

Les « *bons établissements et les bonnes coutumes qui sont du fait de la mer, que les sages hommes allant par le monde commencèrent à donner à nos ancêtres* (2),» ne sont pas seuls à reconnaître que le navire mérite une place à part dans le droit.

Les lois modernes, les lois contemporaines même, se rencontrent en ce point avec la coutume. Elles ont plutôt agrandi son œuvre. Si le Code de commerce eût adopté l'ordre du Code civil, ses rédacteurs eussent pu hésiter sur la place à donner au navire entre les biens, meubles et immeubles, et les personnes.

Le navire est meuble, l'art. 190 le dit en propres termes, et à certains égards il faut bien le reconnaître, mais à l'égal des immeubles il est susceptible d'hypothèque (loi du 10 décembre 1874).

Il est plus que cela, et M. Cresp ne craint pas de prononcer à son occasion le mot de *personne civile* (3). Je sais qu'il ne faut pas prendre ici cette expression dans son sens exact et rigoureux. C'est aller trop loin en un sens, mais en un autre sens c'est ne pas assez dire, car par certains côtés le navire constitue *une personne vivante en quelque sorte.*

L'expression est de M. Laurin, et je laisse au savant professeur le soin de l'expliquer :

« Comme celle-ci il a son domicile, qui est son port d'attache, et qui, conformément au droit commun, est attributif de juridiction; comme celle-ci il a une patrie, avec tous les privilèges que confère la nationalité; comme celle-ci, et plus que celle-ci, il ne peut voyager sans une sorte de laissez-passer, véritable *passeport*, ainsi que le dit d'une façon si juste et si pittoresque M. Cresp. D'autre part, bien que le navire ne forme pas un patrimoine distinct de la fortune générale de l'armateur, il n'en est pas moins vrai que, par la force même des choses, il se trouve placé sous un régime tout à fait spécial. Le capi-

----

(1) Cresp, t. I, p. 46.
(2) *Consulat de la mer*, ch. 1.
(3) T. I, p. 59.

taine a pour la conduite et l'administration de son bâtiment les
pouvoirs les plus étendus, *il en est le maître après Dieu*, et
comme dernière singularité, il faut noter que l'armateur peut
s'affranchir de la responsabilité des faits du capitaine par l'a-
bandon du navire et du fret, ce qui arrive en somme à *faire
payer les dettes du navire par le navire lui-même*. On voit que,
s'il n'y a pas complètement personne civile, cela y ressemble
beaucoup (1). »

Loin de taxer d'exagération M. Laurin, on serait plutôt tenté
de lui reprocher, s'il ne s'agissait d'une simple note, d'avoir
négligé, parmi les singularités spéciales au navire, celle qui
caractérise au plus haut degré peut-être sa personnalité exceptionnelle.

« Le capitaine, dit M. Cresp, a les *actions du navire*, pour
défendre comme pour demander (2). » Ainsi non seulement
le navire a des dettes qu'il doit payer lui-même, mais il a des
actions qui lui sont propres, qu'il exerce par l'entremise du capitaine, et dans lesquelles il peut jouer, soit le rôle de défendeur, soit même celui de demandeur.

Eh bien! ne comprend-on pas maintenant que si, pour expliquer l'exception au principe de la responsabilité indéfinie, il
faut pouvoir, entre le tiers créancier et l'armateur personnellement affranchi de l'engagement du capitaine, trouver une personnalité fictive qui se substitue à ce dernier, la *personnalité
civile* du navire, bien qu'incomplète, peut suffire à cette
tâche?

Et, quand on sait d'ailleurs *que l'exception existe*, qu'elle est
écrite en toutes lettres dans la loi, et que cette personnalité du
navire, tout imparfaite qu'elle soit, donne lieu, quand il appartient à plusieurs propriétaires, à une sorte de *commande* d'où
est sortie la *commandite*, est-il permis de douter qu'elle ne
suffise à expliquer le privilège de l'armateur seul et unique
propriétaire? Ne voit-on pas que, dans les deux cas, c'est le
navire qui doit payer lui-même les dettes qu'il a contractées,
et n'est-il pas évident que le privilège des copropriétaires de
navire et celui de l'unique armateur, sortis de la même source,
sont de la même nature et doivent être régis par les mêmes
règles?

(1) Cresp, t. I, p. 59, note 9.
(2) *Ibid.*, t. II, p. 287.

Il est pourtant une objection sérieuse à cette conclusion. La jurisprudence accorde la même *faculté d'abandon* au propriétaire de la marchandise. Elle lui permet, comme à l'armateur, d'affranchir ainsi sa personne et ses autres biens des engagements pris par le capitaine dans l'intérêt de la marchandise. Si cette faculté tient au navire et à son caractère tout particulier, comment expliquer qu'elle s'étende au propriétaire de la marchandise?

L'examen de ce dernier point, en répondant à l'objection, complétera cette étude et nous permettra de préciser la théorie qui en fait l'objet.

CHAPITRE IV.

De la faculté d'abandon étendue au propriétaire des marchandises.
— Caractère singulier du voyage en mer.

Nous avons reconnu sans difficulté que la personnalité du navire était une personnalité *imparfaite*, et l'une de ses imperfections est de manquer d'unité et de *continuité*. A l'inverse de l'Antée de la fable, la personnalité du navire, née de la mer, perd, en s'en éloignant, ses forces et presque sa vie. Nous avons déjà vu la société à laquelle elle donne lieu s'éteindre à l'entrée dans le port et se confondre avec la copropriété des plus humbles pontons. La personnalité civile a le même sort. Au port, je veux dire à domicile, dans le lieu que la loi appelle le *lieu de la demeure*, le navire redevient un meuble à peu près ordinaire.

Le capitaine n'y est plus maître absolu, il ne peut plus rien au contraire que sur l'ordre de l'armateur.

L'armateur devient personnellement responsable des dettes que pourrait faire le navire; et la faculté qui lui reste de l'hypothéquer tient plutôt à l'importance de ce *meuble* et à sa valeur exceptionnelle qu'à son caractère spécial.

Ainsi (et cette observation me paraît importante) quand, au sujet du navire, on parle de personnalité civile, il ne faut pas oublier que cette entité juridique ne s'applique pas au navire pris isolément et indépendamment de toutes circonstances extérieures, mais uniquement au navire *en mer*, ou, plus exactement, au navire *en voyage*.

C'est le *voyage en mer* qui donne au capitaine des pouvoirs exceptionnels, c'est le *voyage* qui crée entre les copropriétaires du navire comme une sorte de participation (1), une société, une *commande*, et plus tard un *anonymat du voyage*, dont le souvenir protège encore aujourd'hui le propriétaire unique du navire ou des marchandises qu'il porte.

S'il en est ainsi, l'ordre logique des idées a dû naturellement amener la coutume à comprendre dans cette *commande* du navire ou plutôt du *voyage en mer*, le propriétaire des marchandises qui en partagent les destinées.

Ces marchandises font le voyage dans le navire, leur transport en est même le but. Elles affrontent les mêmes périls et, dans la plupart des cas, sont soumises au capitaine qui en est, comme du navire, le *maître après Dieu*. La loi lui donne le droit de les grever d'un contrat à la grosse, de les vendre ou même de les jeter à la mer dans l'intérêt du salut commun ou simplement dans l'intérêt du navire. Si après lui avoir donné un tel pouvoir, le droit coutumier, qui a mis du moins hors de son atteinte la responsabilité personnelle de l'armateur, n'eût pas pris la même précaution en faveur du propriétaire des marchandises, ce dernier eût été nécessairement sacrifié, et tout le poids des dépenses nécessitées par le voyage eût porté sur lui seul.

Aussi le voit-on, dès l'origine, compris dans cette sorte de participation que nous nous sommes permis d'appeler la *commande du voyage*, à moins qu'un des marchands lui-même ne fût à bord comme le *gérant* d'une autre commande distincte de la première, ou que plus tard un *subrécargue* n'y fût comme l'administrateur d'une sorte d'*anonymat* distinct aussi.

Dès qu'il n'en était pas ainsi, c'est le capitaine qui a rempli successivement ces deux rôles, à la fois pour le navire et pour a marchandise.

Jamais cependant, que je sache, on n'a cru le propriétaire de la marchandise personnellement obligé.

Emérigon dit en parlant du capitaine *géreur* de la cargaison : « Les armateurs sont tenus de ses faits, non seulement jusqu'à

---

(1) Les vieux auteurs, Casarégis entre autres, désignent souvent par le mot de *participes* les copropriétaires du navire ou de la marchandise, mais on sait qu'à cette époque on donnait volontiers cette qualification aux *commanditaires*. Voyez Delamarre et Lepoitvin, t. VI. nᵒˢ 114 et suiv.

la valeur du navire et du fret, mais encore jusqu'à la valeur des marchandises confiées à ses soins ou des retraits qui en proviennent.... Il suit de ces principes que, si les armateurs refusent de remplir les engagements contractés par leur capitaine *géreur*, ils doivent abandonner le navire *et la cargaison* tant d'entrée que de sortie, ou du moins en tenir compte (car la formalité du délaissement n'ayant pas été prescrite à ce sujet, elle n'est pas de rigueur); *il suffit qu'ils n'aient pas profité des engagements de leur capitaine, et que leur fortune de mer n'en soit pas devenue plus opulente.... (1).* »

En présence de l'art. 234 du Code de commerce, la distinction d'Emérigon n'a plus d'objet. Le capitaine est toujours le *géreur de la cargaison,* car cet article en fait le *mandataire légal* du chargeur; et, bien qu'aucun texte ne vienne limiter la responsabilité de son mandant, il n'est venu à personne l'idée de l'étendre au delà de la valeur de la marchandise (2).

Ainsi dans tous les cas où nous rencontrons cette *faculté d'abandon,* qu'il s'agisse de plusieurs propriétaires d'un même navire ou d'un seul armateur, de plusieurs ou d'un seul chargeur, il ne faut voir qu'un même droit, né d'une même source et produisant les mêmes effets : droit bien connu, dont l'origine indique la nature, et qui, en principe et sauf les exceptions que comporte la matière, place les personnes dont nous parlons dans une situation dont celle des *commanditaires* est l'image la plus exacte.

CHAPITRE V.

Tendance des législations modernes à faire du principe de l'abandon une règle universelle. — Examen des objections.

La faculté d'échapper aux engagements du capitaine, son préposé, moyennant l'abandon du navire et du fret, présentée comme une exception exorbitante destinée à protéger *la fortune de mer* de l'armateur, comme une anomalie bizarre exclusivement propre au droit maritime, a effarouché certains esprits. A

(1) T. II, p. 455 et 456.
(2) La jurisprudence est constante sur ce point.

partir du dix-huitième siècle, on remarque une tendance à la mettre au nombre de ces dispositions surannées, dignes des temps barbares qui les ont vues naître et dont il faut débarrasser les codes modernes.

En 1794 le Code de Prusse la rejette (1); le Code de commerce français de 1807 la laisse, par son silence, à la discrétion des tribunaux; plus tard le Code de Naples et l'excellent Code espagnol de 1829 (2) suivent encore l'impulsion donnée par la Prusse.

J'ai déjà fait observer que cette réaction dans le mouvement législatif n'avait pas été sans influence sur l'opinion de Frémery. Elle a pesé, comme on va le voir, sur le jugement de M. Cresp, si clairvoyant d'ordinaire en ce qui touche le droit maritime et qui n'a pas craint d'écrire : « Aucun motif en sa faveur n'a pu être puisé dans le droit, dont au contraire elle blesse les principes; on n'a pu l'asseoir que sur des considérations qui, elles-mêmes bien appréciées, ont assez peu de solidité. En effet, le grand argument des promoteurs de la loi (de 1841) a été de dire : Tous les peuples commerçants admettent la faculté d'abandon, pour tous les faits et engagements du capitaine indistinctement; mettez notre législation en harmonie avec les lois étrangères. *Rép.* Au contraire, un grand nombre imposent une responsabilité indéfinie, absolue, sans limitation ni tempérament quelconque, *sic* Angleterre, Etats-Unis, Espagne, Prusse, Naples, etc. (3). »

Je ne sais à quelle époque M. Cresp écrivait ces lignes. Elles sont, dans tous les cas, bien postérieures à la loi de 1841, et si l'harmonie des législations commerciales est en effet une chose désirable, on ne peut s'empêcher de remarquer qu'à ce point de vue au moins, les promoteurs de la loi de 1841 ont été mieux inspirés que ne le croyait le savant professeur. On aurait pu croire qu'ils reculaient en reprenant une coutume du treizième siècle; le temps a prouvé qu'ils avaient vu juste. La vieille coutume s'est trouvée conforme aux besoins de la marine moderne et, à la suite de la France, presque tous les peuples l'ont adoptée. Dès 1855 la Belgique a corrigé son art. 216 dans des termes identiques à ceux de la loi française; et la loi du 21 août

<hr>

(1) Art. 1525 à 1529.
(2) Art. 621 à 622.
(3) Cresp, t. II, p. 204.

1879 qui est, comme on sait, son nouveau Code de mer, s'est bornée à reproduire cet article ainsi modifié (1).

Le Code de commerce italien de 1865 a adopté le système français (2).

L'Angleterre elle-même, entraînée par ce mouvement, s'est vue forcée tout au moins de limiter la responsabilité *civile* de ses armateurs, et si cette limite est moins étroite que la nôtre, on peut lui reprocher d'être absolument arbitraire (3).

L'Allemagne a été plus loin : corrigeant, en 1861, l'œuvre du roi philosophe, elle a modifié dans le sens français la disposition du Code prussien, et n'a pas craint de reproduire textuellement la formule du moyen âge (4).

En résumé, le principe de la loi de 1841 tend à devenir la règle universelle, et, grâce à elle, le Code de commerce français, malheureusement en retard, en plusieurs de ses dispositions, sur les codes étrangers, a du moins sur ce point l'honneur de les avoir devancés.

Malgré le préjugé que constitue en sa faveur ce *consensus omnium* des législations contemporaines, il ne faudrait pas croire que tout le monde s'accorde à reconnaître aujourd'hui la justice et l'utilité de cette règle. Bien loin de là, comme on a pu le voir, l'une et l'autre sont très contestées, et si le législateur français, suivant l'exemple des nations qui nous entourent, venait à reviser notre Code de commerce, il n'est pas bien certain qu'il maintînt tel qu'il est l'art. 216.

Il importe donc au plus haut degré d'examiner les arguments qu'on fait valoir contre elle et de voir s'ils sont fondés.

Au point de vue de l'*utilité* d'abord, ses adversaires y voient une cause de discrédit pour la marine française. Ce reproche, qui aurait pu inquiéter le législateur de 1841, a perdu aujourd'hui la plus grande partie de sa valeur, car depuis la révision dont la plupart des codes de commerce ont été l'objet autour de nous, ce discrédit, partagé pour la même cause, par les marines italienne, belge, allemande, hollandaise, suédoise, etc., et

(1) Art. 7.
(2) Art. 311.
(3) Art. 64 du *Shipping murchant act* de 1862, déjà cité.
(4) Code de commerce allemand, art. 452. Il n'est devenu loi de l'Allemagne qu'en 1867.

dans une certaine mesure par la marine anglaise elle-même, ne nous empêcherait plus de lutter à armes égales avec nos concurrents naturels. Au reste, le vrai juge de cette question de crédit ou de discrédit, c'est l'armement que son intérêt personnel doit éclairer tout particulièrement. Or les armateurs français ne se sont jamais plaints de cette faculté, — à laquelle d'ailleurs il leur est loisible de renoncer en donnant au capitaine un *pouvoir spécial* (1) de les obliger personnellement. C'est au contraire à leur initiative qu'est due la loi de 1841.

Mais c'est surtout au point de vue du *droit* qu'on a contesté la légitimité de notre règle coutumière, et cette objection est la seule qui doive préoccuper le jurisconsulte.

Elle *blesse les principes*, dit M. Cresp, et c'est aussi ce que prétendent les Anglais :

« Il est parfaitement dans la nature des choses, dit Benecke (2), que les armateurs et chargeurs, aussi bien que les assureurs, soient exposés à des pertes excédant le capital primitivement engagé ou assuré, et c'est une circonstance que doit calculer à l'avance toute personne qui hasarde sa propriété ou qui fait profession d'assurer les risques de mer. Il y a donc *erreur manifeste* dans le principe établi par la jurisprudence française, que la fortune de terre ne peut jamais être compromise par les événements de mer (3). »

L'opinion de Frémery ne diffère pas de celle de Benecke, mais au lieu de se borner, comme l'auteur anglais, à une simple affirmation, il la développe savamment :

Suivant lui la doctrine d'Émérigon repose nécessairement sur cette idée, « qu'en fait quiconque fait des avances à un capitaine en cours de voyage a l'intention, d'après la coutume générale

(1) L'ordonnance pour les juges-consuls de Valence réserve cette faculté : « Le patron n'ayant pas eu le pouvoir d'obliger les biens de terre... s'il n'avait procuration ou plein pouvoir écrit... » De même le Statut de Gênes : « *Non habens speciale mandatum in publico instrumento.* »

(2) *Traité des principes d'indemnité en matière d'assurances maritimes,* t. II, p. 17 et 18. L'auteur écrivait en 1828.

(3) Benecke, dont le livre traitait de l'indemnité d'assurances, envisage surtout la question au point de vue de la responsabilité des assureurs, et il est bien possible que la règle de la jurisprudence française qui ne permet pas de faire assurer plus que la valeur *actuelle* du navire, ait contribué à faire adopter chez nous le principe qui limite la responsabilité de l'armateur. Mais comme ce principe nous vient d'un pays où l'on pratiquait sans scrupule l'assurance sans risques, l'assurance *pari* ou *gageure*, le *toto per pieno*, il est certain que ces deux principes ne sont pas nécessairement liés.

entendue de la même manière par tous les commerçants, *de prêter au navire seulement*, sans prétendre avoir pour débiteurs ni le capitaine ni les propriétaires du navire. » Et après avoir cherché vainement les traces de cette convention, soit dans la *formule des emprunts* souscrits par le capitaine, soit dans la *nature de l'engagement* qu'il a pris de transporter les marchandises par son navire d'un port à un autre, engagement qui entraîne pour lui l'obligation de réparer le navire tant qu'il n'es pas innavigable, il conclut « que le capitaine qui a reçu mission pour contracter l'engagement de transporter, a mission aussi pour contracter l'engagement de payer le prix des réparations qu'il est obligé d'effectuer ; conséquemment, il n'y a nul fondement pour dire qu'il n'a point le pouvoir d'obliger la fortune *de terre* des armateurs. »

« Ainsi, dit-il, il n'existe rien qui puisse faire supposer cette convention, possible sans doute et licite, mais inouïe, qui se réduirait à un lien entre une personne et une chose seulement. »

Ce jugement, porté par trois esprits distingués et dont l'opinion fait autorité dans les matières maritimes, peut servir à montrer l'utilité de cette étude.

Sans prétendre avoir encore justifié, au point de vue purement juridique, la *faculté d'abandon*, nous espérons du moins avoir préparé le lecteur à une appréciation moins sévère d'une coutume dont il connaît maintenant l'origine. Nous n'avons pas méconnu le caractère d'*exception* qui s'attache à cette faculté, mais après avoir recherché la nature de cette exception, nous l'avons reconnue. Loin d'être exclusivement propre à l'armateur, elle abrite aujourd'hui la *fortune de terre* de tous ceux qui, en réservant leur personne et leurs biens, ont voulu confier aux hasards de la lutte industrielle quelques capitaux seulement. Cette exception, il est vrai, suppose une stipulation (conventionnelle ou légale), mais, loin d'être inouïe, cette stipulation, qui *se réduit à un lien entre une personne et une chose seulement*, est une convention commune, dont nous avons tous les jours mille exemples sous les yeux et dont les règles ingénieuses et savantes remplissent nos codes modernes. Enfin nous savons que cette convention due au génie commercial des républiques italiennes s'est plus tard élevée à la hauteur d'une institution à laquelle nous devons, avec le secret de réunir les capitaux, la puissance qui a couvert la terre de chemins de fer et creusé

les barrières qui, en séparant les mers, s'opposaient au passage
de nos navires.

Voilà les suites funestes du principe adopté par la jurisprudence française. S'il faut y voir les fruits d'une *erreur*, n'est-on
pas tenté de s'écrier : *felix culpa ?*

On s'explique cependant la critique des jurisconsultes d'outre-
Manche.

S'il est un pays au monde qui pût se passer pour les plus
grandes entreprises du secours de la société anonyme, c'est
incontestablement l'Angleterre.

Le caractère essentiellement indépendant des Anglais, ce
besoin d'initiative personnelle, de *self-government* et de *self-help*
qui est comme le pivot de leur constitution civile et politique,
leur rendait plus dangereux qu'aux autres peuples l'abandon
du principe de responsabilité personnelle qui en est le contre-
poids nécessaire. Leur loi des successions, tout en protégeant le
patrimoine des grandes familles, a constitué à côté d'elles une
aristocratie d'argent dont la fortune peut rivaliser avec celle
de l'aristocratie de race.

A cette agglomération naturelle des capitaux dans les mains
de quelques privilégiés, joignez cet esprit d'aventure et cet
amour du lucre qui ont fait du jeu et du pari, chez ce peuple singulier, comme une institution nationale, et vous comprendrez
sans peine, les *miracles* financiers qu'il a pu réaliser avec le seul
secours de la société en nom collectif.

C'était une société en nom collectif (1) que cette *banque de
Glascow*, banque d'émission gigantesque, dont le portefeuille
rivalisait avec celui de la banque d'Angleterre. Chacun des actionnaires répondait *personnellement* et *indéfiniment* des centaines de millions qu'elle remuait chaque jour. Ces bonnes
gens s'étaient habitués à ce danger terrible et permanent; peut-
être ils l'avaient oublié, comme le chauffeur fatigué s'endort
près de sa chaudière surchauffée. La banque de Glascow a vécu
longtemps, à la stupéfaction des économistes. Peut-être existe-
rait-elle encore si elle eût conservé le caractère des anciennes
sociétés anglaises, je veux dire si elle eût continué à n'avoir
pour actionnaires que de grands capitalistes. Mais le courant

____

(1) J'entends par là seulement que les associés y étaient tenus indéfiniment des dettes sociales.

démocratique de nos jours a pénétré jusque dans la vieille Al-
bion. Les petits ont été tentés par les gros revenus de la banque
de Glascow : pour avoir leur part des bénéfices, ils ont accepté
des risques dont les colossales proportions n'étaient pas faites
pour eux, et quand la *chaudière a éclaté*, au lieu d'ébrécher la
fortune de quelques lords que cet accident eût rendus plus prudents, elle a jeté dans la rue des milliers de victimes composées
de pauvres veuves, d'humbles filles de service ou de modestes
clergy-men!!

Voilà les suites du principe de la responsabilité solidaire et indéfinie appliqué, même en Angleterre, à nos sociétés modernes et aux opérations colossales qu'elles affectionnent !

Quoi qu'il en soit, on comprend maintenant — et la digression à laquelle je me suis livré n'avait pas d'autre but — qu'un
peuple capable de créer la *banque de Glascow*, association de
capitaux s'il en fut, au moyen d'une société de personnes,
sans apporter aucune restriction à l'*intuitus personæ*, à la responsabilité personnelle et indéfinie qui est le caractère de cette
société primitive, a dû, pour arriver à comprendre le mécanisme
des sociétés *limited*, surmonter des répugnances presque invin-
cibles (1).

Et, pour en revenir à l'armateur, il est tout naturel que le
législateur anglais, après lui avoir fourni, par le droit d'aînesse
ou la liberté de tester, les moyens d'accumuler des capitaux
considérables, n'ait pas cru devoir consacrer à son profit un
second privilège, en adoptant une coutume essentiellement
contraire au génie national.

Frémery n'avait pas les mêmes préjugés que Benecke sur le
caractère licite d'une restriction conventionnelle au principe
de la responsabilité personnelle. Au contraire, dans le chapitre VI de ses *Études*, après avoir cité une observation de
M. Steward-kid, d'où il résulte que, « en Angleterre, tous les
associés d'une maison de commerce sont *solidairement* responsables... » et qu'« *aucune stipulation entre les parties ne peut*

____

(1) Il suffit, pour s'en convaincre, de jeter les yeux sur l'enquête de 1827,
dont M. Lescœur a cité de nombreux extraits. On y voit, reproduite sous
les formes les plus variées, la maxime favorite de M. Tooke : « La plus
légère réflexion démontre... que *la commandite n'est qu'un privilège et n'a
pas l'ombre d'un fondement en droit naturel.* »

les mettre à l'abri de cette responsabilité (1), » il ajoute : « Cela prouve qu'il est encore vrai de dire aujourd'hui :

Et penitus toto divisos orbe Britannos !

« En effet, à cette seule exception près, l'idée de la non-responsabilité personnelle de l'associé, qui ne s'est point fait connaître au public, soit en gérant, soit en donnant son nom, s'est répandue de l'Italie dans tout le monde commerçant. »

Les liens qui rattachent la copropriété primitive des navires au contrat de *commande* n'ont point échappé, nous l'avons vu, à l'auteur des *Études de droit commercial*. Or, dit-il en parlant de ce dernier contrat, « en tout temps il fut reconnu et hors de doute que le donneur ne pouvait jamais être engagé ni perdre au delà des fonds dont il avait commis l'administration au *commendatarius*, lors même qu'il y avait partage de profits et communauté d'intérêts. Ce dernier caractère du contrat de *commande* ne tarda pas à s'introduire du commerce maritime dans la constitution même des maisons de commerce (2).... »

On peut s'étonner après cela de la sévérité avec laquelle Frémery condamne le principe coutumier.

Son erreur sur ce point tient, si je ne me trompe, à la méthode qu'il a employée pour en chercher la solution. Champion avoué de la coutume universelle des commerçants, habitué à y voir, aux dépens parfois du droit civil, une règle *juste* et l'*expression exacte du droit*, il lui est arrivé souvent de prendre comme base de cette démonstration la formule employée dans la pratique ou les obligations du contrat que la coutume vient modifier. Cette méthode est excellente quand il s'agit d'un principe d'équité et de droit naturel, que le formalisme et les subtilités des juristes ont fait méconnaître, et que la simplicité et la droiture des commerçants ont remis en lumière ; mais elle est inapplicable aux coutumes nées d'un besoin particulier et admises à titre de simple exception à un principe dont on ne conteste pas l'équité.

Aussi n'y a-t-il pas lieu de s'étonner que Frémery ait vainement cherché la justification de notre coutume dans la for-

(1) M. Steward-kid écrivait bien avant l'acte de 1855 qui a permis de limiter la responsabilité des actionnaires. V. Duvergier, 1856, p. 329.

(2) Ch. 5, p. 37.

mule du prêt fait au capitaine ou dans les obligations qui découlent pour lui du contrat d'affrètement ; son origine est ailleurs. L'auteur lui-même l'a trouvée dans l'association d'une nature spéciale, à laquelle donnait lieu à l'origine la copropriété d'un navire.

Et l'exception qu'elle consacre trouve sa justification dans la nature exceptionnelle de cette société, et surtout des risques auxquels le voyage en mer expose le navire et les marchandises qui en constituent tout le fonds social.

La place que cette exception, appliquée au contrat de société, occupe dans nos lois commerciales modernes, me dispense d'en prouver la légitimité dans ce cas spécial. Je vais m'attacher seulement à démontrer que, sans blesser aucun principe essentiel, un particulier peut, aussi légitimement qu'une société, stipuler que la responsabilité qui résultera pour lui d'un engagement sera restreinte à un certain objet, et qu'en l'absence même de toute convention, cette restriction peut résulter d'une stipulation de la loi.

CHAPITRE VI.

Examen philosophique du principe de l'abandon. — Théorie de la responsabilité des propriétaires de navires.

Qui s'oblige oblige le sien, dit un vieil axiome de droit. Cette conséquence est évidente. Je dis plus : aujourd'hui que l'exécution sur la personne (l'esclavage et la prison pour dettes) a disparu de nos codes, l'obligation de la personne n'existe plus, à proprement parler. L'expression *s'obliger* ne signifie plus qu'une chose : *obliger* tous *ses biens.*

Mais la réciproque est-elle vraie? Qui oblige le sien s'oblige-t-il lui-même? Une distinction paraît nécessaire : obliger *ses biens,* c'est les obliger *tous,* présents et à venir; en d'autres termes, c'est s'obliger personnellement.

Aussi Émérigon décide-t-il que « celui qui oblige *ses biens propres* pour un autre se déclare nécessairement sa caution (1). »

____

(1) T. II, p. 467.

Mais on peut obliger *une partie de ses biens* sans s'obliger. La Cour de cassation a jugé à plusieurs reprises que celui qui consent une affectation hypothécaire pour la sûreté d'une créance sans s'obliger personnellement à payer au défaut du débiteur, ne se rend pas caution dans le sens de l'art. 2011 (1). Tous les jours, en effet, il arrive qu'on *oblige* une chose en l'hypothéquant ou en la donnant en gage (2), ou en antichrèse (3) pour la dette d'un ami, sans s'obliger soi-même, sans compromettre en rien le reste de son patrimoine.

On voit que l'axiome célèbre sur lequel on s'est toujours appuyé pour contester la légitimité de la clause qui limite la responsabilité du débiteur à la perte d'une chose (en général, une somme), n'y est pas absolument opposé. Qui s'oblige oblige le sien, soit, mais on peut obliger le sien ou au moins une partie du sien sans s'obliger personnellement.

Les adversaires de la liberté de l'anonymat s'effrayaient de voir une société, un corps moral, une *personne civile*, se former à l'ombre de cette responsabilité limitée; mais quant à la faculté pour un particulier de la restreindre conventionnellement, elle leur a paru si peu attaquable, que c'est précisément en partant de cette base incontestée qu'on a argumenté contre eux. Je lis dans un mémoire (4), auquel la Faculté de Paris a donné la médaille d'or au concours de doctorat de 1873-1874, et qu'elle a proclamé, par la bouche de son rapporteur, une œuvre d'un très grand mérite, une œuvre tout à fait hors ligne et d'une véritable valeur scientifique :

« Je vois bien d'où procède la disposition que je critique : c'est de cette idée fort répandue dans les sphères législatives, d'après laquelle une société qui veut restreindre sa responsabilité réclamerait un privilège exorbitant et aurait besoin d'une concession de l'État. Mais, si répandue qu'elle soit, ce n'en est pas moins une idée fausse et contraire au droit. *Un particulier contractant avec un autre est incontestablement libre de stipuler qu'il ne répondra de son engagement que jusqu'à concurrence d'une certaine somme* OU SUR UN BIEN DÉTERMINÉ. Pourquoi cent indivi-

(1) Cass., 25 novembre 1812 et 10 août 1814.
(2) Code civ., art. 2077.
(3) Code civ., art. 2090.
(4) *Essai historique et critique sur la législation des sociétés commerciales en France et à l'étranger*, par M. C. Lescœur, p. 333.

dus réunis en société ne pourraient-ils pas, sans que le législateur vienne s'immiscer dans leurs affaires, faire la même stipulation? Comment ce qui est licite à chacun d'eux pris isolément deviendrait-il illicite lorsqu'ils sont groupés? »

La convention est donc licite, comme le reconnaît d'ailleurs Frémery. Il conteste seulement qu'elle existe en fait, ce qui est vrai, et demande pourquoi la coutume la suppose et fait de cette restriction à la responsabilité une présomption légale?

Il nous paraît facile de répondre à l'objection.

La disposition de l'art. 216 qui choque tant les *civilistes*, n'est pas sans précédents, et parmi ceux que nous offre le droit civil, il en est peut-être qui sont plus difficiles à justifier.

Le droit romain lui-même nous fournit plusieurs exemples d'exception au principe de la responsabilité indéfinie, admise par le préteur en dehors d'une stipulation spéciale.

C'est d'abord l'*abandon noxal*, c'est-à-dire la faculté pour le maître d'échapper à la responsabilité qui lui incombait à raison des délits commis par son esclave, moyennant l'abandon de l'esclave.

C'est encore l'action *de peculio*. Une personne ayant contracté avec un esclave en était-elle devenue créancière, elle avait suivant les cas des actions de différente nature. L'esclave avait-il agi par l'ordre de son maître, le créancier avait contre le maître une action *in solidum*, l'action *quod jussu*. Mais si l'esclave avait agi sans ordre, le maître n'était plus tenu que dans les limites du pécule, jusqu'à la valeur du pécule, par l'action *de peculio*, à moins cependant qu'il n'eût profité, auquel cas il eût été obligé jusqu'à concurrence du profit qu'il y avait trouvé, par l'action *de in rem verso*.

Cependant l'esclave était considéré comme la chose du maître. Le maître était responsable du mal que *sa chose* avait pu causer, c'est-à-dire, dans l'espèce, de la dette que l'esclave avait contractée. Il remplissait cette obligation et payait en effet cette dette au moyen du pécule qui était bien à lui, puisque l'esclave n'avait d'aptitude à acquérir que pour le maître. Mais, le pécule épuisé, les autres biens du maître étaient libres, le maître lui-même ne devait plus rien.

Voilà bien une exception formelle apportée par la loi au principe de la responsabilité indéfinie.

J'allais oublier la plus célèbre et celle qui a le plus exercé le génie des jurisconsultes : *l'inaliénabilité du fonds dotal.*

L'action *de peculio* restreignait au pécule de l'esclave la responsabilité du maître et la *cantonnait* en quelque sorte dans cette partie de ses biens. L'inaliénabilité de la dot met au contraire un bien spécial en réserve et comme *hors la loi de la responsabilité.*

Ce sont deux manières différentes d'échapper au même principe.

Entre ces deux modes d'exception, j'ose dire que le second me paraît le plus exorbitant, celui qui s'éloigne le plus du droit commun et peut-être de l'équité. Le premier met en évidence le bien qui sera le gage unique du créancier; c'est à celui-ci, quand il contracte, à voir si le gage lui suffit. Le second le cache avec soin, se bornant à signifier au créancier l'interdiction de toucher au *fruit défendu* qu'il lui met sous les yeux.

Aussi a-t-il fallu, pour admettre l'inaliénabilité de la dot, faire appel au mobile le plus puissant qui puisse frapper le législateur, au besoin social qu'ont les peuples à voir se 'perpétuer la famille : *Reipublicæ interest dotes mulierum salvas esse* (1).

La simple équité a suffi au contraire pour restreindre à la valeur du *pécule* ou même de *l'esclave* (2) la responsabilité du maître. La coutume qui protège l'armateur se rattache évidemment à ce dernier ordre d'exception, elle est comme lui plus facile à justifier.

On a été frappé quelquefois des rapports qui existent entre la *faculté d'abandon* du navire et la faculté d'abandon de l'esclave. On ne peut s'en étonner. Si le préteur romain (ou plutôt la loi des Douze Tables elle-même) s'est laissé toucher par la situation d'un maître dont l'esclave méchant peut compromettre la fortune, comment les juges consulaires du moyen-âge fussent-ils restés insensibles au péril pécuniaire auquel la propriété d'un navire peut exposer son maître ?

Quel esclave indocile, échauffé par l'ivresse ou la fureur, oserait-on comparer au navire en proie aux attaques furieuses d'une mer démontée ? Impatient du frein qui le contient et des

<hr>

(1) Paul, l. 1 D. *De jure dot.*
(2) *Summa autem ratione permissum est noxæ deditione defungi : namqve erat* INIQUUM *nequitiam eorum ultra ipsorum corpora dominis damnosam esse.* Inst. Just., l. IV, tit. 8, § 2.

coups répétés qui ébranlent sa forte membrure, il s'anime à cette lutte inégale, et, bientôt affolé par l'ivresse de la tempête, il échappe à toute direction et, dans ses mouvements aveugles, brise tous les obstacles ou se brise lui-même.

Et si nous considérons la valeur du sacrifice imposé par la loi, qu'était-ce, au moins en général, que l'abandon d'un esclave, à côté de la perte d'un navire qui compose souvent le seul actif d'un ou de plusieurs armateurs ?

Je me garderai pourtant d'insister sur ce parallèle.

Utile tout au plus à justifier la formule de l'ordonnance et l'opinion de Valin, le principe de l'abandon noxal ne s'étendrait pas au delà des dégâts causés par le navire, ou l'équipage qui pourrait être censé en faire partie. Et ce point n'a jamais fait difficulté.

Mais si la faculté d'abandon du navire fait penser à l'abandon noxal, cela tient surtout à l'expression employée par le Code à la suite de l'ordonnance. Or il est certain que cette expression empruntée à la pratique n'est pas l'expression vraie, la formule primitive seule capable de nous révéler la nature exacte du droit dont il s'agit.

La formule originaire, nous la connaissons : absence d'obligation personnelle, obligation réelle restreinte au navire et au fret (*domini et alia eorum bona non intelligantur in aliquo obligata vel obligati*), en un mot, cantonnement de la responsabilité dans une chose unique, le navire, et le fret qui lui est identifié.

Il serait dangereux d'abandonner cette base certaine et dont les effets sont connus, pour une analogie plutôt apparente que réelle et qui pourrait nous induire en erreur.

Non, l'*abandon noxal* n'est pas la source de notre coutume (1), dont la donnée rappelle, à plus juste titre, l'action *de peculio*. Sa vraie cause, si je ne me trompe, est une raison d'équité tirée de la nature exceptionnelle des risques auxquels est exposé le navire et des pouvoirs non moins exceptionnels dont le capitaine est nécessairement investi.

Si l'obligation prise par le mandataire oblige le mandant, c'est parce que le mandataire n'a fait qu'exécuter ses ordres.

____

(1) Mais son souvenir, joint à la formule de l'ordonnance, a certainement exercé sur la jurisprudence une influence fâcheuse.

Aussi le mandant est-il censé avoir agi lui-même : *qui mandat ipse fecisse videtur*. Quand le mandat est général pour toute une série d'affaires, comme l'exploitation d'un commerce : la responsabilité du mandant devient dangereuse et plus lourde à supporter, car il est bien difficile que le commettant surveille tous les agissements de son préposé, il est obligé de le laisser agir de lui-même et commence à répondre d'engagements qu'il ignore, et que peut-être il désapprouve, bien qu'il soit censé les avoir pris lui-même.

Fallait-il cependant déclarer le commettant libre des engagements pris en son nom par le préposé ? Le décider ainsi, c'eût été ruiner le crédit des commissionnaires et forcer le commerçant à faire tout par lui-même.

Mais du moins le commettant ordinaire peut-il surveiller son préposé, se rendre compte à tout moment de ce qui vient d'être fait pour lui, révoquer sur l'heure le mandataire qui n'a plus sa confiance, ou si, dès l'origine, cette confiance n'est pas entière, limiter son mandat aux actes les moins compromettants.

Il en est tout autrement du navire et du capitaine. Déjà le navire constitue par lui-même une chose exceptionnelle. C'est un capital considérable, réuni sur le même objet, faisant corps avec lui et qui va courir pendant des mois et même des années, à toute heure, à tout instant, les risques les plus graves et que nulle puissance humaine ne peut empêcher.

La responsabilité qui pèse sur le capitaine a porté tous les peuples à lui donner sur le navire et tout ce qu'il contient un pouvoir sans limites. Aussi, peu importent les limitations apportées par l'armateur au mandat qu'il lui confère. Sa seule qualité de capitaine l'autorise à traiter pour tout ce qui regarde le voyage ; et, *au regard des tiers*, la validité des contrats passés avec ce *mandataire légal*, ne peut être contestée qu'à la condition de prouver la fraude et la collusion avec le capitaine.

En outre et par sa nature même, par la lutte constante qui est sa vie, par les avaries qu'elle entraîne, le navire est une source de dépenses énormes dont quelquefois le chiffre atteint et peut dépasser de beaucoup sa valeur; car ces dépenses donnent lieu à des emprunts qui peuvent se répéter si le navire, réparé après une première tempête, en essuie une seconde en sortant du port de refuge, et puis une troisième, etc.

Si maintenant on réfléchit que les parages les plus fréquentés

par la tempête ne sont pas ceux qu'affectionne la colonisation,
que la nécessité du radoub peut souvent se produire dans quelque île quasi déserte ou sur une plage sauvage où n'abondent ni
les ressources matérielles, ni les capitaux pour se les procurer,
*ni surtout les magistrats pour contrôler la nécessité de l'emprunt et
les agissements du prêteur et du capitaine*, on comprendra, je crois,
le sentiment d'équité qui a fait trouver à l'armateur un abri
contre des responsabilités dont on ne pouvait à l'avance calculer
l'étendue, et des fraudes dont il lui eût été la plupart du temps
impossible d'acquérir jamais la preuve.

Rien de mieux fondé que cette *exception* aux principes appliquée à une situation *exceptionnelle*.

On a essayé de la justifier en disant que le choix du capitaine
par l'armateur n'est pas tout à fait libre, qu'il est restreint aux
sujets qui ont obtenu de l'autorité le titre ou le diplôme.
M. Laurin n'admet pas l'argument. Il se refuse à voir un motif
d'exonération dans des formalités qui, au contraire, constituent,
à ses yeux, une garantie pour l'armateur.

Cette objection qu'on retrouve depuis 1841 dans les ouvrages
qui traitent de la question, ne me paraît pas digne de l'honneur
qu'on lui a fait. Si on se contentait de l'opposer à la disposition
de l'ordonnance qui exemptait l'armateur de toute responsabilité au sujet des *faits* du capitaine, j'en comprendrais la valeur.
Le diplôme pourrait être une garantie contre l'ignorance ou
l'insuffisance d'un capitaine. Mais cette disposition qui a été
reçue partout, même en Angleterre, n'est plus contestée aujour-
d'hui. La question est réduite à ces termes : L'armateur doit-il
répondre indéfiniment des *engagements financiers* pris par le
capitaine ?

Eh bien ! l'examen du capitaine porte-t-il sur ce point ?
L'Etat s'assure-t-il, avant de le nommer, qu'il sait gérer avec
prudence, et ménager, les capitaux qui lui sont confiés ou qu'il
peut se procurer à l'aide du crédit ? Non, le diplôme se borne à
certifier qu'il est capable de conduire un navire.

On a donc raison de dire que le choix de l'armateur est restreint par l'obligation du diplôme. Au lieu de choisir un
comptable probe et prudent, il lui faut, avant tout, choisir un
capitaine (1), et lui confier, bon gré mal gré, en dehors de la

____

(1) Voy., *Revue critique*, l'article de M. Gonse déjà cité.

conduite du navire, une gestion importante et difficile entre toutes.

Je reconnais cependant que l'entrave du diplôme, quelque grave qu'elle soit, ne suffit pas à justifier la disposition de l'art. 216, mais elle n'est ni la seule ni la plus grave des entraves apportées au libre choix de l'armateur, et, à bien d'autres égards encore, le mandat donné au capitaine mérite la qualification de *mandat nécessaire*.

On sait combien cette qualification jure avec le caractère même du mandat. Le mandat, comme l'indique son nom (*manus datio*), implique de la part du mandant une confiance particulière dans la personne à laquelle il confie une mission. Il met sa main dans la main du mandataire pour exprimer qu'il se fie à lui. La confiance est tellement la base essentielle du mandat qu'à Rome le mandataire qui l'avait trahie encourait l'infamie (*ignommiosus fit*) (1).

Et comme rien n'est plus libre, plus spontané, plus difficile à imposer que cette confiance qui est de l'essence du mandat, les jurisconsultes ont toujours reconnu que ce contrat devait être entouré d'une liberté toute particulière : liberté absolue, soit dans le choix de la personne, soit dans les termes, dans l'étendue et dans la durée du mandat, telle est la règle fondamentale du contrat. Ainsi, par exemple, en dehors des termes exprès du mandat, le mandataire ne peut rien, il ne représente plus le mandant; en outre, il est révocable au moindre changement de volonté, au moindre signe, *ad nutum*, suivant l'énergique expression du droit. Le tout, bien entendu, sans préjudice de la bonne foi et des droits des tiers.

Eh bien, par la force des choses, par la nature même de la mission qui lui est confiée, par suite des risques du voyage en mer et de l'*alea* qu'il comporte, le mandat du capitaine échappe à ce principe de liberté si nécessaire au contrat.

Au point de vue de la personne, l'armateur, nous venons de le voir, est déjà gêné dans son choix, par la nécessité de prendre pour préposé un capitaine muni d'un diplôme en règle; mais il y a plus : ce capitaine peut tomber malade en route, il

____

(1) Demangeat, *Cours élémentaire de droit romain*, t. II, p. 333.

jouit alors *nécessairement* (1) du droit de se substituer un mandataire. Il peut mourir, auquel cas le mandataire qui lui sera substitué sera, la plupart du temps, imposé par les circonstances et, par exemple, désigné par le consul, en dehors du consentement de l'armateur, qui le plus souvent ignorera ce changement. Un mandat ainsi *imposé* fait évidemment exception à toutes les règles. Les assureurs eux-mêmes le reconnaissent, et dans l'art. 3 de la *Police française* sur corps qui les exempte *des faits de dol et de fraude du capitaine,* ils ont cru devoir faire exception pour le capitaine *changé sans l'agrément de l'armateur ou de son représentant, et remplacé par un autre que par le second.* « Ainsi, dit M. de Courcy, dans son excellent Commentaire, tout nouveau capitaine imposé par les circonstances, désigné par un consul et que les armateurs n'auront pas choisi, *ne sera pas réputé leur mandataire* (2). »

Non seulement l'armateur peut se trouver obligé par les agissements d'un mandataire *nécessaire,* mais par la force des choses, ce capitaine n'est pas révocable *ad nutum.* Il l'est bien en droit, mais en fait comment le serait-il? Où le prendre pour lui signifier sa révocation? Comment et par qui le remplacer? Connaît-on à l'avance les tiers auprès desquels il trouvera du crédit? Par quel moyen les avertir que ses pouvoirs n'existent plus? Autant de questions insolubles, et de toutes ces impossibilités il résulte que, malgré toute la vigilance de l'armateur, le capitaine peut traiter valablement pour lui, longtemps après qu'il a perdu sa confiance, s'il l'a jamais eue.

Non seulement le choix de l'armateur n'est pas libre en ce qui touche la personne du mandataire, non seulement la force majeure peut prolonger la durée du mandat contre sa volonté formelle, mais le mandat lui-même n'est pas libre quant à son *objet* et à son *étendue.* Quelles que soient, au regard des tiers qui les ignorent, les instructions restrictives données au capitaine, les nécessités du voyage en mer demandaient des pouvoirs en quelque sorte illimités, et c'est *la loi qui s'est chargée d'en préciser l'étendue.* Il ne peut vendre le navire, à moins qu'il ne soit innavigable, mais il peut le grever d'un contrat à

---

(1) *Magister navis potest alium in suo officio substituere, licet sic præpositus fuerit, ut ei non liceret alium substituere.* Casarégis, disc. 71, n° 17.

(2) *Commentaire des polices françaises d'assurance maritime,* par Alfred de Courcy, p. 34.

la grosse qui dépasse sa valeur; il peut, d'ailleurs, l'échouer volontairement pour sauver les marchandises; il peut vendre ces marchandises..., il est le *maître après Dieu*.

Avais-je tort de dire que le mandat du capitaine est un *mandat nécessaire?*

Il est nécessaire, comme on vient de le voir, quant à son objet et à son étendue, nécessaire quant à sa durée, nécessaire parfois quant à la personne du mandataire.

En présence d'un contrat qui, par les circonstances qui l'entourent, échappe ainsi forcément à la règle tutélaire et protectrice *qui est de son essence*, doit-on blâmer la coutume et condamner les lois qui ont cru devoir, à cette garantie du libre consentement, incompatible avec les incertitudes du voyage en mer, substituer une autre garantie, *la restriction de la responsabilité de l'armateur?*

Le législateur, obligé de régler lui-même, contrairement à tous les principes, l'étendue du mandat, ne pouvait-il pas, j'allais dire ne devait-il pas, lui fixer une limite?

Ainsi s'explique, à défaut de convention particulière, l'intervention du législateur en faveur du propriétaire de navire. Loin d'être contraire aux principes, cette intervention a eu pour résultat d'y ramener, autant que le permettait son caractère exceptionnel, le mandat du capitaine; et l'équité eût été blessée, au contraire, si la loi, obligée d'imposer à l'armateur un mandataire dont il ne peut restreindre les pouvoirs, n'eût au moins limité *les effets* de ce mandat exorbitant.

A ces raisons de droit et d'équité, se joignait la raison de l'intérêt public. Notre coutume est née sur les bords de la Méditerranée, au sein de ces petites républiques qui devaient à la mer et aux flottes marchandes dont elles avaient su la couvrir, une puissance hors de toute proportion avec l'exiguïté de leur territoire. C'est à Gênes que nous la trouvons affirmée avec le plus de netteté; et l'énergie, on serait tenté de dire la *hauteur*, de la forme employée pour la promulguer ne permet guère de douter que cette ville *superbe*, soucieuse avant tout de préserver la fortune des armateurs auxquels elle devait sa puissance, ne vît dans cette mesure un *intérêt d'ordre public*.

L'intérêt du commerce *(favor commercii)* est l'argument suprême des jurisconsultes italiens. Aux yeux de *Casarégis*, cette raison est assez puissante pour suppléer à toutes les autres et faire exception à tous les principes. Sans aller aussi loin que ces auteurs, on doit cependant reconnaître que la marine est pour une nation une richesse et une force, et que si l'État est intéressé à conserver les dots des femmes, il y va pour lui d'un intérêt bien autrement puissant de protéger ceux qui consacrent leur fortune à l'armement et d'empêcher qu'il ne devienne pour eux une cause de ruine.

Cette raison d'intérêt public qui a pu décider le législateur à proclamer l'inaliénabilité de la dot, aurait donc pu suffire à expliquer la *stipulation légale* qui tend à remplacer, en Europe, la convention que réclamait Frémery.

CHAPITRE VII.

Résumé et conclusion.

Il est temps de résumer cette première partie de notre étude et d'en préciser les conclusions.

Qu'y a-t-il au fond de la disposition de l'art. 216 du Code de commerce?

La faculté d'abandon dont parle cet article constitue-t-elle une véritable faculté pour l'armateur, une *facultas solutionis?* Est-il absolument libre de payer ou de faire l'abandon? Se trouve-t-il tenu d'une obligation *alternative,* d'une obligation ayant deux objets : le paiement de la somme prêtée *ou* l'abandon du navire et du fret?

Ou bien, la responsabilité de l'armateur se trouve-t-elle limitée et restreinte au navire et au fret?

La question était importante, et nous avons cru, pour la résoudre, devoir consulter les vieux documents et reconnaître à sa source même la nature de cette exception.

La source est aujourd'hui certaine, et la netteté des expressions employées par les anciens textes ne laisse aucun doute sur ce point.

Aucun portionnaire n'est tenu de rien rendre à celui qui aura prêté ;... les portionnaires ne sont pas tenus ;... les propriétaires, ni leurs autres biens ne sont tenus EN FAÇON QUELCONQUE (*in aliquo), bien que le patron les ait obligés et que la somme ait profité au navire...* Voilà la règle admise partout; il n'est question

nulle part de *faculté d'abandon*. « C'est par induction seulement... qu'on a pu voir dans ces décisions le droit d'abandonner le navire et le fret pour s'affranchir de toute contribution
aux dettes, quand le navire arrive à bon port ; .. en effet, si le
copropriétaire n'est point obligé quand le navire est perdu, à
plus forte raison peut-il invoquer cette absence d'obligation
quand il offre au prêteur sa part de propriété dans le navire,
c'est-à-dire quand il consent, au profit du prêteur, à considérer
le navire comme perdu (1)... »

Ce n'est pas moi qui parle ainsi, c'est Frémery, et je suis
heureux de pouvoir m'appuyer, du moins en ce point, de cette
grave autorité.

Le Code, ou plutôt la loi de 1841, qui forme le dernier état
de la législation, a-t-elle voulu modifier cette règle originaire?
Nous ne le pensons pas. Dans la jurisprudence, nous l'avons vu,
deux grands courants s'étaient formés, l'un suivant l'opinion
de Valin, l'autre celle d'Emérigon. Entre ces deux oracles du
droit maritime, le législateur pouvait hésiter; il est certain
qu'il a voulu consacrer l'opinion d'Emérigon. Or la formule
d'Emérigon ne diffère en rien de la formule du *Consulat* et du
Statut de Gênes : « LA PERSONNE NI LES AUTRES BIENS DES QUIRA-
TAIRES NE SONT PAS OBLIGÉS. »

De l'étude des textes et de leurs commentaires, nous nous
sommes trouvé naturellement amené à l'étude du droit en lui-
même, à l'examen philosophique des *raisons* de l'exception au
principe de la responsabilité indéfinie.

Nous en avons trouvé la justification dans la grandeur des
risques du voyage en mer et l'importance exceptionnelle des
capitaux engagés sur le navire. La justice et l'admissibilité
d'une stipulation limitant au navire la responsabilité de l'armateur nous est apparue, et nous n'avons plus été arrêté que par
l'absence de cette stipulation, qui ne ressort implicitement ni
de la formule de l'emprunt, ni des obligations contractées dans
l'affrètement. Mais l'étude des circonstances qui entourent le
mandat du capitaine a fait disparaître cette dernière difficulté:
le mandat du capitaine est, à certains égards, un *mandat nécessaire*. Le législateur qui, par exception aux principes, a cru
devoir fixer lui-même l'étendue de ce mandat, ou plutôt le dé-

____
1) Frémery, p. 184.

clarer en quelque sorte *sans limites*, a pu, dans l'intérêt de l'armateur, en limiter au moins *l'effet*. La justice lui en faisait un devoir; la bonne foi des tiers ne pouvait être surprise, puisque *la limitation se trouve indiquée dans la loi même qui précise les pouvoirs du capitaine*. Dans ces circonstances, le législateur n'a plus écouté que l'intérêt public, qui s'oppose à ce que les armements maritimes deviennent, pour ceux qui y consacrent une partie de leur fortune, une cause de ruine inévitable. Il a fait la part du malheur en restreignant au navire et au fret l'effet des engagements du capitaine, et en mettant à l'abri des hasards de la mer et des fraudes lointaines la personne de l'armateur et tous ses autres biens. Dans cette doctrine tout s'enchaîne, se coordonne et s'harmonise. L'exception qui, sous la forme que le Code a eu le tort d'emprunter à l'Ordonnance, paraissait au premier abord une énormité juridique propre à jeter le trouble dans l'application des principes, un privilège monstrueux spécial à l'armateur, perd, lorsqu'on lui rend sa forme originaire, cet air étrange et insolite qui la faisait redouter des jurisconsultes. Permettre à l'armateur de se dégager par l'abandon du navire et du fret, c'est l'autoriser, disait-on, à *manquer à sa parole*, à *faire banqueroute* (1) à ceux qui ont procuré à son préposé les moyens nécessaires pour continuer sa route! Rien de plus choquant et de plus contraire au droit et à l'équité.

Mais déclarer que les pouvoirs du capitaine, mandataire légal, sont limités ; qu'incapable d'obliger la personne de l'armateur, il peut seulement engager le navire et le fret, c'est là une chose admissible et qui n'a rien que de conforme aux principes de justice et de bonne foi qui sont l'âme du commerce. Réduite à ses véritables proportions, l'exception trouve dans le droit sa place naturelle, à côté de l'exception, qui protège le commanditaire, exception tutélaire, à l'abri de laquelle le commerce de terre aussi bien que le commerce de mer réalisent des merveilles.

En présence de ce résultat, on s'explique facilement que la grande nation qui, après avoir essayé de briser notre puissance militaire, nous dispute aujourd'hui dans le monde cette suprématie d'un ordre plus élevé qu'assurait à la France, depuis Louis XIV, la supériorité de sa législation commerciale, n'ait

(1) Voyez la discussion de 1841.

pas hésité à revenir au principe de l'*abandon* et à reproduire, dans l'art. 452 de son nouveau code maritime, le sens et jusqu'aux expressions des coutumiers du moyen âge : *L'armateur n'est point personnellement tenu... sont seulement affectés le navire et le fret*, c'est la formule primitive et la seule vraiment scientifique. En l'adoptant à notre tour nous ne faisons, je crois l'avoir prouvé, que reprendre notre bien, en même temps que nous apportons notre pierre à cette unité des législations commerciales qui, parmi les aspirations de notre temps, est peut-être la plus légitime.

DES ENGAGEMENTS AUXQUELS S'APPLIQUE LA FACULTÉ D'ABANDON.

DEUXIÈME PARTIE

CHAPITRE PREMIER.

Du prêt simple et des lettres de change tirées en cours de voyage par le capitaine sur l'armateur.

§ 1. — *Nullité des lettres de change.*

Nous avons consacré à la théorie la première partie de notre étude, nous devons montrer maintenant les conséquences pratiques des principes que nous avons exposés. Ils nous permettront de résoudre sans effort et par la seule logique la plupart des graves questions que présente la matière.

Parmi ces nombreuses questions, la plus importante peut-être est celle des lettres de change tirées par le capitaine sur le propriétaire du navire.

Quel est l'effet de ces lettres de change?

Le propriétaire est-il tenu de les accepter et de les payer à l'échéance, comme le serait tout autre commettant au regard des effets tirés sur lui par son préposé dans la limite de son mandat?

C'était l'avis de Valin (1) : « Il est rare, dit cet auteur, lors-

(1) Sur l'art. 19 du Titre *Du capitaine*, t. 1, p. 443.

que le maître est en voyage, et qu'il a besoin d'argent pour les nécessités du navire, qu'il emprunte à la grosse, soit que le profit maritime que le prêteur voudrait exiger lui paraisse trop considérable, soit que le prêteur ne veuille pas courir le risque de l'évènement. Pour l'ordinaire, il emprunte simplement moyennant l'intérêt convenu qui ne doit pas excéder le taux courant du commerce, et en paiement il tire une lettre de change sur le propriétaire ou armateur du navire, dont il lui donne avis le plus promptement qu'il se peut, afin que l'armateur puisse ajouter la somme à la valeur qu'il a donnée au navire, et la faire assurer, s'il le juge à propos. *A l'échéance de la lettre de change, l'armateur est obligé de la payer, sans pouvoir s'en dispenser sous prétexte que le navire a depuis fait naufrage, ni sous quelque autre prétexte que ce soit.* Il est vrai que par là son capitaine peut l'exposer à payer ce qui n'aura peut-être pas tourné au profit du navire, mais la sûreté publique le demande, et c'est le cas de dire qu'il doit s'imputer *talem personam elegisse. Il ne peut même se mettre à couvert du paiement en déclarant qu'il abandonne le navire et le fret; l'art. 2 du titre VIII ci-après n'étant pas applicable à l'espèce...*»

Valin cite, à l'appui de son dire, une sentence de l'Amirauté de Marseille, du 22 mai 1750. Nous avons déjà fait allusion à cette sentence, qu'Emérigon reproche à Valin d'avoir canonisée. La théorie de Valin n'est pas non plus nouvelle pour le lecteur. Il a déjà vu l'illustre commentateur de l'ordonnance professer que l'armateur, « lorsque le capitaine a emprunté de l'argent pendant le voyage pour les besoins du navire, » est obligé *personnellement*, à moins qu'il ne s'agisse d'un prêt à la grosse. Il ne peut s'étonner de lui voir appliquer ces principes au cas où l'emprunt a été réglé en lettres de change.

Mais cette théorie, condamnée d'abord par le parlement d'Aix, puis par Emérigon et plus tard enfin par les cours royales en opposition avec la Cour de cassation, a été ruinée définitivement par la loi de 1841.

La généralité des termes du nouvel art. 216 ne permet pas le moindre doute à cet égard : Le propriétaire d'un navire « peut, *dans tous les cas,* s'affranchir des obligations ci-dessus par l'abandon du navire et du fret. » Dans tous les cas, et par conséquent dans celui même où le capitaine a tiré des lettres de change.

Si donc le navire arrive avant les lettres de change ou en même temps qu'elles, la situation est des plus simples : le propriétaire du navire aura le choix entre le paiement des traites ou l'abandon du navire et du fret.

Mais il arrivera la plupart du temps que les lettres de change seront présentées à l'acceptation, bien avant le retour du navire ; alors que l'armateur ignore encore si les traites qu'on lui présente ne seront pas suivies d'autres traites, si le navire n'est pas en outre grevé d'un ou plusieurs emprunts à la grosse..., en un mot, quelle est sa situation pécuniaire ?

Dans l'ignorance où il est de cette situation, l'armateur est-il obligé de faire l'abandon ou 'accepter les traites ?

La faculté d'abandon, dans ce cas, ne serait plus pour lui un avantage gratuitement accordé par la loi ; elle ne différerait guère de la faculté de jouer son navire sur un coup de dé.

L'armateur peut-il, au contraire, réserver son option et la renvoyer au moment où il connaîtra la situation pécuniaire du navire, en acceptant les traites sous condition et par exemple *pour les payer à l'heureuse arrivée du navire ?*

Cette solution comporte une objection, des plus sérieuses, à savoir : qu'à la différence des obligations ordinaires, *l'obligation par lettre de change ne souffre ni terme ni condition quelconque.* L'acceptation et le paiement doivent être *purs et simples,* sous peine de ne pas empêcher le protêt. Or l'acceptation dont nous parlons constituerait à la fois une acceptation *à terme* et une acceptation *conditionnelle.*

Il y a donc sur ce point une difficulté grave, et le législateur de 1841 aurait dû s'en préoccuper. Son obligation à cet égard était d'autant plus étroite, que la question lui a été expressément posée au cours de la première discussion à la Chambre des députés.

« C'est un point sur lequel il faudrait nécessairement s'expliquer, dit alors M. *Gaillard de Kerbertin* ; quant à moi, je pense que, puisque l'art. 234 trace les pouvoirs du capitaine et ne lui permet que deux choses, ou d'emprunter à la grosse ou de vendre ou engager les marchandises, il ne peut pas aller au delà ; qu'ainsi les emprunts purs et simples ne sont pas licites. Cependant les tribunaux les admettent, les cours royales les approuvent ; malgré le service que vous rendez au commerce maritime en expliquant l'art. 216 du Code de comm., en étendant ses dispositions ou plutôt en leur rendant leur véritable sens, vous laissez encore l'armateur dans l'impossibilité de profiter parfois du bénéfice de cette législation, puisqu'au moyen des emprunts purs et simples, l'armateur, ignorant si la valeur du navire et du fret est absorbée, ne sait comment il doit agir ; et pendant qu'il délibère, il est condamné par les tribunaux et contraint de payer le montant des traites. Je voudrais ou que le projet de loi déclarât (en ajoutant une disposition à l'art. 231 du Code de commerce) que les emprunts purs et simples ne sont pas permis, ou bien qu'il fût déclaré que, si le capitaine emprunte purement et simplement, le remboursement de cet emprunt ne sera exigible qu'à la fin du voyage et sous le bénéfice de l'art. 216 du Code de commerce... »

M. de Kerbertin ne se contenta pas de soulever la difficulté et d'en montrer la gravité, il essaya de la résoudre en proposant d'ajouter à l'art. 234 la disposition suivante : *Les emprunts ordinaires contractés par le capitaine, dans les cas et avec les formalités ci-dessus, ne seront exigibles contre le propriétaire, à moins de mandat spécial de sa part, qu'après le voyage et sauf le bénéfice du deuxième paragraphe de l'art. 216.*

Si cet amendement eût été adopté ou rejeté avec raisons à l'appui, il n'y aurait plus de question ; mais il ne fut même pas appuyé. Faut-il voir, dans ce rejet implicite de l'amendement, une condamnation de l'opinion professée par son auteur ? Ce serait aller trop loin.

En effet, comme le remarque M. Duvergier, « l'accueil peu favorable que la Chambre crut devoir faire à cet amendement *ne peut seul résoudre la question.* La proposition était improvisée en quelque sorte ; ni la commission ni personne dans la Chambre n'avait pu la soumettre à un examen approfondi ; de plus, l'art. 234 n'était pas alors soumis à la revision ; on comprend donc que la Chambre l'ait écartée prudemment par une fin de non-recevoir. *Ainsi sa décision n'implique aucune improbation au fond.* »

Cette objection écartée, M. Duvergier examine quelle doit être dans le silence de la loi la solution de la question. Les motifs donnés par M. de Kerbertin ne lui paraissent pas sans valeur ; cependant le savant annotateur persiste à croire que l'armateur doit, *au moment où le ti.re souscrit par le capitaine lui est présenté, ou payer ou abandonner* le navire et le fret : « Cette option est l'unique ressource qui lui est laissée par la loi. Le prêteur a su qu'il courait la chance d'être payé par l'abandon du navire et du fret, il doit la subir; mais il n'est pas obligé d'attendre plus ou moins longtemps que l'armateur ait reçu des nouvelles, fait ses calculs, opéré la liquidation de son entreprise. Sans doute, le propriétaire du navire sera quelquefois embarrassé pour se déterminer; mais est-il juste, *par ce seul motif*, d'ajourner indéfiniment l'exercice des droits du prêteur? On ne saurait le soutenir. D'ailleurs, les occasions où l'armateur sera placé dans une semblable incertitude seront rares, et les inconvénients qui ont frappé M. de Kerbertin ne seront pas aussi fréquents qu'il l'a cru. Enfin, il faut, dans le commerce, que tout soit rapide et certain; autant vaut presque, pour un commerçant, perdre qu'attendre et hésiter. Il serait donc contraire à tous les principes de la législation commerciale d'accorder aux armateurs cette faculté réclamée pour eux, et dont il serait bien difficile d'assigner la limite. Tantôt ils diraient : Je n'ai pas reçu de nouvelles de mon navire; tantôt : Mon capitaine ne m'a pas rendu ses comptes; quelquefois même : L'opération n'est pas liquidée, et il m'est impossible d'avoir une opinion tant qu'elle n'est pas opérée. Tout cela serait intolérable; j'ajoute que ce serait antipathique aux habitudes ou plutôt aux nécessités du commerce (1). »

Je n'ai pas voulu, malgré sa longueur, abréger cette citation qui a l'avantage de résumer tout ce qui a été dit en faveur de cette opinion, adoptée plus tard par M. Dalloz et par quelques arrêts. Mais je suis loin de me l'approprier. Bien au contraire, l'argumentation de M. Duvergier ne me paraissant pas, sur ce point, aussi puissante que dans la plupart des savantes discussions dont il a enrichi le recueil de nos lois, j'aurais craint, en la résumant, qu'on ne m'accusât de l'avoir affaiblie.

Faut-il croire, par exemple, que *les occasions où l'armateur sera placé dans une semblable incertitude seront rares?* Je crains bien au contraire que les prêteurs du capitaine en voyage, trouvant dans cette jurisprudence un biais pour échapper à l'art. 216, n'exigent *le plus souvent* des lettres de change, auquel cas la loi de 1841 aura manqué son but, comme le prévoyait M. de Kerbertin.

(1) Duvergier, 1841, p. 323 et 324, note 1

Au reste, si la proposition de ce député était *improvisée*, elle n'était cependant pas aussi neuve que paraissait le croire M. Duvergier, et l'on a le droit de s'étonner qu'après en avoir été saisie dès la première discussion, *la commission ni personne dans a Chambre ne l'aient jugée digne d'un sérieux examen*.

Si la Chambre, qui rejetait la doctrine de Valin et donnait raison contre lui au parlement d'Aix, eût essayé de se rendre compte des conséquences de la doctrine à laquelle elle se ralliait, elle eût trouvé dans la jurisprudence de ce parlement, avec la preuve de l'importance de la question soulevée par M. de Kerbertin, une solution dont la proposition de ce député n'était guère que la reproduction.

Parmi les décisions qu'Emérigon rapporte à ce sujet, il en est une qui l'eût surtout frappée parce qu'elle a été rendue dans des circonstances tout à fait semblables à celles dans lesquelles nous nous plaçons.

Il s'agissait d'un capitaine qui, ayant besoin d'argent pour revenir de Grenade, avait pris sur le pays 12,000 livres, argent des îles, et tiré *des lettres de change* sur son armateur, le sieur Dominique *Pauquet*. Les lettres de change furent présentées à ce dernier qui *déclara les accepter, pour les payer un mois après l'heureuse arrivée à Marseille de la barque le Saint-Jean-Baptiste*.

Bien entendu, cette acceptation à terme et conditionnelle n'empêcha pas le protêt, mais le porteur, après avoir rempli les formalités nécessaires au maintien de ses droits, attendit l'événement. La barque ayant été prise par les Anglais, il se décida à présenter requête contre l'armateur et le capitaine, et obtint, le 15 janvier 1760, une sentence de l'Amirauté qui condamna le premier à payer les lettres de change.

Mais, par arrêt du 18 mai 1761, le Parlement réforma la sentence, mit l'armateur hors de cours et de procès et condamna le capitaine au paiement des lettres (1).

Emérigon, devenu partisan de cette doctrine, nous en donne la vraie raison : « Notre ordonnance, dit-il, a réduit le pouvoir du capitaine en cours de voyage, ou à *prendre deniers sur le corps*, ou à *mettre des apparaux en gage*, ou à *vendre des marchandises de son chargement* pour les nécessités du navire. S'il

____

(1) Emérig., *Contrat à la grosse*, ch. 4, sect. 11, *seconde décision.*

tire des lettres de change sur ses armateurs, cet engagement, quoique conçu en nom qualifié, lui devient personnel, *attendu qu'il a excédé son* MANDAT LÉGAL. *Il ne doit contracter aucune obligation qui ne soit inhérente au navire même, et qui ne dépende du succès de l'expédition maritime;* C'EST A QUOI SE BORNE L'AUTORITÉ QUE SA QUALITÉ DE MAITRE LUI DÉFÈRE (à moins que son raccord, ou le droit commun, en certains cas, ne lui donnent un pouvoir plus étendu) (1). »

Nous n'admettrions plus aujourd'hui que l'engagement devînt personnel au capitaine qui a excédé son mandat. C'est là une idée romaine peu à peu abandonnée, et définitivement condamnée par l'art. 1997 du Code civil. Aux termes de cet article, *le mandataire qui a donné à la partie avec laquelle il contracte en cette qualité une suffisante connaissance de ses pouvoirs, n'est tenu d'aucune garantie pour ce qui a été fait au delà, s'il ne s'y est personnellement soumis.* Le mandat du capitaine étant un mandat donné par la loi et dont elle-même trace les limites, le prêteur est suffisamment averti, et le capitaine qui ne s'est pas engagé personnellement n'est tenu d'aucune garantie pour ce qui a été fait au delà de ses pouvoirs.

Mais quels sont ces pouvoirs? Sur ce point, la réponse d'Emérigon me paraît inattaquable. L'art. 19 du tit. 1er du livre II de l'ordonnance, reproduit par l'art. 234 du Code civil, dit qu'il « *pourra*, pendant le cours de son voyage, prendre deniers *sur corps et quille* du vaisseau... *mettre des apparaux en gage* ou *vendre des marchandises...* » Emérigon et le parlement d'Aix en ont conclu que les pouvoirs du capitaine ne s'étendaient pas au delà. C'est à l'alternative entre l'une de ces trois opérations que l'ordonnance (et le Code après elle) *a réduit les pouvoirs du capitaine.*

Si, d'après les anciens usages, ces pouvoirs avaient été plus étendus, s'ils avaient, par exemple, été réglés arbitrairement par les armateurs, peut-être pourrait-on trouver que la formule de l'ordonnance n'est pas assez prohibitive pour expliquer une rupture complète avec la tradition; et la conséquence tirée par le parlement d'Aix de la formule de cet article pourrait paraître forcée. Mais il n'en était point ainsi.

____

(1) Emérig., *loc. cit.*

La vérité est qu'il y avait sur la distinction entre les lettres de change et le prêt à la grosse, et sur la préférence à donner à l'un de ces procédés sur l'autre, deux traditions absolument opposées: la tradition du Midi et la tradition du Nord, celle de la Méditerranée et celle de l'Océan et de la mer du Nord.

Les gens du Nord avaient peur des gros intérêts qui dévorent peu à peu le capital et font perdre à l'armateur le bénéfice d'une affaire, aussi n'aimaient-ils pas le prêt à la grosse. On dirait qu'ils n'en ont pas compris l'avantage, et que la sorte d'assurance qui se trouve mêlée à ce genre de prêt leur a d'abord échappé. Peu à peu leur esprit s'est ouvert, ils sont arrivés à le mieux connaître et à ne plus le proscrire d'une façon absolue. Mais le vieux préjugé n'a jamais entièrement disparu, le prêt à la grosse n'est permis qu'en cas de nécessité absolue, et *cette nécessité n'existe pas, si l'on trouve de l'argent sur lettres de change.* Il est probable que les capitaines de ces contrées se sont permis d'énormes abus sous prétexte de *bomerie* (1), et que l'esprit régulier des gens du Nord a souffert plus que d'autres d'avoir à partager, avec un tiers, un profit sur lequel ils comptaient.

Nulle part la trace des difficultés qu'éprouva le prêt à la grosse à s'acclimater dans le Nord n'est restée plus distincte que dans les *recès* hanséatiques: «...*Nul ne devra prêter à la grosse sur le corps et quille du navire,* dit l'art. 4 du recès de 1418 ; s'il arrivait que quelqu'un prêtât ainsi, *l'argent serait confisqué,* moitié au profit des villes unies et moitié au profit de la ville ou du comptoir où le navire abordera, et le *patron* (2) *qui aura ainsi emprunté devra payer un marc d'or...* »

Le recès de 1434, dans son art. 4, et celui de 1447, dans ses art. 14 et 10, aggravent l'interdiction, déjà si stricte, que nous venons de voir, en y ajoutant des menaces terribles contre le capitaine qui vend les parts de navire qui ne lui appartiennent pas.

Vient enfin le recès de 1591, qui, sous l'influence d'idées méridionales (3), autorise le prêt à la grosse, mais avec les restric-

---

(1) C'est le nom du prêt à la grosse ou *prêt sur quille,* dans le Nord.

(2) Bien entendu, c'est le *patron* ou capitaine qui n'a pas le droit d'emprunter à la grosse; chaque copropriétaire peut au contraire emprunter sur sa part et portion.

(3) Pardessus croyait les modifications de ces deux articles inspirées par l'art. 19 de l'ordonnance de Charles V pour les Pays-Bas, de 1549.

tions indiquées ci-dessus : « Si un patron prend *sans nécessité* de l'argent à la grosse sur le navire... il supportera *seul* le dommage qui en résultera pour les armateurs. » Le même article, comme effrayé de cette condescendance et de la puissance qu'elle donne au capitaine, croit devoir redoubler les menaces contre le patron qui aura *vendu le navire et la cargaison*. Il or donne « qu'il ne sera souffert dans aucune des villes hanséatiques, et, s'il est pris, il sera *sans miséricorde puni* DE MORT (1).» Enfin l'art. 58 vient proclamer nettement la nouvelle jurisprudence : « Si un patron, en pays étranger, où il ne peut consulter ses coïntéressés, éprouvait un véritable dommage au navire ou aux agrès, ET S'IL NE POUVAIT NI TIRER SUR SES ARMATEURS, ni vendre une partie des objets de la cargaison avec plus d'avantages pour eux qu'en prenant de l'argent à la grosse, il est autorisé, *pour sauver le navire et la cargaison*, de prendre à la grosse autant d'argent qu'il lui en faudra pour réparer le dommage ou parer aux autres accidents; et lorsqu'il aura ainsi affecté le navire, les coïntéressés seront tenus de payer le montant des sommes empruntées. » La disposition de cet article a été reproduite par le recès de 1614 et constitue le dernier état de la jurisprudence hanséatique. Elle règne encore en Angleterre et aux États-Unis.

Voilà la tradition du Nord. Elle peut se résumer ainsi : Grands préjugés contre l'emprunt à la grosse qui n'est permis au capitaine qu'à *la dernière extrémité* et *seulement dans le cas où le capitaine n'a pu trouver d'argent sur lettres de change*. En un mot : le *change terrestre* est absolument préféré par l'armateur au *change maritime*, lequel n'est permis au patron qu'à défaut absolu du premier (2).

(1) Ces menaces terribles, mais à peu près irréalisables, font sourire. On fait les gros yeux aux enfants; pour les hommes, il vaut mieux être sur ses gardes, et prendre des précautions contre la fraude, comme le prouvent ces paroles si sensées de notre Valin : « Un capitaine ou maître ne s'avise pas de vendre son navire; mais quand il veut s'en défaire, *il trouve aisément le secret de le faire condamner;* du moins y en a-t-il assez d'exemples pour qu'on puisse penser, *sans jugement téméraire*, qu'il y a eu des navires condamnés qui ne méritaient pas de l'être; mais quand il n'y a pas de preuve de la friponnerie, il n'y a pas moyen de la punir. »

(2) Il en est encore ainsi en Angleterre : « Si le capitaine pouvait trouver de l'argent en tirant une lettre de change sur les propriétaires, il ne pourrait signer un billet de grosse pour la même dette, *car il n'y aurait pas alors nécessité de le signer;* or la nécessité est la condition essentielle de l'hypothèque du navire : sans cette condition, le capitaine n'a aucun pouvoir pour engager le navire, et le billet de grosse ne saurait avoir aucune valeur (*The law relating to shipmasters and seamen, by Joseph Kay, esq.*, part. 8 sect 6, p. 587).

Comme on a pu le voir dans notre première partie, il y avait dans le Midi une tradition toute contraire.

Pas plus que les gens du Nord, les Méridionaux n'avaient une confiance absolue dans la délicatesse de leurs capitaines. Bien loin de là, les garanties qu'ils avaient cru devoir prendre contre eux étaient, au fond, plus sérieuses et plus efficaces. Mais, alors que, dans le Nord, on craignait surtout de voir les intérêts des prêts à la grosse absorber le capital du navire, l'armateur du Midi craignait, avant tout, de donner au capitaine, déjà maître du navire, le pouvoir de compromettre encore *sa fortune de terre*, c'est-à-dire TOUT LE RESTE.

Des deux côtés, on était convaincu des dangers d'étendre inconsidérément les pouvoirs du capitaine. Des deux côtés, on les avait expressément limités. Mais chacun avait mis à part et en dehors de ces pouvoirs ce qu'il trouvait de plus dangereux : les gens du Nord, *l'emprunt à la grosse*, les peuples de la Méditerranée, le *crédit personnel de l'armateur*. Ce dernier point résulte positivement des textes cités dans la première partie de cette étude, et notamment de ce passage du règlement de procédure des juges-consuls de Valence : « Ils ne sont pas tenus de payer, *le patron n'ayant pas eu le pouvoir d'engager leurs biens*, S'IL N'AVAIT PROCURATION OU PLEIN POUVOIR ÉCRIT. »

Tel était l'état de la législation maritime au moment de la rédaction de l'ordonnance.

La France, baignée à la fois par la Méditerranée et l'Océan, pouvait hésiter entre ces deux traditions, mais elle devait choisir, et les rédacteurs de l'ordonnance ont nécessairement choisi entre elles.

Laquelle ont-ils adoptée ? Le texte des art. 18 et 19 (titre du Capitaine), étudié à la lumière de ces précédents, ne laisse plus aucun doute. Le parlement d'Aix en avait bien saisi le vrai sens : Si les propriétaires ont affrété d'accord le navire commun, et que l'un d'eux refuse de contribuer aux frais de mises dehors, le capitaine peut l'obliger malgré lui. Que peut-il engager ? son crédit *personnel* ou son crédit *réel* (sa part du navire) ? — *Le maître*, répond l'art. 18, *pourra en ce cas emprunter* A LA GROSSE AVENTURE *pour le compte et* SUR LA PART *des refusants...* » L'art. 19 prévoit un autre cas : Le capitaine se trouve sans argent, loin de ses armateurs, il est menacé de ne pouvoir retourner s'il ne trouve à se procurer des fonds, pour radoub, victuaillés et autres nécessités du bâtiment. Ici encore, la loi va lui permettre d'obliger son armateur. Mais, que lui livre-t-elle : son crédit *personnel* ou son crédit *réel*? — *Pourra*, dit l'art. 19, *prendre deniers* SUR LE CORPS ET QUILLE DU VAISSEAU ;… *même mettre des apparaux en gage* ou *vendre des marchandises de son chargement*…

L'ordonnance permet au capitaine trois opérations, et de ces trois opérations, pas une ne peut franchir les limites du *crédit réel* de l'armateur. Son *crédit personnel* reste intact; c'est une terre réservée, que la loi met expressément hors de l'atteinte du capitaine. *Il ne doit contracter aucune obligation qui ne soit* INHÉRENTE AU NAVIRE MÊME ET QUI NE DÉPENDE DU SUCCÈS DE L'EXPÉDITION MARITIME. Ces trois lignes d'Émérigon résument, avec une précision remarquable, les deux dispositions que nous venons d'étudier. Mieux qu'aucun commentaire elles nous permettent d'en comprendre le sens et de nous pénétrer de leur esprit.

Si tels sont les principes de l'ordonnance, et par conséquent du Code dont l'art. 234 ne fait que reproduire les dispositions, on reconnaîtra que la loi de 1841 n'a pu que les fortifier et les confirmer définitivement.

L'ordonnance, si l'on en croit son plus illustre commentateur, n'avait pas pleinement suivi les errements du *Consulat de la mer*. Sur le point capital de la faculté d'abandon et de son étendue, sa rédaction, tout au moins, laissait à désirer. Le but de la loi de 1841 a été précisément de combler cette lacune et de rentrer, franchement et sans arrière-pensée, dans la tradition de la Méditerranée. Or, suivant cette tradition, le voyage en mer, nous le savons, constitue comme une sorte de société anonyme dont le capitaine serait l'administrateur, et nous avons pu comparer l'armateur à un actionnaire qui aurait promis un apport en nature qu'il n'aurait pas encore réalisé. Croit-on que cette situation autorisât l'administrateur à tirer des lettres de change sur cet actionnaire?

Non, pour avoir le droit de tirer sur quelqu'un, d'engager son crédit personnel, il faut avoir sur lui un droit *conventionnel* ou *légal*. Ce droit pourrait résulter par exemple d'une procuration spéciale, mais nous ne nous plaçons pas dans cette hypothèse, et comme, à défaut de cette procuration spéciale, la loi dénie au capitaine, ou du moins ne lui donne pas, le droit d'obliger l'armateur, rien ne l'autorise à faire traite sur lui.

Si donc le capitaine, au lieu d'emprunter à la grosse, comme la loi lui en donne expressément le pouvoir, tire sur son armateur, celui-ci n'est obligé ni d'accepter ni de payer ces traites; et cela, non pas, comme le prétend M. Duvergier, PAR LE SEUL MOTIF *qu'il serait quelquefois embarrassé de se déterminer*; mais par le motif, beaucoup plus juridique, que le mandataire, en dehors des limites du mandat, n'est plus pour son mandant qu'un étranger dont les agissements ne l'obligent en rien.

Que faut-il penser maintenant de l'objection principale du même auteur?

Le prêteur, dit-il, a su qu'il courait là chance d'être payé par l'abandon du navire et du fret; il doit la subir, mais il n'est pas obligé d'attendre plus ou moins longtemps que l'armateur ait reçu des nouvelles... celui-ci doit opter sans retard entre le paiement des traites et l'abandon du navire; *cette option est l'unique ressource qui lui est accordée par la loi.*

C'est là précisément qu'est l'erreur du savant jurisconsulte, et comme c'est une erreur de principe et qu'elle est partagée par de nombreux auteurs, il importait par-dessus tout d'en montrer la fausseté. J'espère y avoir réussi en établissant plus haut le caractère *purement et nécessairement réel* de l'engagement contracté par le capitaine.

Si le résultat de nos recherches n'a pas été de nous induire en erreur, il est certain que, chez aucun des peuples qui l'ont admise, la faculté d'abandon n'a constitué une *simple option*. Dans tous les documents qui l'établissent, nous y avons vu, au contraire, un *affranchissement complet de la personne de l'armateur, une réserve absolue de son crédit personnel.* Si l'étude de ces documents pouvait laisser un doute sur la vérité de cette proposition, nous en trouverions ici la pleine confirmation : le capitaine ne doit contracter aucune obligation qui ne soit inhérente au navire même *et qui ne dépende du succès de l'expédition maritime* (1).

L'option aveugle et immédiate, préconisée par Duvergier, n'est donc pas la seule ressource de l'armateur auquel on pré-

____

(1) Voy. aussi la Pragmatique de l'île de Malte, du 1er septembre 1697, tit. III, ch. 7 : « Le capitaine ou patron se trouvant séparé des armateurs *eut engager seulement leur bâtiment, et non leurs personnes.* »

sente des lettres de change tirées par son capitaine. Il n'est pas obligé de payer les effets ou d'abandonner un navire dont ignore absolument la situation pécuniaire. La loi maritime, protectrice des navires, n'oblige pas leurs propriétaires à les jouer aussi imprudemment. Elle déclare, au contraire, qu'ILS NE SONT PAS TENUS.

Et quant au prêteur, sa situation est bien moins favorable que ne le prétendent nos adversaires : non seulement il a su qu'il courait la chance d'être payé par l'abandon du navire et du fret, mais il a su, ou il devait savoir, que le capitaine qui a tout droit sur le navire n'avait au contraire aucun droit d'obliger personnellement l'armateur. Malgré cela, il a refusé de prêter à la grosse et exigé des lettres de change ; il est en faute, et ne peut s'en prendre qu'à lui-même si les lettres dont il est preneur sont protestées.

Reste le dernier argument tiré de l'intérêt public et des habitudes commerciales. Il faut, dit-on, dans le commerce, que tout soit rapide et certain ; autant vaut presque pour un commerçant perdre qu'attendre et hésiter.

C'est là une vérité incontestable, mais la loi y a pourvu. Elle se garde bien de donner un délai à l'armateur pour payer les traites : ce serait renverser tous les principes en matière de lettres de change. L'amendement proposé par M. de Kerbertin avait ce grave défaut, et c'est probablement ce qui empêcha la Chambre de le prendre en considération. Mais la coutume marchande ne pouvait méconnaître à ce point les besoins essentiels du commerce. Elle a fait quelque chose de plus simple, en même temps que de plus juridique. En déclarant le propriétaire du navire libre de toute obligation personnelle, elle a, par cela même, *annulé les traites*, au moins en ce qui le touche.

Non seulement cette conclusion s'impose, mais je la trouve expressément formulée dans un passage de Casarégis.

Au n° 29 de son discours 71, l'illustre avocat de Gênes s'attache à éclaircir les difficultés du chapitre 236 du *Consulat de la mer*. Nous avons déjà cité la disposition de ce chapitre où il est dit que, « si le navire se perd avant que l'emprunt ait été remboursé, aucun actionnaire n'est obligé de rien payer à celui qui aura prêté, » et nous avons combattu l'opinion de Valin, qui en concluait qu'il s'agissait d'un *prêt à la grosse* (1). Le

(1) Voy. ci-dessus, part. I, ch. 2.

passage en question de Casarégis nous donne pleinement raison sur ce premier point : « Ce chapitre, dit-il, suppose, à n'en pas douter (*procul dubio*), que le patron a pris de l'argent au change, mais non au change maritime (*sed non ad cambium mariti-mum*) (1). » Il y a cependant une grave objection : s'il s'agit d'une lettre de change au lieu d'un prêt à la grosse, comment se fait-il que la loi refuse toute action contre les propriétaires au cas où le navire s'est perdu (*et tamen perempta navi negat actionem contra participes*) ? Il n'y a, répond Casarégis, qu'une explication possible, c'est que *la loi* ANNULE *dans ce cas le contrat de change* (IGITUR IN HOC CASU IRRITAT CAMBIUM).

Le commerce n'a donc pas à se plaindre de la coutume maritime. Elle ne trouble aucune de ses habitudes et ne lui impose aucun retard, elle exige seulement qu'on respecte ses prescriptions. Après avoir dénié au capitaine le droit d'engager la personne de son armateur, elle ne pouvait, sans manquer de logique, obliger ce dernier à payer les traites de son capitaine. Nous venons de voir en effet qu'elle les *annule*, ou plutôt qu'elle les déclare sans effet contre l'armateur, pour lequel elles ne pourront jamais devenir une cause de faillite (2).

(1) On sait que par cette expression, composée de deux mots italiens (*cambio marittimo*) revêtus d'une consonance latine, les auteurs du Midi désignaient le contrat à la grosse.

(2) Au moment où nous corrigeons les épreuves de ce chapitre, le second volume du *Traité du droit commercial maritime* de M. Arthur Desjardins vient de paraître. Au numéro 504 de cet ouvrage, fort remarquable et qui révèle, chez son auteur, une science consommée du vieux droit et du droit comparé, nous trouvons une critique très vive de la jurisprudence du parlement d'Aix. Emérigon y est repris vertement, pour s'être « fait le champion de cette jurisprudence qu'il aurait dû combattre. » Après avoir reproduit le passage sur lequel nous avons cru pouvoir nous appuyer, le savant magistrat conclut résolument en ces termes : « Cette opinion serait aussi fausse aujourd'hui qu'elle l'était en 1783. Est-ce que par un emprunt ordinaire le capitaine ne contracte pas aussi une obligation inhérente au navire ? Pourquoi pourrait-il en « sa qualité de maître » emprunter à la grosse et ne pourrait-il pas contracter un emprunt ordinaire en la même qualité ? Je vais plus loin et crois, avec M. Ruben de Couder, qu'il devra de préférence se procurer de l'argent par ce dernier moyen, puisque les armateurs n'auront pas alors à payer de prime de grosse, quelquefois très forte, et pourront toujours se libérer par l'abandon du navire et du fret. » Je crois avoir répondu, sans les connaître, aux questions posées par l'auteur. Une courte remarque expliquera, d'ailleurs, la divergence de nos opinions. M. Desjardins appuie sa réfutation de citations du *règlement d'Anvers*, du *droit hanséatique*, de *Kurike*, de *Stypman*... en un mot, de textes et d'auteurs qui représentent *exclusivement* la tradition du Nord. En montrant qu'elle n'était pas la seule, qu'il y avait dans la Méditerranée une tradition en sens contraire et qu'il ressort des termes de l'*Ordonnance* que ses rédacteurs s'étaient inspirés de cette dernière, j'espère avoir détruit la base même de son argumentation. Le parlement de Provence y avait regardé à deux fois, avant d'infirmer les sentences d'un conseil d'a-

§ 2. — *Transformation légale du prêt simple en prêt à la grosse.*

Bien que je considère la question comme résolue à titre de point controversé, il peut être intéressant, au point de vue doctrinal, de la creuser davantage et de rechercher notamment quelle va être exactement la situation du porteur de la lettre de change ?

On ne s'étonnera pas de nous voir, dans ce but, recourir encore à cette jurisprudence provençale qui a jeté tant de lumière sur cette matière difficile.

Nous avons déjà vu qu'aux termes de cette jurisprudence, le porteur de la traite avait une ressource qui ne lui reste plus aujourd'hui, je veux parler de l'obligation personnelle du capitaine.

N'avait-il que celle-là ? Etait-il dépourvu de toute action contre le navire ou la cargaison ?

Au premier abord, on pourrait le croire. Il semble, en effet, que l'armateur peut repousser l'action réelle aussi bien que l'action personnelle du prêteur. Ne serait-il pas reçu à lui dire : « Vous pouviez prêter à la grosse ; les pouvoirs du capitaine lui permettant d'engager le navire et même la cargaison, vous auriez eu alors un gage, à moins qu'il n'eût péri en route. Au lieu de cela vous avez prêté sur lettre de change. Qu'en résulte-t-il ? D'abord, que vous n'avez pas d'action contre moi, ces traites étant nulles à mon égard ; et puis, que vous n'avez pas d'action particulière sur le navire ni sur la cargaison, parce que, le prêt étant pur et simple, il n'y a eu, dans l'espèce, *aucune affectation réelle.* »

Cette application rigoureuse des principes eût été conforme au formalisme du vieux droit romain qui n'admettait même pas que le *paterfamilias* fût obligé par les actes de ceux qui étaient soumis à son pouvoir : fils de famille ou esclaves. Mais déjà le droit prétorien, au moyen des actions dites *adjectitiæ*

mirauté dont Emérigon faisait partie. Et quant à ce dernier, loin de lui faire aucun reproche, il faut le louer d'avoir eu, comme Papinien, ce rare courage de reconnaître publiquement son erreur, en se faisant *le champion* d'une vérité qu'il avait d'abord méconnue. Son autorité si grave en ces matières, celle des jurisconsultes allemands et d'ailleurs les raisons données plus haut à l'appui de notre opinion, nous déterminent à y persister.

qualitatis, avait permis au créancier d'atteindre directement l'*exercitor : æquum est enim, qui magistrum navi imposuit, teneri* (1). Bien plus, dans l'hypothèse même où le prétendu maître n'aurait pas été préposé par l'*exercitor* et aurait par conséquent agi *sans son ordre* (2), ce dernier eût été tenu des dépenses contractées pour le navire, en cas d'heureux retour; car la possession de ce navire réparé avec les deniers du prêteur, constituant pour l'*exercitor* une cause d'enrichissement, eût donné lieu contre lui, dans la mesure de cet enrichissement, à l'action *de in rem verso.*

Si la solution dont nous parlons a paru trop sévère aux jurisconsultes romains, à plus forte raison devrait-elle être repoussée en France où, suivant Valin et Emérigon, *les subtilités ne sont pas reçues.* Aussi le dernier de ces auteurs nous apprend-il « que si, malgré la prise ou le naufrage, les armateurs ont reçu ou partie des nolis ou quelques retraits, *ils sont obligés de faire honneur aux lettres de change de leur capitaine,* JUSQU'A CONCURRENCE DE CE QU'ILS ONT EN MAIN (3). »

La situation du prêteur qui a exigé des lettres de change n'est donc pas désespérée. On pourrait soutenir, au contraire, qu'il est plus heureux que sage, car, au lieu d'annuler simplement un prêt fait en contravention à ses prescriptions, la loi se borne à le régulariser en rendant *purement réel* et dès lors valable un prêt qui, constitué *personnellement,* mais n'obligean personne, n'aurait dû, ce semble, donner lieu à aucune action ni personnelle, ni réelle.

Il y a même dans cette condescendance de la loi pour le prêteur un privilège remarquable. Elle fait pour lui quelque chose de très particulier que je me reprocherais de ne pas signaler : D'un *prêt simple* nul, elle fait, d'elle-même et sans le concours de personne, un *prêt à la grosse* valable.

Je ne crois rien exagérer. En effet, en quoi consiste surtout le prêt à la grosse ? En ce que *le risque de la chose prêtée est à la charge du prêteur (periculo creditoris)* (4). Or, dans le système

---

(1) L. 1 D. *De exercit. act.* Voy. aussi les paragraphes 2 et 5 de la même loi.

(2) L'action *exercitoire,* entrant dans la catégorie des actions *quod jussu,* n'eût pas été admise dans ce cas.

(3) *Des contrats à la grosse,* ch. 4, sect. 11, p. 5, sous la troisième décision.

(4) L. 1, 3, 4 et 5 D. *De naut. fœn.* L. 1, 2 et 4 C. eod. tit.

de la loi de 1841, il en sera toujours ainsi : Le prêteur, en cas de sinistre, ne trouvant pas d'obligé, puisque le propriétaire peut s'affranchir de toute obligation par l'abandon du navire et du fret, supportera nécessairement la perte.

Le second caractère du prêt à la grosse consiste dans l'*affectation du navire ou de la cargaison au paiement du prêt.* Il y a dans ce contrat comme une sorte d'*hypothèque* (1). Eh bien, la faculté d'abandon a pour effet, en cas de prêt simple fait au capitaine, de frapper le navire (et même la cargaison) d'une *hypothèque tacite.*

Si ce dernier point ne paraissait pas résulter clairement de ce que nous avons dit jusqu'ici, le passage suivant d'Emérigon suffirait à l'établir :

Un capitaine s'était fait autoriser à prendre de l'argent sur lettre de change, pour ravitailler son navire. Le navire fut pris par les Anglais, mais non la cargaison qui avait été débarquée à Boston. La lettre de change fut protestée faute d'acceptation et de paiement. « Le sieur Louis Jubellin, porteur de cette lettre, dit Emérigon, vint me consulter. Je lui répondis que, suivant notre jurisprudence, il n'avait *aucune action personnelle contre l'armateur, mais qu'il avait* UNE ACTION RÉELLE SUR LES EFFETS DE LA CARGAISON *qui étaient restés à Boston ou qui seraient envoyés en France* (2). »

Le sieur Jubellin ayant eu l'imprudence de plaider quand même, une sentence de l'Amirauté de Marseille, du 20 décembre 1780, confirma pleinement l'opinion du savant jurisconsulte.

Voici donc une affectation réelle provenant d'un prêt simple. Mais cette affectation existera-t-elle seulement à l'égard de l'armateur, ou bien le prêteur pourra-t-il s'en prévaloir même à l'égard des tiers ? Il le pourra certainement, car, au point de vue du privilège, l'art. 191 du Code de commerce, conforme en ce point à l'art. 16 *de la saisie des vaisseaux,* de l'ordonnance, ne fait aucune distinction entre le prêt simple et le prêt à la grosse. Il met au septième rang : *Les sommes* PRÊTÉES *au capitaine pour les besoins du bâtiment...* Valin ne distingue pas

---

(1) Les Anglais disent très bien *hypothéquer le navire,* pour désigner le fait de contracter un emprunt à la grosse.

(2) *Contrat à la grosse, loc. cit.,* sous la quatrième décision, t. II, p. 403. Emérigon ne parle que de la cargaison, parce que le navire avait péri.

davantage : « Ensuite sont colloqués, dit-il, ceux qui ont prêté *à la grosse* OU AUTREMENT... »

D'où peut venir cette affectation réelle qui s'opère en dehors de toute convention et qu'on ne trouve cependant écrite dans aucune loi? Quelle peut être sa raison juridique?

J'y vois, pour ma part, une application de la théorie que j'ai cherché à établir.

Le navire en voyage forme, avec sa cargaison, une sorte d'anonymat dont le capitaine est l'administrateur. Quand il parle, il parle pour le navire. Quand il s'oblige, il oblige le navire. Il est son *maître et seigneur*, comme le mari l'est de la communauté. Il se confond même plus complètement avec le navire que le mari avec la communauté, car, en sa qualité de simple préposé, il ne s'oblige *qu'en nom qualifié*; et, son commettant se trouvant garanti par la faculté d'abandon, il ne reste aux tiers qui traitent avec le capitaine qu'une garantie réelle, celle du navire. Du moins la loi a-t-elle voulu que cette garantie existât *dans tous les cas*, et que le navire se trouvât obligé *comme le serait une personne*, sans qu'il fût besoin pour cela d'*aucune* constitution de gage ou d'hypothèque.

C'est là, si je ne me trompe, une des conséquences les plus frappantes de cette singulière personnalité du navire que nous nous sommes attaché à faire ressortir. — Grâce à cette fiction ingénieuse, la loi atteint un double et capital résultat : elle encourage l'armement en affranchissant les propriétaires de navire de toute responsabilité personnelle ; et elle réserve les droits du créancier auquel elle offre une sûreté *réelle*, en compensation de la garantie *personnelle* dont il se voit privé.

Cette suite naturelle des principes de la matière n'a pas échappé aux Allemands. Ils ont eu soin, au contraire, d'y conformer les dispositions de leur Code de commerce. Aux termes de l'art. 498, « le capitaine ne peut engager le crédit personnel de l'armateur, *notamment par lettre de change*, que lorsqu'il a reçu *pouvoir spécial* à cet effet... (1). » Mais l'art. 502, se conformant à la jurisprudence provençale, déclare que « tout acte conclu par le capitaine en sa qualité de patron du navire, dans

____

(1) La fin de l'article insiste sur la *spécialité* du pouvoir nécessaire : « Les instructions et les ordres transmis par l'armateur au capitaine ne suffisent pas pour justifier l'engagement personnel de l'armateur vis-à-vis des tiers. »

les limites de ses attributions, que l'armateur ait été désigné ou non, engage l'armateur vis-à-vis les tiers (1) et AFFECTE A LA GARANTIE LE NAVIRE ET LE FRET... (2). »

Ainsi par la seule force des choses ou du moins par une suite nécessaire des principes adoptés aujourd'hui par la grande majorité des législations modernes, le prêt simple contracté par le capitaine se trouve revêtir les deux caractères essentiels du prêt à la grosse : *mise des risques à la charge du prêteur*, et *affectation réelle du navire et du fret*. En d'autres termes, il n'y a plus aujourd'hui à distinguer entre les diverses sortes de prêts faits au capitaine en cours de voyage. *Tout prêt de ce genre est de* DROIT *un prêt à la grosse* (3).

Cette conclusion nous dispense de parler davantage du *prêt simple*. Bornons-nous à constater la transformation que lui fait subir la loi, et prêtons désormais toute notre attention au *prêt à la grosse*.

CHAPITRE II.

Du prêt à la grosse contracté par le capitaine en cours de voyage.

—

§ 1. -- *Caractères distinctifs du contrat de grosse souscrit par le capitaine en cours de voyage.*

Le prêt maritime, ou prêt *à la grosse*, diffère du prêt simple en trois points essentiels :

1° Le prêt à la grosse étant fait en vue des risques de mer, l'existence de ces risques constitue un des éléments nécessaires

---

(1) Il faut entendre ce membre de phrase sous la réserve du principe de l'art. 452 : « L'armateur n'est *point personnellement tenu* des créances des tiers. »

(2) Voy. aussi l'art. 500 : « Le capitaine ne peut... engager *le crédit personnel* des ayants droit à *la cargaison* que s'il y a été autorisé par pouvoir spécial. »

(3) Frémery avait bien aperçu cette conséquence inattendue de notre principe. Il se plaignait même que le prêteur fût dans une position plus fâcheuse que le prêteur à la grosse... et qu'il n'en reçût aucune prime, pour un risque aussi énorme. La prime n'existe pas parce qu'elle n'a pas été stipulée, mais il y a dans la loi une invitation implicite à ne prêter qu'à la grosse et par conséquent à stipuler une prime.

du contrat. Il faudra donc que la somme prêtée ou, tout au moins, la chose (navire ou marchandise) que cette somme a servi à acquérir, *traverse la mer*.

2° Le contrat à la grosse emporte, *de plein droit,* au profit du créancier, *affectation réelle* de la chose acquise avec ses deniers ou même, si cette chose était destinée à être vendue ou échangée au loin, de la chose acquise en échange ou avec le prix de la première.

3° Dans le prêt à la grosse, la somme prêtée ou la chose qui en provient, tout en devenant, comme dans le prêt ordinaire, la propriété de l'emprunteur, voyage cependant *aux risques du créancier*, du moins en ce qui touche ce qu'on est convenu d'appeler les *fortunes de mer.*

« Ce fut un contrat fort usité à Athènes que le prêt d'argent affecté sur un objet exposé aux risques de la mer, à la condition que, si l'objet donné à titre de gage venait à périr, l'emprunteur serait libéré. Le texte complet d'un contrat de ce genre est parvenu jusqu'à nous (1). »

Seul, entre les contrats particuliers au commerce, le prêt à la grosse a paru aux jurisconsultes romains digne d'attirer leur attention. Les plus illustres d'entre eux, Labéon, Paul, Ulpien, Papinien, etc., avaient appliqué leur génie à résoudre les questions auxquelles il donne naissance.

On serait tenté de croire cependant qu'ils n'en ont traité qu'incidemment et à l'occasion de contrats plus familiers aux Romains. Dans le cas contraire, les compilateurs du Digeste seraient peu excusables de n'avoir su trouver dans leurs écrits que les neuf fragments qui composent à eux seuls le titre *De nautico fœnore.*

Du moins ces fragments, tout incomplets qu'ils sont, permettent-ils d'affirmer que notre contrat fut à Rome, et par conséquent dans le monde entier, le même qu'à Athènes (2).

A-t-il conservé jusqu'à nos jours son caractère primitif?

D'après le *Guidon de la mer* qui date de 1647 environ, il y

(1) Frémery, p. 249. La formule dont parle l'auteur se trouve dans le plaidoyer contre Lacritus, attribué à Démosthène.

(2) Pardessus, *Lois maritimes,* I, p. 70. Frémery tient le même langage, sous la réserve cependant de l'observation suivante qui me paraît exacte : « Il est, dit il, facile à voir qu'à Athènes c'était une convention toute commerciale et maritime, tandis qu'à Rome on l'envisagea surtout sous le point de vue d'un placement d'argent, avec des risques, mais à un intérêt supérieur au taux fixé par la loi. »

aurait entre le contrat moderne et celui qu'on pratiquait autrefois *peu de conformité* (1). Cette assertion, au dire d'Emérigon, n'est véritable *que par rapport à la forme* que les règlements modernes ont donnée à ce contrat dont l'origine se perd dans l'antiquité. A l'appui de cette observation, l'auteur cite ce peu de mots de Targa : ... *di forma, ò piu tosto di riforma, è moderno* (2). Les auteurs anglais ont été plus loin. Ils ont pris la formule qui nous a été conservée dans le discours contre Lacritus et, la mettant en regard d'un *billet de grosse*, ils ont prétendu tirer de ce rapprochement la preuve d'une complète identité de forme et de substance (3).

Sans doute il y a entre les deux contrats de grandes ressemblances au point de vue du fond et de la forme même; cependant, si l'on y regarde de près, on s'aperçoit d'une différence importante, et la comparaison des deux formules tourne plutôt en faveur du *Guidon de la mer* que de ses critiques modernes.

Je crois en effet, avec Frémery, que la coutume commerciale en adoptant l'idée première et essentielle de la convention, c'est-à-dire la libération du débiteur en cas de perte de l'objet affecté, lui fit subir une modification assez grave pour en changer le caractère.

Et l'importance, à mes yeux, de ce changement, tient à ce qu'en rapprochant le *prêt à la grosse aventure* de l'assurance, il a familiarisé les esprits avec les principes de cette dernière et préparé ainsi l'avènement de ce beau contrat, devenu, suivant l'expression de M. Laurin, *le centre de tout le droit maritime*.

« Dans l'usage grec et romain, dit l'auteur des *Etudes de droit commercial*, l'objet affecté l'était *à titre de gage*. D'après la coutume commerciale maritime, l'affectation ne fut que la conséquence de l'emploi des deniers prêtés, dans et pour l'objet affecté; de cet emploi naquit pour le prêteur, *dans la limite et la proportion de la somme prêtée*, un droit de suite et de privilège sur l'objet que ses deniers avaient rendu la propriété de l'emprunteur; mais l'emprunteur ne le lui donna point à titre de gage, *en sorte que, si la valeur de l'objet affecté excédait la somme pré-*

(1) Ch. 18, art. 2.
(2) *Contrats à la grosse*, ch. 1, sect. 1.
(3) *The insurance cyclopædia*, by Cornelius Walford, v° *Bottomry*.

tée, l'emprunteur conservait le droit de faire de nouveaux emprunts sur le même objet jusqu'à concurrence de son entière valeur, et les nouveaux prêteurs acquéraient sur cet objet des droits égaux à celui du premier prêteur, malgré l'antériorité de son contrat... Ainsi une des bases de la convention de prêt à la grosse fut chez les anciens bien différente de ce qu'elle est chez les modernes. L'emprunteur athénien *engage* et hypothèque *en totalité* l'objet auquel il affecte le prêt ; il déclare formellement que l'objet est franc de toute hypothèque antérieure ; et le prêteur acquiert sur l'objet entier, quelle qu'en soit la valeur, un droit réel auquel l'emprunteur ne peut plus porter atteinte. Le commerçant moderne *associe* le prêteur à ses droits de propriétaire; *il ne l'y substitue pas;* si le prêt s'élève à la moitié de la valeur de l'objet, l'emprunteur peut encore plus tard, en recevant d'un autre prêteur le complément de la valeur de la chose, conférer à ce prêteur, sur la quote-part de la propriété restée libre, un droit absolument égal à celui du prêteur précédent (1). »

L'exactitude des deux propositions sur lesquelles repose l'observation de Frémery ne peut être sérieusement contestée. La formule grecque (2) et de nombreux passages des harangues de Démosthène mettent hors de doute le caractère *pignératif* du prêt à la grosse athénien. Les lois romaines avaient maintenu ce caractère, en appliquant aux prêteurs à la grosse, avant le départ, la règle *prior tempore potior jure* (3).

D'autre part, il est certain que la coutume commerciale est venue le modifier en permettant à ces mêmes prêteurs de venir en concours au prorata de leurs prêts, sur les effets sauvés (4).

---

(1) P. 251 à 253.

(2) « Ils *engagent* pour la somme prêtée 3,000 brocs de Mende qu'ils transporteront de Mende sur un vaisseau dont Hyblésius est l'armateur. Ils protestent qu'*ils ne doivent et n'emprunteront rien à personne sur ce vin...* Ils *livreront* SANS AUCUNE CHANGE, *aux créanciers, les effets engagés pour la somme, jusqu'à ce qu'ils aient rendu l'argent prêté...*» (Plaidoyer contre Lacritus). — L'argumentation de Démosthène prouve en outre que les prêteurs exigeaient que la valeur des marchandises mises sur le vaisseau fût au moins du double de la somme prêtée. Nous voyons même, dans un ouvrage encore inédit dont nous devons la communication à la bienveillance de notre savant confrère, M⁰ Malapert, que *la peine de* MORT *était prononcée contre celui qui, sans avoir déclaré son premier contrat, avait emprunté une seconde fois à la grosse sur une marchandise déjà affectée à un emprunt.*

(3) L. 18 au Dig., *Qui potiores.*

(4) Ordonnance des conseillers de Barcelone, art. 2; Cleirac, *Us et coutumes de la mer*, ch. 19, n° 2.

Les anciens auteurs sont presque unanimes sur ce point. Cleirac, Targa, Kuricke et Casarégis traitent sévèrement les partisans de l'opinion contraire, *quia sine ulla ratione et fundamento, sed proprio tantum marte eorum intentionum sustinere voluerunt* (1). De nos jours, l'ordonnance et le Code de commerce ne permettent plus le moindre doute à cet égard, et leur disposition se retrouve dans toutes les législations.

Cette distinction avait pourtant échappé à l'esprit si clairvoyant d'Emérigon. Trompé par les souvenirs d'un vieux statut de Marseille, il voyait un véritable *gage* dans la chose affectée à un prêt à la grosse. Cette erreur, encouragée par la rédaction défectueuse d'un article de l'Ordonnance (2), a fait naître, sur divers points de la matière (3), des difficultés inextricables. Il faut savoir gré à Frémery de les avoir éclaircies, en signalant, le premier, la différence capitale qui sépare le contrat moderne de celui que connaissaient les anciens.

Je ne me suis occupé jusqu'ici que du prêt à la grosse avant le départ, destiné à procurer les fonds nécessaires à la construction et à l'armement du navire ou à son chargem ent. Bie que, à en juger par les documents qui nous restent, ce prêt *avant le départ* fût le plus usité autrefois, il n'était pas le seul. Le plaidoyer contre Polyclès nous parle d'un contrat à la grosse fait par le capitaine *en cours de voyage*, pour réparer son navire et lui permettre de reprendre la mer. Ce qui était autrefois l'exception est devenu la règle. L'ancien contrat, remplacé avantageusement par l'assurance, a disparu peu à peu des usages du commerce, et plus tard des lois elles-mêmes.

Constitue-t-il encore un *contrat?* Les législations modernes, en supprimant les dispositions qui lui étaient propres, semblent l'avoir relégué au rang des *simples conventions*, qui n'ont d'autre loi que la volonté des parties. Dans les codes les plus récents, il a perdu jusqu'à son *nom* (4), réservé désormais au *prêt fait*

---

(1) Casarégis, *Disc.* 62, n° 18.

(2) Liv. III, tit. 5, art. 18.

(3) Notamment sur la question du concours entre les préteurs à la grosse et les assureurs, et sur celle de l'affectation *totale* ou *partielle* de la chose, dans le silence des conventions.

(4) Code de comm. allemand, art. 680 : « Le *contrat à la grosse*, dans le sens du présent Code, est une opération de prêt contractée *par le capitaine* en vertu des pouvoirs que lui confère le présent Code... ; » art. 701 : « Les règles particulières de chaque Etat déterminent les règles à suivre pour le contrat *improprement dit à la grosse*, c'est-à-dire pour celui qui n'a pas été conclu par le capitaine comme tel dans les cas prévus par

au capitaine en cours de voyage, lequel devient à son tour l'objet de dispositions organiques formant un titre spécial.

Il n'en est malheureusement pas ainsi en France. Le Code de 1807, qui n'est guère, dans toute sa partie maritime, que la reproduction de l'ordonnance de 1681, est naturellement fort arriéré. Ce retard de deux siècles sur les usages du commerce ne pouvait manquer d'amener des troubles profonds dans les transactions maritimes. Plus que tout autre contrat, le prêt à la grosse a souffert de cet anachronisme législatif. Non seulement le contrat usité autrefois sous ce nom a disparu de nos mœurs, mais une loi récente, la loi du 10 décembre 1874 sur *l'hypothèque maritime,* est venue lui porter le dernier coup, en abrogeant le privilège qui lui donnait toute sa valeur (1).

Cependant, le titre entier qui lui est consacré dans le Code est resté en vigueur, et le prêt fait au capitaine en voyage, n'ayant encore été l'objet d'aucune disposition spéciale, se trouve *en fait* régi par une loi qui n'a pas été faite pour lui.

Les tribunaux sont-ils fondés à appliquer des textes *dont l'origine se perd dans l'antiquité la plus reculée* à une convention nouvelle, sinon en elle-même et dans son essence, du moins par les conditions si différentes dans lesquelles elle intervient? La jurisprudence ne suivrait-elle pas une voie plus sûre, en s'inspirant de la coutume universelle et de ces principes généraux qui forment, en l'absence de dispositions positives, les sources naturelles du droit commercial?

Poser cette question, c'est demander s'il y a entre les deux

l'art. 681. — *Loi belge du 21 août 1879 sur la marine marchande :* « Le prêt à la grosse *ne peut être fait qu'au capitaine,* pour subvenir à des dépenses de réparations ou autres besoins extraordinaires du navire ou de la cargaison ou pour remplacer les objets perdus par suite d'accidents de mer... »

(1) M. de Courcy fait cependant observer avec raison que la nouvelle loi, se bornant à modifier les art. 191 et 192 du Code de comm. relatifs aux privilèges sur les navires, ne touche en rien au prêt à la grosse *sur facultés,* c'est-à-dire sur marchandises. Mais ce dernier contrat est tombé en désuétude. Voici ce qu'en dit l'auteur, mieux placé que personne pour savoir ce qui en est : « La plupart des négociants ignorent, tant les habitudes se sont modifiées, qu'au temps de l'Ordonnance il était d'un fréquent usage que des chargeurs de marchandises partageassent avec des bailleurs de fonds les risques et les profits d'une opération aventureuse, au moyen, non d'une association, mais d'un emprunt à la grosse... Que reste-t-il de cette vieille forme du crédit? Rien, pas même un souvenir. *Dans ma longue pratique, je n'ai pas eu connaissance d'un seul emprunt à la grosse contracté par des chargeurs de marchandises.* Je me trompe, il reste des textes de lois qui ne sont plus compris de personne. » *Questions de droit maritime,* 1re série, p. 28.

contrats des différences assez sérieuses pour motiver l'application de principes différents.

Cette recherche intéressante a été faite récemment par un écrivain dont la compétence ne peut être contestée. Bien qu'il décline toute prétention au titre de jurisconsulte, ou qu'il s'intitule modestement *jurisconsulte d'occasion*, la haute position qu'il occupe dans l'administration de plusieurs grandes compagnies, sa connaissance approfondie du droit et des usages maritimes, et la part prépondérante qu'il a prise à la rédaction du projet de revision de 1867, dont il avait été le promoteur (1), rendaient l'auteur des *Questions de droit maritime* plus apte que personne à traiter ce grave sujet.

Grâce à l'étude qu'il y a consacrée, cette partie de notre tâche se trouve singulièrement facilitée. Nous croirions l'avoir remplie, si en corrigeant de légères erreurs, en donnant à quelques parties de son argumentation une base plus juridique et en apportant plus de réserve et de mesure à une thèse qui nous paraît juste, mais dont il serait dangereux d'outrer les conséquences, nous arrivions à vaincre les préjugés qu'elle a rencontrés et à la faire admettre par la jurisprudence.

Voici d'abord, résumée par lui-même, la théorie de M. de Courcy :

« Un jurisconsulte ne comprendra rien au droit qui régit la matière s'il ne se pénètre pas de cette vérité qu'il y a, qu'il y avait plutôt deux sortes de contrat de grosse bien distinctes, ce n'est pas dire assez, souvent contraires dans leur principe et dans leurs effets. L'une est la convention privée par laquelle le propriétaire de la chose soumise aux risques de la navigation, navire ou marchandise, emprunte en donnant cette chose en gage et en stipulant qu'il sera libéré de la dette en cas de destruction de la chose par un accident fortuit. Tout est libre dans cette convention, qui évidemment n'est pas opposable aux tiers. Nul ne peut emprunter sur la chose d'autrui. Aucune magistrature n'y intervient, un acte authentique n'est même pas nécessaire (art. 311 du Code de comm.). Une simple transcription au greffe du tribunal de commerce, dans les dix jours, conservera le privilège (art. 312)... L'emprunteur est véritablement un débiteur, personnellement obligé sur tous ses biens,

<hr>

(1) Voyez l'opuscule publié par M. de Courcy dès l'année 1863 sous ce titre : *D'une réforme internationale du droit maritime.*

sauf la condition résolutoire de la destruction du gage, pouvant donc, si le gage n'a pas péri, être poursuivi et mis en faillite, en vertu d'une obligation à la grosse aventure, comme de toute autre obligation. C'est un effet de commerce négociable par la voie de l'endossement (art. 313). *L'emprunteur n'a aucun compte à rendre à personne de l'emploi de ses deniers ; il peut emprunter pour les besoins les plus étrangers à l'opération maritime, pour faire face à une échéance, pour solder les dépenses de son ménage ou pour doter sa fille.* Voilà le contrat de l'ancien régime, celui qui était presque entièrement tombé en désuétude avant de se trouver aboli de fait par l'art. 27 de la loi du 10 décembre 1874 sur l'hypothèque maritime... — L'autre sorte de contrat à la grosse, le contrat moderne, qui subsiste et pourra subsister toujours, parce qu'il correspond à de véritables nécessités commerciales, est celui par lequel *le capitaine*, en cours de voyage, emprunte les sommes dont il a besoin afin de réparer son navire avarié ou de solder d'autres dépenses extraordinaires et de continuer son voyage interrompu par force majeure. Ce n'est plus le propriétaire de la chose qui emprunte en donnant sa chose en gage. Le capitaine n'a d'ordinaire aucun intérêt de propriété quelconque sur la cargaison, et il n'en a très souvent aucun sur le navire. Il emprunte sur la chose d'autrui, et il est clair qu'il ne le doit faire que dans l'intérêt de cette chose. Il est donc responsable et comptable de l'emploi des deniers, et la loi, art. 236 du Code de commerce, réprime sévèrement tout emprunt fait *sans nécessité*. Il est ici une sorte de *negotiorum gestor* de tous, et n'agissant qu'en cette qualité, il n'est pas personnellement obligé au remboursement. Ce qui paraît singulier, c'est qu'il n'oblige pas davantage les propriétaires. Les armateurs se libéreront, si cela leur convient, par l'abandon du navire et du fret... Quant aux propriétaires des marchandises données en gage d'un emprunt, même dans le seul intérêt de la marchandise, comme on en a de nombreux exemples, on n'a jamais prétendu, bien que cela ne soit écrit nulle part, qu'ils fussent obligés au remboursement. En réalité donc, il n'y a pas de débiteur de l'obligation et le prêt n'est fait qu'au gage. Telles sont les habitudes commerciales, à peu près semblables chez toutes les nations maritimes (1). »

(1) *Questions de droit maritime*, 1re série, p. 30 à 32.

Après avoir ainsi exposé sa thèse, l'auteur reproche aux jurisconsultes de l'avoir méconnue. Emérigon a vaguement aperçu la distinction des deux sortes de contrats, mais sans y insister assez. On doit lui tenir compte cependant d'avoir remarqué, en parlant de l'emprunt du capitaine en cours de voyage, que ce prêt doit être fait *au navire plutôt qu'à la personne du maître* et que le prêteur a suivi *la foi de la chose.*

Un auteur anglais, très justement estimé, Benecke, est entré plus à fond dans la distinction des deux contrats ; mais il est tombé, dit M. de Courcy, dans une erreur complète, en essayant d'en donner la formule : « Il avance que la distinction *essentielle à rechercher est si l'argent emprunté augmente, ou non, la valeur primitive de la chose hypothéquée ;* il prétend que c'est l'argent emprunté par le propriétaire de la chose qui augmente cette valeur, supposant que cet argent sera toujours versé dans l'opération, tandis que l'argent emprunté par le capitaine ne l'augmente pas, parce que l'opération n'en reçoit aucune extension, demeure ce qu'elle était, sans que la valeur *primitive* soit accrue. Benecke rattache tout à cette idée de l'accroissement, au moyen de l'emprunt, de la valeur primitive de la chose. C'est une idée entièrement erronée, et la supposition que l'argent emprunté par le propriétaire sera toujours versé dans l'opération est gratuite. Nul n'a droit ni prétexte de contrôler, de suivre l'emploi des deniers qu'emprunte librement le propriétaire, et il n'en doit compte à personne... C'est au contraire l'emprunt du capitaine qui est toujours versé dans la chose, à moins de malversation du capitaine ; qui rétablit la valeur primitive de la chose, qui, en lui permettant de gagner le port de destination, *augmente* même, et très notablement, la valeur qu'elle avait avant l'emprunt. On voit donc combien grande est l'erreur de Benecke. Emérigon avait mieux entrevu la différence caractéristique des deux sortes de contrats. Elle consiste essentiellement en ceci : *L'emprunt du propriétaire suppose un débiteur, personnellement obligé sur tout son crédit, la chose n'étant qu'un gage hypothéqué, comme l'immeuble hypothéqué est le gage du créancier. L'emprunt du capitaine n'oblige personne, pas même le capitaine, qui signe l'acte, et ne fait crédit qu'à la chose.* J'ajoute que l'emprunt du capitaine est toujours fait dans l'intérêt et pour les besoins de la chose, sous la responsabilité du capitaine (1). »

(1) *Questions de droit maritime,* p. 35.

Il y a dans cette théorie de M. de Courcy des observations neuves qui me paraissent justes et que je me garderai bien de contredire. Mon but est au contraire de leur donner plus de valeur en les dégageant du voisinage compromettant de quelques erreurs qui les déparent.

Parmi les inexactitudes auxquelles je fais allusion, la principale est relative à l'ancien contrat de grosse, passé avec le propriétaire avant le départ du navire.

Cette convention est, comme le dit l'auteur, tombée en désuétude, et il n'est pas étonnant qu'on en ait un peu oublié les conditions.

Je reconnais d'ailleurs que cette circonstance diminue l'importance de l'oubli dont je parle et, par suite, l'intérêt qu'il peut y avoir à rétablir les principes. Mais comme l'erreur que je vais signaler touche à la nature et même à l'essence du prêt à la grosse, et qu'il est impossible de trouver la différence caractéristique entre deux contrats, à moins de connaître parfaitement chacun des éléments qui les composent, je demande la permission d'insister sur ce point. L'étude que nous en ferons aura d'ailleurs pour avantage de nous faire mieux comprendre l'*hypothèque maritime*, institution toute moderne, en pleine vigueur, et qu'on a eu le tort de confondre souvent avec l'ancien contrat de grosse.

Suivant M. de Courcy, le propriétaire du navire peut emprunter *à la grosse pour les besoins* LES PLUS ÉTRANGERS AU NAVIRE, et pour bien montrer la pleine liberté dont il jouit à cet égard, il dit qu'il en pourra doter sa fille. Je ne puis comprendre où l'auteur a puisé cette théorie.

Il y a, il est vrai, des peuples qui admettent une sorte de prêt conçu à peu près en ces termes : « Je vous emprunte telle somme à la condition de ne vous la rendre que si le navire de X. ou les marchandises de X., qui voyagent en mer, arrivent à bon port. Dans le cas où cette chose *qui appartient à un tiers* viendrait à périr, je me trouverai libéré. » C'est le prêt *al respondentia* des Anglais, ou le *volo per pieno* autorisé autrefois à Livourne et dans quelques endroits de l'Italie. Mais un contrat de ce genre n'est plus, à proprement parler, un prêt à la grosse, c'est un pari ; c'est *une vraie gageure*, comme le dit Emérigon, qui ajoute : « Tout cela est prohibé parmi nous. Il est *de l'essence* du contrat à la grosse, que l'argent *soit employé à un objet qui soit exposé aux risques de la mer* (1). » Emérigon, en parlant ainsi, s'est fait l'écho d'une tradition constante. Pardessus, après avoir analysé tous les passages des plaidoyers de Démosthène relatifs à notre contrat pour en extraire les règles et les clauses qui en constituent l'essence, les résume dans cette définition : « On donnait le nom de *contrat à la grosse* à la convention par laquelle une personne empruntait une somme *pour servir à des opérations maritimes* (2). »

Le nom même sous lequel ce même contrat était connu des Romains (*pecunia trajectitia*) équivaut à la définition de Pardessus. Qu'est-ce que l'argent *trajectice* ou *nautique* ? C'est celui qu'on destine à traverser la mer (TRAJECTITIA *ea pecunia est, quæ trans mare vehitur*). Si on le dépensait dans le lieu même où il est prêté, serait-il encore trajectice ? Evidemment non (*cæterum si eodem loci consumatur, non erit trajectitia*). Ne pourrait-on cependant l'employer à l'achat de marchandises destinées elles-mêmes à traverser la mer ? Oui, et l'argent restera trajectice, pourvu que ces marchandises voyagent aux risques du créancier (*sed videndum, an merces* EX EA PECUNIÁ COMPARATÆ *in ea causa habeantur ? Et interest, utrum etiam periculo creditoris navigent : tunc enim trajectitia pecunia erit*). Si on peut douter, après cela, que l'argent prêté à la grosse doive nécessairement être employé à des opérations maritimes, on voit que ce n'est pas la faute du jurisconsulte *Modestin*, auteur de ce fragment par lequel s'ouvre, au Digeste, le titre *De nautico fœnore*.

La coutume marchande du moyen âge et la coutume moderne ont maintenu ce principe du droit romain. On le retrouve dans plusieurs discours de Casarégis et particulièrement dans le seizième.

L'illustre avocat fut un jour consulté sur le point même qui nous occupe : Un armateur, après avoir pris de l'argent *au change maritime*, c'est-à-dire à la grosse, l'avait employé à des usages étrangers au navire et au chargement (*in alios usus convertit*). Son prêteur pouvait-il néanmoins exiger le *profit maritime*, en d'autres termes, les gros intérêts que la loi tolère dans le prêt à la grosse ?

<hr>

(1) *Contrats à la grosse*, ch. 1, sect. 3.
(2) *Lois maritimes*, I, p. 42.

Au premier abord, la réponse de Casarégis peut prêter à l'erreur de M. de Courcy, car il décide que l'emprunteur ne peut refuser le profit maritime. Mais si l'on examine la raison qu'il en donne, l'illusion est vite dissipée : — Les intérêts maritimes sont dus, à son avis, non comme tels, mais *à titre d'intérêts et d'indemnité du dommage causé par la* FAUTE *que l'emprunteur a commise* EN N'OBSERVANT PAS LE CONTRAT (1).

Cette opinion, confirmée par le jugement qui intervint dans la cause et par plusieurs décisions postérieures, devint de jurisprudence au point que « personne, dit Casarégis, dans notre barreau de Gênes, n'oserait plus soulever de discussion à son sujet (2). » Mais, comme on a pu le remarquer, bien loin d'impliquer en rien l'abandon des doctrines romaines, elle vient, au contraire, les confirmer. Il est évident, en effet, que si l'emploi des sommes prêtées à la grosse était absolument libre et ne regardait en rien le prêteur, le profit maritime aurait été dû, dans l'espèce rapportée par Casarégis, non à titre d'indemnité, *ob inobservantiam et culpam mutuatarii*, mais, au contraire, *en vertu même du contrat*, et la question ne se fût pas posée.

D'ailleurs la jurisprudence de Gênes n'a pas été admise en France.

Malgré les termes de l'Ordonnance (3), qui semblaient bien la sanctionner, Valin fit observer que « ce serait toujours faire gagner au prêteur le profit maritime, sans avoir couru les risques *qui en sont le germe et la cause efficiente*, qu'il pourrait même arriver que cela se fît ainsi de concert entre le prêteur et

---

(1) *Et respondebam nihilominus lucra cambii maritimi* NON UTI TALIA SED UTI INTERESSE ET LUCRUM CESSANS, DEBERI... *non ex alia ratione debentur quam ob* INOBSERVANTIAM ET CULPAM *ipsius mutuatarii*. *Disc.* 16, nᵒˢ 1 à 4.

(2) Casarégis, *Disc.* 62, nᵒ 10.

(3) Art. 14 et 15 du titre des *Contrats à la grosse* : « Le chargeur qui « aura pris de l'argent à la grosse sur marchandise ne sera point libéré par « la perte du navire et de son chargement, s'il ne justifie qu'il y avait pour « son compte des effets jusqu'à concurrence de pareille somme... Si toutefois « celui qui a pris deniers à la grosse, *justifie n'avoir pu charger* pour la « valeur des sommes prises à la grosse, le contrat, en cas de perte, sera di-« minué à proportion... » Ces termes paraissent si clairement établir la nécessité d'une *force majeure* pour affranchir l'emprunteur des intérêts maritimes, que Valin, pour admettre une interprétation contraire, en fut réduit à « considérer l'article comme s'il disait : *si toutefois celui qui a pris deniers à la grosse* N'A PAS CHARGÉ *des effets.* » C'est peut-être pousser un peu loin la liberté du commentaire ! Sans contester la justesse des observations de Valin sur le fond de la question, je reste persuadé que les rédacteurs de l'Ordonnance, très versés dans le droit méditerranéen, se sont inspirés sur ce point de l'opinion de Casarégis et du grand barreau de Gênes.

l'emprunteur et que ce ne fût qu'un contrat à la grosse masqué pour favoriser une usure abominable... »

Emérigon (1), de son côté, prétendit que la jurisprudence italienne était relative à la clause *voto per pieno* (2).

Fondées ou non, ces raisons l'emportèrent sur le texte même de la loi : l'école française n'a jamais admis de profit maritime et par conséquent de prêt à la grosse dont il est une des conditions essentielles, sans des *risques maritimes* dont ce profit constitue le prix (3).

Je ne crois pas d'ailleurs que M. de Courcy, en disant que les sommes empruntées à la grosse peuvent être employées au gré de l'emprunteur, ait voulu faire allusion à la doctrine de Casarégis. Encore moins a-t-il pu avoir en vue la gageure autorisée par les lois anglaises et par d'anciens statuts de petits États italiens. L'auteur sait mieux que personne que nos mœurs y répugnent et que nos lois ne l'ont jamais permise.

Je crois plutôt que son erreur se borne à séparer ce qui d'après la coutume a toujours été inséparable, à savoir : le risque et la somme prêtée.

Si j'ai bien compris sa pensée, il suppose d'une part une somme donnée *à la grosse*, et d'autre part une chose mise en risque, qui appartient bien à l'emprunteur, mais qui n'a avec cette somme d'autre lien que l'affectation toute volontaire dont le propriétaire l'a grevée au profit de la créance : « Voici, dit-il, un homme en présence d'une échéance commerciale ; il n'a pas de fonds, il n'a pas de crédit personnel, il n'a pas d'immeubles, il ne possède que des navires. Sur quoi veut-on qu'il emprunte pour échapper à la faillite, en faisant honneur à sa signature ? *Et en quoi l'argent emprunté augmente-t-il la valeur du navire ?* »

En rien évidemment, si l'armateur l'emploie à payer ses dépenses de ménage ou même des effets de commerce qui n'ont pas eu pour cause l'armement du navire. Mais, j'en demande bien pardon au savant auteur, le prêt dont il parle n'a jamais été un *prêt à la grosse*, et on comprend très bien que Benecke l'ait omis dans sa classification.

<hr>

(1) *Contrats à la grosse*, ch. 6, sect. 1.
(2) C'est là une erreur. Il suffit, pour la réfuter, de rappeler que la jurisprudence à laquelle Emérigon fait allusion était celle de *Gênes* où la loi interdisait la clause *voto per pieno*.
(3) Les auteurs modernes sont unanimes sur ce point.

Je ne dis pas qu'on n'ait jamais donné la forme et l'apparence d'un contrat à la grosse à un prêt de ce genre; je suis porté à croire, au contraire, que les armateurs besogneux qui déjà du temps d'Emérigon devenaient, au moins à Marseille, la clientèle presque exclusive des prêteurs à la grosse, ont plus d'une fois détourné une partie des fonds empruntés comme *trajectices*, et les ont employés, *eodem loci*, à payer quelque dette criarde et à éviter un protêt. En l'absence de tiers intéressés à contester le caractère *nautique* du contrat, la chose aura passé sans bruit et d'ailleurs sans inconvénient. Mais il ne faudrait pas croire qu'elle constituât une application régulière des principes, et qu'on puisse la citer à titre d'exemple et de précédent. La tradition tout entière s'y oppose. Les documents dont nous avons cité quelques extraits protestent *unanimement* contre une interprétation de cette nature. En les parcourant avec attention, je n'ai pu en trouver un seul qui permette de distinguer, comme le fait M. de Courcy, entre la somme prêtée à la grosse et l'objet affecté à la sûreté de la créance. Ils s'accordent tous, au contraire, pour établir, entre ces deux éléments du contrat, un lien nécessaire, à savoir : *l'emploi des deniers dans la chose qui lui sert de gage*. Tout au plus permettent-ils d'affecter l'objet entier, par exemple le navire, pour sûreté des sommes employées à lui procurer son complément *nécessaire*, comme seraient les frais d'armement. Du moins en aucun cas, l'emploi des deniers ne peut être *terrestre*, il faut de toute nécessité qu'il soit *maritime*.

Ce point spécial a été traité incidemment par Valin et Emérigon, à l'occasion d'une question connexe. Il s'agissait de savoir si, en dehors des deniers donnés à la grosse pendant le voyage pour des nécessités intermédiaires, un armateur peut contracter des emprunts à la grosse *après* comme *avant* le départ du navire? Valin soutenait qu'il le pouvait. Emérigon combat vivement cette opinion, et l'argument capital qu'il emploie vise bien mieux la thèse de M. de Courcy que celle de Valin : « Après le départ du navire, dit-il, rien n'empêche d'emprunter des deniers, et d'en assigner le paiement sur l'intérêt mis en risque; *mais cet assignat ou indication ne produit en faveur du créancier, ni droit réel, ni privilège sur la chose indiquée*. Les deniers ne deviennent vraiment trajectices qu'autant que les effets nautiques *ont été acquis par le moyen de la somme em-*

pruntée. *Trajectitia ea pecunia est*, etc. Or l'emprunt fait depuis le départ du vaisseau n'a pas procuré les marchandises déjà exposées aux hasards de la mer : *merces ex ea pecunia comparatæ (non fuerunt)*. Cet argent n'est donc pas trajectice... Tel fut le principal motif de l'arrêt dont voici les circonstances... (1). »

Peut-être M. de Courcy, repoussé par Emérigon, sera-t-il tenté de se retourner vers son illustre antagoniste qui invoquait, lui aussi, un vieil arrêt de Provence. Mais ce serait en vain, et cet appui lui ferait défaut.

Jamais Valin n'a méconnu le principe de l'emploi *nautique* des deniers. Le différend élevé entre lui et son digne adversaire roulait uniquement sur une question de présomption : « Dès qu'il s'agit d'un prêt à la grosse sur le navire, disait Valin, la présomption est de droit *que les deniers ont servi à la mise hors, ou à payer ce qui était dû à ce sujet*... En effet, ce serait en vain que les prêteurs antérieurement au départ prétendraient la préférence sur les autres, à la faveur de la présomption que leurs deniers ont servi à la mise hors du navire, attendu que les autres pourraient leur opposer aussi la présomption que leurs deniers *ont été employés au paiement des dettes contractées pour la même mise hors*... (2). »

Ces dernières lignes précisent avec une netteté parfaite le point de la discussion.

Emérigon affirmait que les deniers à la grosse « ne sauraient être *trajectices*, s'ils n'ont pas été donnés *pour* contribuer à l'armement du corps ou *pour* faire le chargement ou pour les nécessités du navire pendant le voyage (2). »

Valin prétendait au contraire qu'il suffisait que les deniers eussent été *employés au paiement* DES DETTES CONTRACTÉES POUR CES DIVERS OBJETS. »

Tous deux, comme on le voit, s'accordaient sur le *caractère maritime* que doit affecter l'emploi des sommes empruntées à la grosse, et ce point est le seul qui nous intéresse.

L'erreur de M. de Courcy sur ce caractère qui forme l'un des éléments essentiels du prêt à la grosse, l'a naturellement amené à confondre ce contrat avec le prêt hypothécaire. Dans la bro-

(1) *Contrat à la grosse*, ch. 5, sect. 3.
(2) *Commentaire de l'ordonnance*, l. I, tit. 14, art. 16.
(3) *Contrat à la grosse*, ch. 6, sect. 3.

chure destinée à provoquer une réforme internationale du droit maritime, il « demande la permission d'appeler *hypothèque maritime* le contrat de la première sorte (1). » Si cette permission n'était demandée que pour la clarté de la discussion, nous aurions mauvaise grâce à la refuser ; mais aussitô l'auteur professe que, pour ces hypothèques maritimes, « les remboursements doivent avoir lieu *dans l'ordre d'antériorité,* » oubliant que le contrat qu'il a débaptisé est garanti par un *privilège,* et que les privilèges, à la différence des hypothèques, viennent *suivant leur rang,* sans égard à l'ordre des dates (2).

Je lis encore à la page 34 des *Questions de droit maritime :* « Dans la discussion de la loi de l'hypothèque maritime, *qui remplace l'emprunt à la grosse du propriétaire,* j'ai entendu quelque chose d'analogue à l'idée de Benecke. Les armateurs emprunteront, a-t-on dit, pour parfaire les frais de construction, d'achat ou d'armement de leurs navires. Sans doute ils pourront emprunter dans ce but, plus souvent dans celui de pourvoir à des besoins personnels plus urgents. Afin de montrer l'absolue liberté qu'a l'armateur pour l'emploi des deniers, j'ai dit qu'il en pourra doter sa fille. »

Le prêt hypothécaire peut bien jouer dans la pratique un rôle analogue à celui de l'ancien contrat de grosse, mais en droit il est régi par des principes tout autres. La question différait donc de celle que nous avons traitée tout à l'heure, et l'opposition de M. de Courcy, dans les circonstances auxquelles il fait allusion, était, à nos yeux, parfaitement fondée. Les rédacteurs du projet de 1874, nourris des vrais principes du contrat à la grosse, mais confondant, eux aussi, ce contrat avec le prêt ordinaire assorti d'une hypothèque, avaient le plus grand tort de vouloir transporter ces principes dans une matière où ils n'avaient plus de raison d'être.

Remercions M. de Courcy d'avoir épargné à une loi déjà si incomplète ce solécisme juridique.

Mais pourquoi le principe de l'emploi maritime des deniers eût-il été déplacé en cet endroit? Parce qu'il s'agit d'un prêt simple avec faculté pour l'emprunteur de consentir une hypothèque proprement dite, pour la sûreté de ce prêt.

(1) P. 85.
(2) Art. 191 du Code de commerce.

Il n'y a ici rien qui ressorte des règles ordinaires du droit, et s'il a fallu pour le permettre une loi spéciale, c'est *uniquement* parce que la nature *mobilière* du navire s'opposait, en l'état de notre législation, à ce qu'il fût susceptible d'hypothèque. D'ailleurs, rien de particulier : l'hypothèque ne résulte pas du prêt lui-même, elle ne peut être que *conventionnelle* (1). La créance qu'elle garantit, si elle peut nuire aux tiers, ne peut du moins les surprendre, car elle *ne prend rang que du jour de son inscription*. La perte du navire même par *fortune de mer* ne met point fin à la créance. Le gage seul a péri, sauf l'innovation plus ou moins heureuse de la subrogation aux droits du débiteur vis-à-vis des assureurs. Enfin le taux des intérêts est régi par la loi du 3 septembre 1807.

Tout autre est le prêt à la grosse. C'est un contrat essentiellement maritime. Au lieu de reconnaître que *tout est libre dans cette convention qui n'est pas opposable aux tiers*, je dirais volontiers que tout est réglé d'avance dans ce contrat *qui intéresse les tiers et même l'ordre public*. La coutume qui le regardait comme le moyen le plus puissant de donner au commerce de mer l'impulsion dont il a besoin, a entouré ce mode de crédit de faveurs exceptionnelles. L'emprunteur y trouve une cause de libération inconnue dans les autres matières : la perte par fortune de mer du navire ou des marchandises affectées à la grosse *éteint jusqu'à sa dette* dont elle vaut quittance. Mais c'est surtout le prêteur qu'il s'agissait d'encourager, et l'exception dont je viens de parler ne faisait qu'empirer sa cause. Deux sortes de compensation lui ont été octroyées : d'une part, la faculté illimitée d'élever le taux des intérêts, qui changent de nature et deviennent, aux yeux de la loi, le *prix du risque* accepté par le prêteur (*periculi pretium*) (2). D'autre part, un droit de suite, une affectation réelle *avec privilège* sur l'objet mis en risque, qui n'est, suivant la juste remarque de Frémery, *que la conséquence de l'emploi des deniers prêtés dans et pour l'objet affecté.*

Il ne s'agit point ici, en effet, d'une simple hypothèque. Le

---

(1) Art. 1er de la loi du 10 décembre 1874.

(2) On sait que Justinien avait méconnu ce principe en fixant à 12 0/0, le taux du profit maritime. D'après M. Malapert, les lois d'Athènes se réservaient aussi le droit de limiter les intérêts nautiques, mais ces limites devaient être très larges, puisque nous avons des exemples de prêts à 25 et même 30 0/0.

donneur à la grosse ne sera pas seulement préféré aux créanciers dont l'inscription sera postérieure à la sienne, pas plus qu'il ne sera primé par tous ceux dont la créance est antérieure. A l'exception de ceux qui auront aidé au salut du navire en voyage, il primera tous les prêteurs qui ne sont pas créanciers à la grosse, et quant à ces derniers, il viendra simplement *en concours avec eux*, quelle que soit la date de leurs créances et de son inscription.

Pourquoi ce privilège? Quelle est sa source et la raison qui le justifie? La raison est *l'emploi maritime des deniers qui importe à l'intérêt public*. « *De cet emploi*, dit encore Frémery, *naquit pour le prêteur, dans la limite et la proportion de la somme prêtée, un droit de suite et de privilège sur l'objet que ces deniers avaient rendu la propriété de l'emprunteur*.

Ainsi l'emploi nautique ou maritime, voilà la source incontestée du privilège qui distingue le prêt à la grosse, et nous en conclurons, avec Dageville et Emérigon, que si en dehors de cet emploi rien n'empêche d'emprunter des deniers, et d'en assigner le paiement, sur un navire ou sur des marchandises mis en risque, cette *indication de paiement*, ne produisant en faveur du créancier ni droit réel, ni privilège sur la chose indiquée, ne constitue pas le contrat spécial connu jusqu'à nos jours sous le nom de *contrat à la grosse*.

L'idée de Benecke est donc exacte. Le principe suivant lequel l'argent pris *à la grosse* par le propriétaire de la chose exposée aux risques de la mer *augmente la valeur primitive de cette chose*, n'est point une supposition *gratuite*. Cette formule, au contraire, a l'avantage de résumer avec une précision remarquable la fin essentielle de ce contrat *sui generis* et la justification du privilège dont l'avait doté la coutume universelle des commerçants.

Je reconnais d'ailleurs, avec M. de Courcy, que l'argent prêté au capitaine sera toujours versé, lui aussi, dans la chose affectée, à moins de malversation de sa part ; qu'il servira ainsi à *rétablir* la valeur primitive de cette chose ; mais, quoi qu'il en dise, cet argent ne servira jamais à *l'accroître* (1).

---

(1) C'est le navire, auquel l'argent prêté aura simplement *restitué* sa valeur primitive, qui accroîtra à son tour la valeur des marchandises en leur permettant d'arriver au port de destination, tout comme il l'eût fait si aucune avarie n'était venue rendre un emprunt nécessaire.

Cette différence entre les deux emprunts a son importance au point de vue notamment de la contribution aux avaries, et Benecke, préoccupé de cette question, avait le droit de la signaler.

Faut-il le blâmer davantage d'avoir méconnu le principe caractéristique qui ferait du prêt au capitaine *un emprunt qui n'oblige personne et ne fait crédit qu'à la chose?*

Ce reproche adressé à un auteur anglais l'eût étonné à bon droit.

Dans la première partie de cette étude, nous avons constaté l'absence d'obligation personnelle dont parle M. de Courcy. Comme lui nous avons admis le caractère purement réel de l'engagement contracté par le capitaine. Mais, ainsi qu'on a pu le voir, ce caractère n'est pas de l'essence de cet engagement, il ne découle même pas de sa nature. Il a été admis à titre d'exception dans l'intérêt du commerce maritime, par une coutume qui n'a pas été reçue partout, qui, notamment, ne l'a jamais été en Angleterre où le principe de la *commande* n'a pu encore être compris.

Aussi quelque grave et capitale que soit la modification apportée au prêt à la grosse en voyage par ce défaut d'obligation personnelle, faut-il se garder d'y voir un caractère essentiel et qui serve à le distinguer.

Mais en dehors du point signalé par M. de Courcy, il y a, entre les deux sortes de contrats à la grosse, une différence plus importante à mes yeux que celle à laquelle s'est attaché Benecke.

Le prêt à la grosse *avant le départ* doit, pour être valide, être versé dans la chose mise en risque. Mais cette condition suffit. Le propriétaire est libre de contracter cet emprunt à sa guise, sans motif quelconque et *bien qu'il ait par devers lui des fonds qui le rendaient superflu.* C'est, comme l'a très bien vu M. de Courcy, une sorte d'association qu'il lui plaît de contracter avec le prêteur. Nul n'a le droit de lui en demander les raisons.

Il n'en est pas de même du prêt fait *en cours de voyage.* Le capitaine qui le contracte n'est pas propriétaire de la chose qu'il va donner en gage ou grever d'un contrat de grosse. Vainement prouverait-il qu'il a fidèlement versé l'argent dans le navire ou que, dans l'intérêt de l'armateur, il s'en est servi pour compléter son chargement de retour. Fût-il menacé de revenir à vide (1), il n'a pas le droit de contracter au nom de son commettant cette sorte d'association dont nous parlions tout à l'heure et de le compromettre dans des spéculations ignorées de lui. La loi dont il tient son mandat a de tout temps limité ses pouvoirs aux dépenses rendues *nécessaires* par les accidents de mer. *Si pendant le cours du voyage il y a* NÉCESSITÉ *de radoub...*, dit notre art. 234, *le capitaine, après l'avoir constaté*, pourra... emprunter sur le corps et quille du vaisseau, mettre en gage ou vendre des marchandises *jusqu'à concurrence de la somme que les besoins constatés exigent*.

Il était impossible de mettre mieux en lumière la condition essentielle qui caractérise le prêt en cours de voyage et le distingue absolument du prêt avant le départ. A *l'emploi maritime des deniers*, condition de ce dernier contrat, vient s'ajouter ici la *nécessité de l'emprunt*.

La preuve de cette seconde condition dispense même le prêteur de bonne foi de justifier de l'emploi des deniers. Elle suffit à valider le contrat dont nous parlons, et à lui donner ce caractère *conservatoire* qui lui assure un des premiers rangs parmi les créances privilégiées.

En dehors ou plutôt à côté de la *nécessité*, il est une autre condition du prêt à la grosse contracté avec le capitaine qui le distingue encore du contrat passé avec le propriétaire. Elle est relative au *lieu du contrat*. Non pas que la loi ou la coutume aient pris la peine d'énumérer les lieux déterminés où il doit nécessairement être passé. Ce serait une singulière entrave apportée au crédit des capitaines. Mais elles se sont accordées pour exclure un lieu spécial, connu en droit sous le nom de *lieu de la demeure*.

On a beaucoup discuté sur le sens de cette expression. Signifie-t-elle le *domicile du navire*, son port d'attache, ou bien faut-il l'entendre du domicile *des propriétaires du navire ?* C'est dans ce dernier sens que Valin l'interprète « Ce n'est que du-

______

(1) « Suivant quelques auteurs, le capitaine peut prendre de l'argent à la grosse sur facultés, pour compléter son chargement et ne pas retourner vuide (Casarégis, *Disc.* 69, n° 15). Mais si la spéculation n'est pas heureuse, il risque que les armateurs la laissent pour son compte ; et je ne conseillerais jamais à un capitaine d'excéder le mandat contenu dans son raccord... Savari dit que *qui passe commission, perd* » (Emérigon, *Contrat à la grosse*, ch. 4, sect. 5).

rant le voyage *ou lorsque le navire est équipé dans un lieu où les propriétaires n'ont pas leur domicile* (ou des correspondants), qu'il est permis au maître d'engager la totalité du navire et du fret par un emprunt à la grosse, pour radoub et victuailles (1). »

Emérigon « adopte cette décision comme étant la plus relative au texte de l'Ordonnance, et la moins sujette à litige (2). »

Il y aurait beaucoup à dire au sujet de cette interprétation. Sans m'arrêter à la combattre, au point de vue tout *relatif* auquel se place Emérigon, je dirai du moins qu'*en principe*, le capitaine ne peut grever d'un emprunt à la grosse que le navire *en voyage*.

Les monuments du droit maritime sont unanimes sur ce point. Les jugements ou rooles d'Oleron(3) ne lui donnaient ce pouvoir que dans le cas où il ne lui était pas possible de bientôt *envoyer en son pays* prendre de l'argent. L'ordonnance de Wisbuy (4) exigeait qu'il fût *en voyage*, le *Guidon de la mer* (5), qu'il eût fait *voile*, et le droit hanséatique (6), qu'il fût *en pays étranger*.

Ce principe est resté en vigueur aussi bien dans les pays coutumiers, comme la Grande-Bretagne et les Etats-Unis, que dans les pays de droit écrit comme l'Allemagne : « *Hors l'Angleterre*, dit Colfavru, le capitaine peut emprunter à la grosse, sous la responsabilité du propriétaire, s'il y a nécessité (7). » Aux termes de l'art. 681 du Code de commerce allemand, « le capitaine ne peut contracter un emprunt à la grosse que : 1° pendant le séjour du navire dans un port *autre que le port d'attache à l'effet d'achever son voyage;* 2° *pendant le cours du voyage*, dans le seul intérêt des ayants droit à la cargaison pour la conservation et la réexpédition de la cargaison... »

Placée par la date de sa rédaction entre les vieux recueils de coutumes et les codes modernes, l'ordonnance de 1681 n'a eu garde de rompre la chaîne de la tradition. L'article (8) dans lequel Emérigon n'a pu puiser d'ailleurs qu'un argument *à contrario*, n'avait pas trait directement à la matière. La disposition

---

(1) Sur l'art. 8 du titre des *Contrats à la grosse.*
(2) *Contrats à la grosse*, ch. 4, sect. 6.
(3) Art. 22.
(4) Art. 25.
(5) Ch. 18, art. 4.
(6) Art. 60.
(7) *Le droit commercial comparé de la France et de l'Angleterre*, p. 361.
(8) Art. 8 du titre des *Contrats à la grosse.*

destinée à autoriser l'emprunt à la grosse du capitaine exige qu'il soit en voyage : «Pourra aussi (le maître) *pendant le cours du voyage*, prendre deniers sur corps et quille du vaisseau pour radoub, victuailles et autres nécessités du bâtiment...(1). » Le Code de commerce n'a fait, dans l'art. 234, que donner à cette formule une tournure plus moderne : « Si *pendant le cours du voyage*, il y a nécessité de radoub... le capitaine, après l'avoir constaté... pourra... emprunter sur le corps et quille du vaisseau... »

Ainsi le prêt à la grosse au capitaine ne peut être fait partout. A l'inverse de certains contrats qui ne sont possibles qu'à domicile, il ne peut naître qu'au dehors, à l'étranger, tout au moins *en voyage*, car c'est un prêt fait *au navire*, contracté en quelque sorte avec le navire (*quasi in navem crediderit*), et nous avons vu que ce n'est qu'en voyage, *après avoir fait voile*, que le navire acquiert cette personnalité singulière qui lui permet de contracter des dettes, de les cautionner et de plaider sur les difficultés qu'elles peuvent faire naître.

Ce caractère *d'extranéité* que doit revêtir notre contrat n'est point sans intérêt. Joint à la *nécessité* qui est de son essence, il fait de lui, plus que de tout autre, un de ces *contrats du droit des gens* dont la forme extrinsèque ou même intrinsèque relève bien plus des usages universels que du droit particulier à chaque pays, une de ces transactions où, suivant l'expression de Casarégis, *mercatorum stylus et consuetudo prævalere debet juri communi.*

Je vais indiquer tout à l'heure, en traitant du privilège du prêteur, les conséquences de ce principe. S'il m'a paru utile, surtout à ce point de vue, de préciser les caractères qui distinguent essentiellement et chez tous les peuples le prêt fait au capitaine, je m'empresse de reconnaître que, dans les pays qui admettent ce qu'on est convenu d'appeler *la faculté d'abandon*, l'engagement contracté par ce dernier s'en trouve profondément modifié, et que plusieurs des dispositions de loi destinées à régir l'ancien contrat de grosse sont manifestement inapplicables à la convention dont nous parlons.

C'est une vérité qu'on n'avait pas assez remarquée avant les travaux de M. de Courcy. Il a eu le mérite de la faire ressortir

____

(1) Art. 19 des *Contrats à la grosse.*

et de montrer, jusqu'à l'évidence, le danger que constitue, pour le commerce maritime, le maintien dans la loi écrite de vieux textes n'ayant plus d'application possible, combiné avec une synonymie regrettable qui peut tromper la jurisprudence en la portant à confondre deux opérations très différentes.

Si cet avertissement donné avec autant d'autorité que d'à propos n'a pas porté autant de fruits qu'on aurait pu s'y attendre, il n'a point été inutile. — A défaut d'une réforme de la législation dont le projet n'a pas abouti, le commerce y a gagné une appréciation plus éclairée de ses besoins actuels, et, ce qui vaut peut-être mieux que des dispositions écrites qui vieillissent, la liberté de suivre ses usages, à la seule condition de se conformer aux règles de l'équité et de la bonne foi. Nous aurons à rechercher si ces règles ne suffisent pas à donner au prêteur à la grosse en cours de voyage les garanties sur lesquelles il a pu légitimement compter.

§ 2. — *Justification du privilège du prêteur à la grosse.*

I. On sait qu'à la différence de l'Ordonnance et des recueils de droit maritime qui l'avaient précédée, le Code de commerce, dans l'art. 191, énumère avec précision et classe avec une logique rigoureuse les privilèges sur les navires. D'après ce classement, *les sommes prêtées au capitaine pour les besoins du bâtiment pendant le dernier voyage* occupent le septième rang.

Si le législateur de 1807 s'en était tenu à cette seule innovation, il n'y aurait qu'une voix sur l'utilité de son œuvre.

Mais il a été beaucoup plus loin, dans l'art. 192, en faisant dépendre de l'accomplissement de certaines formalités l'existence même du privilège.

Au terme de cette disposition, le privilège accordé aux dettes énoncées dans le précédent article *ne peut être exercé qu'autant qu'elles seront justifiées dans les formes suivantes.* C'est ce qu'on a nommé la *justification* du privilège.

En ce qui concerne le prêt fait au capitaine en voyage, la justification exigée par la loi consiste en *des états arrêtés par le capitaine, appuyés de procès-verbaux signés par le capitaine et les principaux de l'équipage, constatant la nécessité des emprunts.*

Cette formalité un peu élémentaire et qui ne présente pas une garantie bien sérieuse, n'a pas paru suffisante au législateur. Il a cru devoir revenir sur ce point dans le titre spécial aux contrats à la grosse : « Tout prêteur à la grosse, dit l'ar- « ticle 312, est tenu de faire enregistrer son contrat au greffe du « tribunal de commerce dans les dix jours de la date, *à peine* « *de perdre son privilège*. Et si le contrat est fait *à l'étranger,* « *il est soumis aux formalités prescrites à l'art.* 234. »

L'art. 234, auquel on nous renvoie, est celui qui autorise le capitaine à emprunter au cours du voyage.

Il est ainsi conçu : « Si, pendant le cours du voyage, il y a « nécessité de radoub ou d'achat de victuailles, le capitaine, « *après l'avoir constaté par un procès-verbal signé des principaux* « *de l'équipage,* pourra, *en se faisant autoriser* en France par le « tribunal de commerce ou à défaut par le juge de paix, *chez* « *l'étranger par le consul français, ou, à défaut, par le magistrat* « *des lieux,* emprunter sur le corps et quille du vaisseau, mettre « en gage ou vendre des marchandises jusqu'à concurrence « de la somme que les besoins constatés exigent. »

En résumé, la loi exige deux sortes de formalités distinctes : 1° un *procès-verbal* signé du capitaine et des principaux de l'équipage, attestant la nécessité de l'emprunt ; 2° *l'autorisation* du tribunal de commerce, si l'emprunt est contracté en France ; celle du consul français, s'il est passé à l'étranger, et, dans le cas où il n'y aurait pas de consul français dans le lieu du contrat, l'autorisation du magistrat étranger.

En entourant de ces garanties l'emprunt du capitaine, les rédacteurs de l'art. 234 se sont inspirés à la fois du texte de l'Ordonnance (art.19, du capitaine), de la déclaration du 21 octobre 1727 et de la coutume maritime. Mais en les exigeant à peine de déchéance du privilège, ils ont méconnu l'esprit des dispositions qu'ils s'appropriaient, ou voulu rompre avec la tradition.

Ce qu'il importe de remarquer, en effet, c'est que *jamais le droit ancien* (1) *n'est allé jusqu'à faire de ces formalités, ou d'au- cune autre, la condition de l'existence du privilège.*

Valin est formel sur ce point : « Au surplus, dit-il à propos

(1) Sauf cependant la déclaration du 21 octobre 1727, loi d'exception, applicable seulement aux vaisseaux qui naviguaient aux côtes d'Italie, d'Espagne, de Barbarie et aux Echelles du Levant. Cette déclaration ne permettait aux capitaines de navires qui se trouvaient dans ces parages de s'obliger qu'en faveur d'un Français né dans le royaume, et exigeait, *sous peine de nullité de l'acte même,* qu'il fût *passé en la chancellerie du con- sulat de France.*

du procès-verbal signé des principaux de l'équipage, cette formalité n'est nécessaire que pour la sûreté du capitaine et pour le disculper envers l'armateur ou propriétaire du navire. *Cela ne regarde nullement le prêteur*, à qui l'engagement du capitaine suffit pour être en droit d'exiger du propriétaire ou armateur du navire le profit maritime avec le principal... sans qu'il soit obligé de prouver que la somme prêtée a réellement tourné au profit du vaisseau... *il suffit pour autoriser le créancier prêteur à agir contre le propriétaire du navire*, qu'il ait prêté la somme *de bonne foi* au capitaine ; c'est-à-dire, qu'il n'y ait ni preuve ni présomption suffisante de collusion entre le capitaine et lui. *Il a, en conséquence, pour sûreté de son remboursement un privilège spécial sur le navire*, qui passe incontinent après celui des matelots pour leur loyer (1). »

Pas plus que Valin, Emérigon ne croit l'existence du privilège attaché à aucune formalité. Parlant de *l'avis des contremaître et pilote*, exigé par l'art. 10, il fait remarquer, au contraire, que l'Ordonnance ne prono..ce aucune peine dans le cas où cette formalité a été omise. Et plus loin, faisant allusion à la nullité prononcée par la déclaration de 1727 contre les prêts à la grosse faits ailleurs qu'au *consulat en France*, dans la navigation du Levant, il ajoute : *En toute autre navigation, on s'en rapporte à la bonne foi des capitaines et des prêteurs.*

Ainsi la disposition de l'art. 192, *qui attache l'existence des privilèges maritimes à la forme même* dans laquelle ils pourront être justifiés, — disposition reproduite en d'autres termes dans l'art. 312, lequel prescrit au prêteur à l'étranger l'accomplissement des formalités de l'art. 234, *à peine de perdre son privilège*, — constitue, de la part des rédacteurs du Code, une seconde innovation.

Est-elle aussi heureuse que l'innovation relative au classement des privilèges ? Il s'en faut que les avis soient unanimes sur ce point.

En général, les jurisconsultes l'approuvent. Je ne m'arrêterai pas à l'opinion de Locré, qui attribuait *à la crainte des détails* (! !) l'absence, dans l'Ordonnance, des précautions destinées à constater l'existence et la légitimité des créances privilégiées.

(1) Valin, sur l'art. 19, *Du capitaine.*

Mais voici ce qu'on pense Dageville, l'un des modernes,
pourtant, qui a le mieux compris et le mieux parlé le droit
maritime :

« *On doit*, dit cet auteur, *savoir gré aux législateurs mo lern*es
*d'avoir ainsi réparé la lacune que présentait, à cet égard, notre
ancien droit maritime...* Les créances privilégiées absorbant
souvent le gage des créanciers ordinaires, il était convenable et
juste que ces privilèges ne fussent admis à l'exercice d'un droit
rigoureux qu'avec les précautions qui ont dû être prescrites
et qui rassurent au moins les créanciers en ordre inférieur
contre la fraude et la mauvaise foi (1). »

Dageville est le plus ancien commentateur du Code de commerce, au moins dans sa partie maritime. M. Desjardins, qui
en est, au contraire, le plus récent, professe la même opinion.
Il l'appuie même d'un argument tiré du droit comparé :
« L'art. 192, dit cet auteur, a servi de *type* aux rédacteurs de
plusieurs Codes étrangers, par exemple des Codes italien, grec,
chilien, égyptien. *Aussi ne peut-on qu'approuver les rédacteurs
du projet de 1867 d'en avoir maintenu le préambule, et, par conséquent, le système général.* A vrai dire, la commission ne fut
pas unanime. On fit remarquer qu'il s'agissait là de créances
commerciales dont la constatation n'est assujettie à aucune
forme particulière ; que, dès lors, on ne comprenait pas bien
pourquoi la loi se montrerait, pour leur accorder un privilège,
plus exigeante qu'elle ne l'est pour l'existence même. Il s'agit,
répondit-on, de prouver non seulement l'existence de la
créance, mais encore sa date précise, puisque la question de
savoir si elle s'applique au dernier voyage exerce sur le privilège une influence déterminante. Or, à ce point de vue, les
moyens de preuve ordinaires, et notamment la preuve testi-
moniale, présentent des incertitudes visibles. De plus, il importe que le règlement des dettes privilégiées sur le navire
puisse se faire très promptement, et c'est ce qui deviendra impossible si, jusqu'au dernier moment, l'existence des créances
peut donner lieu à des contestations plus ou moins longues.
Enfin, *depuis soixante ans, l'art.* 192 *est appliqué sans réclamations ni difficultés.* Ces considérations parurent décisives et *nous
semblent encore justifier la pensée générale du législateur* (2). »

(1) *Code de comm. expliqué par la jurisprudence*, t. II, p. 35.
(2) T. I, n° 175.

A la différence de la doctrine, la pratique a fort mal accueilli le présent du législateur moderne. M. de Courcy, qui en est le fidèle et intelligent écho, s'élève hautement contre cette innovation, qui lui paraît des plus malencontreuses. Il va jusqu'à la traiter de puérile et presque niaise.

Sans pousser aussi loin l'irrévérence envers une disposition formelle de la loi, j'oserai, tout au moins, la trouver malheureuse.

Est-il vrai qu'elle excite l'admiration des étrangers au point de leur avoir servi de type? On peut se permettre d'en douter : les Anglais, si sévères sur la preuve même de la nécessité de l'emprunt, n'ont jamais pensé à l'astreindre à une forme spéciale. L'Allemagne, qui vient de refaire toute sa législation maritime, s'est bien gardée d'y admettre aucune disposition qui, de près ou de loin, puisse rappeler celle de l'art. 192.

Et quant aux peuples qui nous l'ont empruntée, ils l'ont tellement corrigée et améliorée, qu'elle a perdu chez eux la plupart de ses défauts.

Je prends pour exemple l'Espagne, dont le Code a mérité l'éloge de Pardessus (1). L'art. 598 reproduit bien, en effet, le préambule de notre art. 192 : « Ne sont admis à jouir du privilège accordé aux créances susmentionnées en l'art. 596 *que ceux qui les justifieraient dans la forme suivante.* » Mais quand il s'agit de déterminer ces formes, le législateur espagnol, élargissant ses vues, ne cherche plus absolument qu'une garantie contre la fraude, acceptable en tous pays : « Les dettes contractées pour couvrir les besoins urgents du navire et de son équipage pendant le dernier voyage, ainsi que celles à la charge du navire pour avoir vendu les effets du chargement, *seront examinées et déterminées par le tribunal de commerce, jugeant sommairement sur le vu des justifications que fera le capitaine de la nécessité où il s'est trouvé de contracter ces obligations.* »

Qu'on veuille bien comparer cette exigence de la loi espagnole

____

(1) « Au risque de déplaire à ceux qui nous dépeignent l'Espagne comme plongée dans la barbarie et l'ignorance, nous dirons avec sincérité que le nouveau Code l'emporte pour la perfection sur tous ceux qui ont paru jusqu'à présent. Quand les rédacteurs n'auraient fait que profiter des codes des autres nations, il faudrait rendre hommage à leur sagesse; mais ils ont mieux fait, et par conséquent il faut rendre hommage à leur science » (*Revue judiciaire*, 1831).

avec celle de la loi française, et l'on apercevra immédiatement la différence capitale qui existe entre elles.

La première se borne à exiger un examen sérieux et à désigner pour cela un juge, auquel elle laisse tout pouvoir de se décider par les seules lumières de l'équité. La nôtre exige une forme spéciale en dehors de laquelle il n'est point de salut.

Si l'on veut comprendre la gravité de cette différence et la supériorité des systèmes espagnol, allemand, anglais, etc., il faut se rendre compte des conditions nouvelles qui sont pour la marine actuelle les conséquences du libre échange.

« Un des résultats de la libre concurrence des pavillons, dit M. de Courcy, a été de généraliser de plus en plus, pour la navigation à voiles, l'usage des destinations alternatives à déterminer à l'entrée de la Manche. Presque tous les affrètements sont contractés dans ces conditions pour les marchandises d'importation. Le navire se présente devant Lisbonne, Belle-Isle, Queenstown ou Falmouth. Là, un pilote, une lettre, une dépêche prescrit au capitaine d'aller déposer sa cargaison à Liverpool, à Londres, à Anvers, à Amsterdam, à Hambourg, à Stockholm, au Havre, à Bordeaux, à Marseille, à Gênes, à Trieste ou à Constantinople. Le capitaine ignore, lorsqu'il prend charge, sous quelle législation il réglera son fret, répartira ses avaries ou se justifiera de ses responsabilités (1). »

Voilà donc un capitaine qui, lorsqu'il se verra forcé, en cours de voyage, d'emprunter pour réparer son navire, se trouvera dans l'ignorance absolue de la loi appelée à régir ce contrat et le privilège qui y est attaché.

Ce capitaine peut être étranger, l'emprunteur peut l'être aussi, et même le preneur. Cette circonstance fera-t-elle au moins fléchir la rigueur de la loi? Non, dit M. Desjardins : « Le créancier étranger qui réclame le bénéfice d'un privilège *établi par la loi française* devra manifestement, comme tout autre créancier, prouver *l'accomplissement des formalités exigées par cette loi...* En effet, chaque peuple, exerçant sa souveraineté dans toute l'étendue de son territoire et y appliquant exclusivement, en principe, son propre statut, on concevrait difficilement qu'il fût dérogé à cette règle dans la constitution et dans le règlement des droits de préférence (2). »

(1) *Questions de droit maritime*, 1re série, p. 10.
(2) T. I, nos 176 et 104.

Ainsi l'ont jugé la cour de Rouen (1) et la cour d'Aix (2).

Et il faut bien le décider ainsi, car, en dispensant le prêteur étranger d'accomplir les formalités dont la loi française fait dépendre l'existence du privilège, on ferait sa condition meilleure que celle du prêteur français. On arriverait à cette conséquence impossible que, de deux prêts faits successivement dans deux ports de relâche pour les nécessités du navire, dans des conditions de forme identiques, le premier par un étranger, l'autre par un Français, le prêt de l'étranger jouirait d'un privilège pendant que le prêt du Français qui aurait conservé le gage commun en serait privé. Il y aurait contre le Français une *présomption de fraude* qui n'existerait pas contre l'étranger !

J'admets donc la doctrine de M. Desjardins sur ce point, mais ne voit-il pas l'erreur grave dans laquelle est tombée la loi française, en attachant l'existence d'un privilège reconnu par toutes les législations, et dont tous les étrangers sont appelés à réclamer le bénéfice, à une forme étroite et *spéciale à la loi française?*

Le législateur n'était-il pas tenu, en cette matière plus qu'en toute autre, de respecter le principe salutaire qui permet de suivre, en ce qui touche la forme des actes, les usages ou la loi du pays où on se trouve (*locus regit actum*) (3)? La forme doit-elle l'emporter sur le fond, et, s'il croyait voir dans quelqu'une d'elles une garantie contre la fraude, ne devait-il pas se borner à y attacher une *simple présomption* dont l'absence n'exclût pas la preuve de la nécessité du prêt ou simplement de la bonne foi du prêteur?

(1) Elle a jugé, le 22 juillet 1873, à propos d'une collocation faite à Buenos-Ayres par le tribunal de Buenos-Ayres, que « l'existence des privi- « lèges et l'ordre dans lequel ils s'exercent sont régis par la législation par- « ticulière de chaque Etat. » D. P. 74, 2, 181.

(2) Un créancier *étranger* demandait à être colloqué par privilège sur le prix d'un navire *étranger, le Frederico,* de nationalité autrichienne, la cour a repoussé sa demande. Sa décision reposait sur ce motif : « Que Garelli ne peut point réclamer un privilège qui lui est *accordé par la loi française,* s'il ne justifie de l'accomplissement des formalités qui sont *exigées par cette même loi.* »

(3) La cour de Bordeaux ne croit pas que l'art. 312 fasse exception à la règle *locus regit actum.* Elle a jugé, le 21 mai 1857, que le capitaine d'un navire étranger, lors même que son navire serait affrété à un Français, n'est pas tenu, s'il se trouve dans la nécessité d'emprunter à la grosse, de suivre les formes de la loi française; il suffit qu'il ait suivi soit la loi du pavillon, soit celle du lieu où il contracte. M. Caumont (*Dict. de dr. mar.,* v° *Emprunt à la grosse,* n° 9) partage cette opinion.

Il est facile de montrer aux moins clairvoyants le vice radical de la disposition que je combats.

Cette disposition, nous venons de le voir, ne s'applique pas seulement aux navires français ou à destination française. Alors même que l'armateur, le capitaine et le prêteur sont étrangers, que le contrat du prêt a été passé dans un port étranger; alors même que le navire, étranger lui-même, a abordé en France par hasard, poussé par la tempête, s'il est vendu dans un port français, le prêteur ne pourra exercer son privilège qu'à la condition d'avoir suivi, au moment de l'emprunt, les formalités exigées par la loi française. Rappelons-nous maintenant l'usage qui s'établit de plus en plus, des destinations alternatives ou inconnues, et voyons ce que devront faire les capitaines aux prises avec la nécessité d'un emprunt.

Quel ne va pas être leur embarras! Et surtout que ne deviendrait-il pas, si chaque peuple, *prenant pour type le préambule et par conséquent le système général de notre art.* 192, avait attaché, comme cet article, l'existence du privilège à l'accomplissement d'une formalité spéciale?

Pour assurer aux prêteurs en voyage le privilège qui leur est reconnu partout en principe, devraient-ils remplir autant de formalités distinctes qu'il y aurait de législations divergentes en ce point? La prudence les y obligerait, mais le pourraient-il? Et la difficulté ne deviendrait-elle pas insoluble, s'ils se trouvaient en présence de législations différentes attachant l'existence du privilège à des formalités contradictoires!

C'est l'objection de M. de Courcy, qui l'a très heureusement développée : « Chaque pays, dit cet auteur, a ou peut avoir son formalisme préféré. Dans l'un on demanderait un serment préalable au capitaine, dans un autre un serment au prêteur, dans un troisième des attestations de témoins, dans un quatrième une enchère publique, dans un cinquième des soumissions cachetées. Ces formalismes pourraient même être *contradictoires*, comme l'enchère publique et la soumission cachetée, deux modes d'adjudication alternativement employés par nos consuls. Il est donc certain que les capitaines et les prêteurs seront dans l'impuissance d'observer à la fois le formalisme de tous les ports éventuels de destination (1). »

(1) *Questions de droit maritime,* 1re série, p. 76.

Et c'est bien là qu'aboutirait en   effet l'adoption par tous les peuples du système du Code : à l'impossibilité absolue d'observer la loi devenue multiple et contradictoire, c'est-à-dire à l'incertitude constante sur le sort du privilège, en d'autres termes, à la destruction du crédit du capitaine en voyage, et par conséquent à la vente à vil prix du navire et à la ruine des armateurs.

On objecte que, depuis soixante ans, l'art. 192 est appliqué sans réclamations et sans difficultés (1).

C'est là une affirmation des plus contestables.

Il est vrai que les réclamations n'ont pas été aussi nombreuses qu'on aurait pu s'y attendre, car le commerce, qui vit de crédit, et qui sait à quel point lui sont funestes les contestations fondées sur la seule forme des actes, s'est bien gardé de se presser à la porte que l'art. 192 ouvrait à la chicane. Mais enfin, de temps en temps, quelques plaideurs pressés par l'intérêt, des créanciers du navire primés par le prêteur du voyage, n'ont pas craint de s'y présenter. Ils ont contesté le privilège et des procès sont nés.

Avertie par la pratique des diverses questions que faisaient naître ces contestations, la doctrine a cherché à son tour à les résoudre. Est-il vrai, comme on le dit, que l'application du principe des art. 192 et 312 se soit faite sans difficulté ? — Le lecteur va en juger.

Laissons de côté la jurisprudence obligée de tenir compte des considérations de fait, qui, variant suivant les espèces, peuvent expliquer et justifier d'apparentes contradictions.

N'écoutons que les jurisconsultes dont le devoir est de s'attacher aux principes et d'en assurer le maintien.

Si nous demandons aux auteurs qui ont écrit les premiers sur le Code de commerce, à Dageville par exemple, quel sera le sort du prêt qui n'aura pas été entouré des formalités prescrites par l'art. 234, il nous répondra qu'il est radicalement *nul :* « De la différence des dispositions de l'ordonnance avec celles du présent article (234), il résulte que, sous l'empire de l'ordonnance, le prêteur de bonne foi jouissait de tous les avantages de son contrat de grosse, malgré le mauvais emploi qu'aurait pu faire le capitaine des fonds prêtés, et *qu'aujour-*

____

(1) Desjardins, t. I, n° 175.

d'hui le prêteur n'aurait droit, *ni contre l'armateur, ni sur le navire, ni sur le fret, s'il ne représentait pas les pièces propres à légitimer l'emprunt* (1). » Répondant à un arrêt de la Cour de cassation qui invoquait l'interprétation traditionnelle de l'article 19 de l'ordonnance, le même auteur ajoutait : « Le législateur, en établissant des formalités plus sévères, a voulu faire cesser l'abus de l'interprétation, jusqu'alors admise, de l'art. 19 de l'ordonnance. Il nous paraît donc qu'il ne faut pas interpréter la disposition du présent article par l'usage qui s'était établi sur l'art. 19 de l'ordonnance; mais, au contraire, reconnaître qu'il doit avoir l'effet inévitable de faire cesser l'abus qui avait lieu sous son empire (2). » Faisant enfin allusion à un considérant du même arrêt qui visait l'art. 312, il réplique : « De ce qu'aux termes de l'art. 312, celui qui prête dans l'étranger, sans que les formalités prescrites par le présent article aient été remplies, doit perdre son privilège, il ne s'ensuit pas qu'on en doive conclure qu'il conserve un droit quelconque contre l'armateur (3). » L'auteur distingue en effet entre les deux paragraphes de cet art. 312 : « Le premier enlève le privilège à un contrat réputé valable, et le second soumet le prêteur aux conséquences de la disposition de l'article 234, qui prescrit *des formalités dont l'absence,* suivant nous, *produit non seulement la perte du privilège à l'égard du tiers, mais même* LA NULLITÉ DU TITRE A L'ÉGARD DE L'ARMATEUR (4). »

Les auteurs modernes, en désaccord sur ce point avec Dageville qu'ils trouvent trop sévère, ne s'entendent guère mieux entre eux.

Les uns, comme M. Laurin (5), professent que le prêteur, « en cas d'inaccomplissement *de l'une* des formalités exigées par l'art. 234, conserverait bien son action personnelle contre l'armateur ou le capitaine, *mais qu'il perdrait son privilège.* »

D'autres, comme Dufour (6), M. Demangeat (7) et M. Desjardins, distinguent entre les deux formalités prescrites par

---

(1) T. II, p. 214.
(2) *Ibid.,* p. 224.
(3) *Ibid.,* p. 226.
(4) P. 227.
(5) T. I, p. 124.
(6) T. I, n° 294.
(7) *Traité de droit commercial,* IV, p. 58.

cet article. La première, le *procès-verbal signé des principaux de l'équipage,* leur paraît seule indispensable à la conservation du privilège; la seconde, *l'autorisation du consul,* peut à leurs yeux être suppléée, *le texte de l'art.* 102 *n'enchaînant pas cette fois les interprètes du Code* (1).

Des principes généraux, la discussion s'étend jusqu'aux moindres détails. Suffit-il d'un procès-verbal signé des principaux de l'équipage, *sans délibération ?* Oui, dit-on généralement. M. Laurin est plus exigeant. Creusant l'esprit et le sens de cette disposition *de droit strict,* il y voit la nécessité d'une *délibération de l'équipage.* « Il ne suffirait pas d'une constatation banale de la nécessité de l'emprunt, il faut que cette constatation soit appuyée sur des faits justificatifs pertinents et concluants (2). »

Les *vice-consuls* pourront-ils, à défaut des consuls, donner l'autorisation exigée par la loi? — Autre matière à discussion. Elle durerait encore si un décret du 22 septembre 1854 n'était venu trancher la question, en apparence dans le sens le plus large (*les agents vice-consuls de France pourront comme les consuls*), en réalité dans le sens restrictif (*lorsque ces attributions leur auront été* SPÉCIALEMENT *conférées par nous*).

Le fidèle accomplissement des formalités exigées par la loi suffira-t-il au moins à dispenser de toute autre preuve le prêteur qui réclame son privilège?

Non, disent quelques auteurs, car ces formalités [n'ont pour but que de justifier la nécessité de l'emprunt, et il s'agit encore d'établir la relation de cet emprunt avec les besoins du navire.

Ce n'est plus de l'art. 192 que naît cette exigence. On reconnaît qu'il est *muet sur ce point; mais l'art.* 191, § 7, *impose cette solution* (3).

Si je ne craignais de fatiguer le lecteur en poursuivant l'énumération des difficultés que présente l'application du principe français du privilège attaché à la forme de l'acte, je pourrais en indiquer d'autres encore. Je n'ai d'ailleurs à m'occuper que des difficultés relatives à un seul paragraphe de l'art. 192, lequel en contient sept. *Ab uno disce omnes.*

(1) Desjardins, t. I, nᵒ 181.
(2) T. I, p. 123.
(3) Desjardins, t. I, nᵒ 181.

Il n'est pas sans intérêt de mettre en regard de ces contradictions de la doctrine, pâle reflet de celles de la jurisprudence, les brillantes promesses des auteurs comtemporains du Code de 1807.

Suivant Boulay-Paty, « l'art. 192 du Code de commerce, qui doit heureusement faire disparaître toutes les contestations qui s'élevaient sur la réalité *des créances réclamées*, et toutes les fraudes qui pouvaient se pratiquer à cet égard, au préjudice des autres créanciers, *manquait absolument dans l'ancienne jurisprudence*. Aujourd'hui, c'est à ceux qui veulent jouir de leur privilège à prendre la précaution de faire constater leurs créances dans les formes prescrites et exigées par cet article, suivant leur nature (1). » C'était en effet la pensée des rédacteurs du Code. On vient de voir combien l'événement a déjoué leurs espérances. Ce qui est plus difficile à comprendre, c'est que cette illusion ait résisté aux terribles leçons de l'expérience, et que la commission chargée de réformer notre loi maritime en 1867, à une époque où l'usage des destinations alternatives devenait la règle du commerce, soit tombée dans ce travers!

Un scrupule nous vient cependant. Est-ce bien à l'erreur législative signalée par nous qu'il faut attribuer ces difficultés insolubles et ces contradictions qui nous ont frappé dans la doctrine aussi bien que dans la jurisprudence? M. de Courcy, qui s'en indigne, veut en rendre responsable *l'esprit de chicane*, *l'esprit contentieux*, et surtout un ennemi qu'il accable de ses invectives sous le nom de *droit à outrance*.

A mes yeux il y a là une erreur qu'il importe de relever, car elle constitue une injustice. Sans doute, quand un créancier veut faire tomber la collocation d'un créancier antérieur dont la bonne foi est démontrée, c'est la cupidité et l'esprit contentieux qui le guident. Mais quand la question de droit se pose devant le juge, celui-ci est-il libre de ne pas s'astreindre à la loi, et d'en violer les termes formels, alors même qu'elle lui paraît injuste?

C'est en général l'avis du vulgaire; j'affirme que ce n'est pas son intérêt; j'en ai pour garant le vieux proverbe : *Dieu nous garde de l'équité des parlements!* Les penseurs s'accordent sur

____

(1) Boulay-Paty, titre I, sect. 3.

ce point avec les jurisconsultes, et c'est un philosophe illustre, Bacon, qui a fourni à ces derniers leur maxime favorite et à laquelle ils feront bien de rester fidèles : *Optima lex quæ minimum judici relinquit, optimus judex qui minimum sibi* (1).

Il y a cependant des dispositions dans la loi qu'on peut interpréter largement et sans trop s'attacher à la lettre. Il en est d'autres, au contraire, qui sont, suivant une expression consacrée, *de droit étroit*. On doit alors s'attacher à la lettre, parce que ce sont des lois d'exception, et qu'il faut se gard `, avant tout, de les étendre au delà des bornes fixées par le législateur lui-même.

Or tous les jurisconsultes sont d'accord pour reconnaître que les lois qui réglementent les privilèges sont des dispositions de droit étroit.

Et pourquoi? Parce que les privilèges ne sont utiles qu'en cas d'insolvabilité et de faillite; que dans une faillite la loi générale, l'équité, consiste dans l'égalité des créanciers (2), l'égalité de la perte, et que *le privilège fait exception à cette égalité*. En cette matière, disent MM. Delamarre et Lepoitvin, « la plus grande équité, c'est le droit le plus strict, c'est-à-dire une application *rationnelle avant tout, mais inflexible*, des textes qui ont spécialement pour objet l'insuccès de la fraude, et un sort égal pour les naufragés. *Toute loi exceptionnelle que l'on fait fléchir sous prétexte d'équité, manque son but, et n'est plus qv'injustice* (3), » et l'auteur cite à l'appui cette maxime de Casarégis, le grand apôtre cependant de l'équité : *In materia de se suspecta... intrat regula quod ad removendas fraudes, idem judicandum est de potentia ad actum, quod de ipso actu* (Disc. 209, nº 66, et 8, nº 5).

C'est à ces graves considérations pleines de sens et d'une sagesse profonde, et non à une sorte de passion aveugle pour ce qu'on nomme le droit à outrance, qu'ont obéi la doctrine et la jurisprudence lorsqu'elles ont refusé de faire céder à ce

---

(1) Je reconnais qu'en matière de commerce cette maxime perd beaucoup de son à-propos et même de sa vérité. La première proposition surtout serait remplacée avantageusement par la proposition contraire. La meilleure loi commerciale serait à mes yeux celle qui laisserait le plus de marge à la liberté des conventions, à la coutume et à la bonne foi. Mais la matière des privilèges est par elle-même une matière de droit strict.

(2) *Æquitati nihil tam conveniens est quam æqualitas, unde et æquitatem dictam esse putant* (Faber. *Ration..* t. V, p. 228, col. 1).

(3) *Traité de dr. comm.,* t. VI, nº 90, p. 211.

qui pouvait paraître l'équité les termes si formels de l'article 192.

On en conclura peut-être qu'il fallait alors s'y tenir; appliquer aussi à la lettre les art. 234 et 312; et qu'on eût évité ainsi la contrariété des jugements et l'incertitude plus préjudiciables au commerce que l'observation, même judaïque, des dispositions les plus sévères.

En agissant ainsi sans doute on eût évité les contradictions, mais le problème était complexe, et ce n'est pas sans raison qu'Emérigon a dénoncé la matière des privilèges comme particulièrement difficile.

La difficulté vient surtout du caractère des contrats maritimes, internationaux de leur nature, dès lors fondés sur le droit naturel, et répugnant à l'application des principes de droit strict qui dominent et doivent dominer la matière des privilèges.

En effet, si les lois qui règlent les privilèges et les hypothèques sont des lois d'exception et de droit strict, cela tient à ce qu'elles contiennent des dispositions sur la justice desquelles tous les peuples ne sont pas d'accord.

Ainsi, quelques-unes d'entre elles ont un caractère purement fiscal; d'autres tiennent à une manière particulière d'entendre l'organisation de la famille et de la propriété; d'autres encore au désir de fortifier le crédit de nos nationaux.

Mais il est des privilèges fondés sur des raisons d'équité si manifestes qu'on les rencontre partout, et qu'il n'est venu à personne l'idée de les combattre. On peut les dire fondés sur le droit naturel, car s'ils troublent l'égalité mathématique, si souvent trompeuse, c'est uniquement pour rétablir entre les créanciers la seule égalité vraiment juste, celle qui proportionne la part de chacun à ses mérites, c'est-à-dire à ce qu'il a fait pour créer, accroître ou conserver le gage commun.

La plupart des privilèges maritimes affectent ce dernier caractère, mais entre tous celui qui nous occupe. Qu'on en juge plutôt. Il s'agit d'un navire en voyage. Une tempête a déchiré ses voiles, brisé ses mâts et son gouvernail, déchiré sa membrure. Menacé de couler, il arrive à gagner un port de relâche où, faute d'argent, il sera condamné à pourrir ou à être vendu à vil prix.

N'est-il pas dans l'intérêt même des créanciers de ce navire de trouver un prêteur qui avance la somme nécessaire à sa réparation et à son rapatriement?

Et plus tard, quand les créanciers viendront réaliser ce gage qui leur assure le paiement de leurs créances, pourront-ils trouver mauvais que celui auquel ils en sont redevables passe avant eux sur le prix qui en provient?

C'est la justice même, et l'application d'un principe de droit naturel. *Le débiteur*, dit cette règle, *ne peut jamais venir en concours avec son créancier sur le gage qu'il lui a livré.* Dans la réalité des choses, le prêteur à la grosse en voyage a prêté au capitaine mandataire de tous les intéressés au navire et à sa cargaison; tous ces intéressés sont donc ses débiteurs et ne peuvent venir en concours avec lui sur le gage.

C'est à ce principe de droit commun et de justice bien plutôt qu'à un *privilège établi par la loi française* que le prêteur doit le rang qui lui appartient dans l'ordre ouvert sur le prix du navire.

Mais dès lors ne comprend-on pas combien le législateur a été mal inspiré, lorsqu'il a imaginé d'astreindre à un étroit formalisme un droit de ce genre? S'il est un contrat qui par sa nature dût échapper à une mesquine réglementation, c'est à coup sûr le prêt dont nous nous occupons. Il y échappait à un double titre, grâce à ce double caractère que je me suis efforcé de faire ressortir dans le paragraphe précédent.

D'abord par ce caractère d'*extranéité* qui fait de cette convention, plus que de toute autre, une convention du droit des gens. Et surtout par ce caractère de *nécessité* qui est de son essence et sans lequel elle ne saurait être légitime.

Régler la forme d'un acte fait à l'étranger, c'est, pour le législateur, commettre une première imprudence, mais prétendre assujettir à ces règlements une convention nécessaire au salut de nos navires et au crédit de nos armateurs, c'était commettre une faute grave et méconnaître une vérité élémentaire : *nécessité fait loi*; elle est à elle-même sa loi et n'en souffre point d'autres.

La réglementation dont je parle ne s'attache, il est vrai, qu'à l'existence du privilège. La convention subsiste en dehors d'elle. Mais, en ces matières, on en conviendra, le privilège est inséparable du contrat lui-même. Le navire répondant seul du prêt fait au capitaine, et ce navire pouvant se trouver grevé de dettes supérieures à sa valeur, la certitude d'un privilège en un rang favorable pourra seule aussi décider un prêteur à faire des avances au capitaine; et la déchéance du privilège équivaudra le plus souvent à l'annulation du contrat.

La disposition de l'art. 192 du Code de commerce constitue, on le voit, une véritable anomalie juridique. En traitant une convention formée à l'étranger, et nécessaire, comme elle l'aurait fait d'un contrat conclu en France et purement facultatif; en assujettissant à une réglementation étroite et de rigueur un droit de prélèvement fondé sur la justice et le droit commun, comme elle eût pu le faire d'un privilège exorbitant, arbitraire et spécial à la loi française, elle ne pouvait qu'accroître l'obscurité dont la matière des privilèges n'est déjà que trop susceptible.

On en a vu les suites : La jurisprudence, impuissante à concilier entre eux les deux termes de ce problème insoluble, a tantôt sacrifié l'équité au formalisme de la loi, tantôt le formalisme à l'équité, et la doctrine, désorientée, cherche en vain, depuis 1807, le point fixe qui puisse la guider dans ses difficiles recherches.

M. de Courcy a cru le trouver dans un principe du droit commun. Puisqu'il vous faut un texte, dit-il aux jurisconsultes, lisez l'art. 2102 du Code civil, vous y verrez que les *frais faits pour la conservation de la chose* sont privilégiés sur cette chose, au moins quand elle constitue un meuble. Et ce privilège n'est astreint à aucune formalité. Or le navire est meuble, les frais faits pour subvenir à des réparations urgentes sont bien faits pour sa conservation; donc le prêteur, repoussé pour inobservation des formalités de l'art. 192 du Code de commerce, peut revenir armé de l'art. 2102 du Code civil.

M. Laurin n'est pas de cet avis (1). Il enseigne au contraire que les créanciers investis d'un privilège spécial par les articles 191 et 192 ne peuvent pas, à l'effet d'échapper aux déchéances prononcées par ces articles, faire revivre leur droit sous une autre forme en s'abritant derrière les art. 2101 et 2102 :

(1) T. I, p. 130, IV, A.

« C'est ainsi, ajoute-t-il, qu'il a été jugé, avec une grande raison, que le capitaine n'a pas le privilège du commis, ni les matelots celui des gens de service (1). »

La question est intéressante et les deux opinions bien tranchées. Dans quel sens convient-il de la résoudre?

Je n'hésite pas à préférer, *en principe*, l'opinion de M. de Courcy.

On s'accorde généralement à reconnaître que les privilèges généraux sur les meubles (art. 2101 du Code civil et 549 du Code de commerce) grèvent les bâtiments de mer : « Les navires sont meubles, dit M. Desjardins (2), comment les soustraire à des privilèges établis *sur la généralité des meubles?* »

L'application est plus difficile, je le reconnais, en ce qui touche les *privilèges sur certains meubles* énumérés dans l'article 2102. Quelques-uns d'entre eux sont manifestement inapplicables aux navires, mais il n'en est pas ainsi de tous.

En ce qui touche, par exemple, le privilège du gage ou nantissement, M. Laurin se contente de dire, ce qui est vrai, qu'il sera, en ce qui concerne le navire, d'une application particulièrement délicate et difficile (3) ; il ne prétend pas qu'elle soit impossible. Traitant, quelques lignes plus haut, du vendeur du navire, le même auteur avait déjà reconnu *qu'il peut, après avoir perdu le privilège de l'art. 191 du Code de commerce, opposer aux créanciers chirographaires le privilège de l'art. 2102* (4).

A plus forte raison en doit-il être ainsi du privilège dont nous parlons, je veux dire de celui qui garantit le paiement des *frais faits pour la conservation de la chose.* Il est au moins aussi juste, aussi fondé en raison, aussi, et peut-être plus étroitement lié à l'intérêt commun des créanciers, que le privilège du vendeur, et il n'y a pas de raison de le traiter autrement que ce dernier.

La formule de M. Laurin, d'après laquelle les privilèges du Code civil *ne peuvent être prétendus par ceux-là même qui, en vertu des art. 191 et 192 du Code de commerce, ont un privilège spécial sur le navire, et à l'effet d'échapper aux déchéances portées en ces articles,* est donc inexacte.

(1) Havre, 28 août 1860; Paris, 6 novembre 1866; Cass., 9 juin 1873.
(2) T. I, n° 159.
(3) *Loc. cit.*
(4) T. I, p. 109 à la note.

Mais, avec une légère restriction, on lui ferait rendre une idée juste qui était probablement celle de l'auteur et qui a échappé à M. de Courcy. Les créanciers maritimes qui ont négligé les formalités exigées par le Code de commerce peuvent bien, en effet, se prévaloir des dispositions de droit commun qui accordent un privilège à leurs créances, mais ils ne le peuvent que *vis-à-vis des créanciers de droit commun*. « Il est évident, dit très justement M. Desjardins, que les gens de mer, les fournisseurs, etc., ne pourraient pas, en invoquant l'article 2102, § 3, s'affranchir, à l'égard des autres créanciers privilégiés par la loi maritime, des règles imposées par cette même loi ; mais peut-on les traiter autrement que le vendeur et les empêcher d'opposer *à la masse chirographaire* le privilège attaché par la loi commune aux frais faits pour la conservation de la chose (1) ? »

Il est de principe, en effet, que les créanciers maritimes passent avant tous les autres sur le prix du navire.

Celui-ci leur est affecté plus particulièrement que les autres biens du créancier; ils ont sur lui un droit de suite que n'ont par les créanciers privilégiés de droit commun. Il y a entre le navire et tous ses créanciers un lien de droit, une sorte de démembrement innomé de la propriété, qu'Emérigon ne craint pas d'appeler une *quasi-propriété*, et qui, d'après cet auteur, donnait à ces derniers le droit de demander la distraction du navire dans une instance où les biens du propriétaire auraient été soumis à une discussion générale (2).

Ces créanciers maritimes doivent donc primer tous ceux qu'Emérigon appelle les « créanciers externes. »

Or, c'est à ce dernier titre que se présentera le prêteur du voyage : repoussé comme prêteur à la grosse, comme créancier maritime, il revient, en vertu de l'art. 2102 du Code civil, comme créancier *externe* ou de droit commun. Il doit donc passer après tous les créanciers maritimes (3).

---

(1) T. I, nº 159. L'auteur, répondant ensuite à l'argument que M. Laurin voudrait tirer de la jurisprudence, constate que les arrêts invoqués par le savant professeur se sont bornés à appliquer le principe élémentaire en vertu duquel il n'y a pas lieu de procéder par assimilation dans une hypothèse réglée par la loi.

(2) Conf. Desjardins, t. I, nº 169, p. 312.

(3) Emérigon, *Contrat à la grosse*, ch. 2, sect. 6.

Ainsi, le remède proposé par M. de Courcy laisse beaucoup à désirer, mais son observation relative à la dispense par le Code de toutes formalités pour obtenir et conserver ce privilège, est pleine de justesse et vient confirmer la critique que je me suis permise au sujet de l'art. 192.

Le privilège des frais conservatoires de la chose parait si juste, si conforme à l'intérêt de tous, si peu arbitraire, en un mot, que la loi civile elle-même n'a cru devoir l'astreindre à aucune espèce de formalités, et c'est la loi marchande qui lui crée des entraves !

Rien n'était plus capable que ce rapprochement de montrer l'absurdité du système, et combien il importe de ne pas s'y opiniâtrer, si l'on reprenait jamais le projet de réforme de 1867.

Le législateur, s'il reconnaissait son erreur et retouchait son œuvre, aurait, à mon avis, à choisir entre deux systèmes : l'ancien système français et le système opposé que j'appellerai le système anglais, du nom du peuple qui l'a appliqué avec le plus d'énergie.

Ce qui caractérise le système anglais, c'est qu'il met à la charge du prêteur qui réclame le privilège la preuve du caractère conservatoire de la créance. Il doit prouver la *nécessité de l'emprunt*, et la cour de l'Amirauté se montre d'une sévérité extrême sur la réalité de la preuve. Mais cette preuve, lorsqu'elle est faite, dispense de toute autre, notamment de celle de l'emploi des deniers. « En principe, disent à propos du droit anglais MM. Hœchster et Sacré (1), il est du devoir du prêteur de faire les recherches nécessaires pour s'assurer qu'il y a bien nécessité d'emprunter ; *mais il n'est pas tenu de contrôler l'emploi de la somme empruntée.* »

Le sens pratique des Anglais leur a bien vite fait comprendre qu'à moins d'une fraude dont la trace serait facile à découvrir, la preuve de la nécessité de la dépense implique la preuve de l'emploi des deniers : quel capitaine serait assez audacieux pour détourner des fonds nécessaires à la réparation de son navire, au risque de rester, sur ce navire désemparé, sous

_____

(1) *Manuel de droit commercial français et étranger.* Droit maritime, p. 1197.

les yeux et à la merci du créancier qu'il a trompé ? C'est, d'ailleurs, un principe de droit commun, que le créancier n'est pas responsable du détournement frauduleux des deniers prêtés.

Tel est le système anglais : il consiste essentiellement à *mettre à la charge du préteur la preuve de la* NÉCESSITÉ *du prêt.* Cette preuve suffit; mais elle est nécessaire, et le porteur du billet de grosse qui ne serait pas en état de la faire peut renoncer à se présenter.

Nos pères étaient moins prudents; à leurs yeux, la preuve résultait du billet de grosse et de ses énonciations. « Il faut que le prêt soit causé *pour les nécessités du navire*, dit Émérigon(1), que le prêt soit fait au navire plutôt qu'à la personne du maître : *quasi in navem crediderit.* Il faut que le capitaine ait emprunté *quasi in navem impensurus*, et que le donneur soit dans la persuasion que son argent aura l'emploi désigné : *scial ut in hoc se credere, cui rei magister præpositus est* (l. VII au D. *De exercit. act.*); d'où il suit que si le billet n'est pas *causé* pour les nécessités du navire, le donneur n'a ni action directe contre la personne des armateurs, ni privilège sur le vaisseau, quand même ses deniers auraient été utilement employés aux besoins de la navigation. »

Toutes ces précautions, pures réminiscences du droit romain, sont particulières au Midi; Valin, qui est du Nord, est bien plus large encore. Commentant ces mots de l'ordonnance : *pour les nécessités du voyage*, « il n'est nullement nécessaire, dit-il, que le contrat de prêt à la grosse en fasse mention; il suffit que le prêt soit fait sur le corps et quille du navire, etc., pour qu'on juge que l'argent a été employé pour l'équipement du navire, et que l'armateur s'en est servi pour payer le radoub, etc. (2). »

Ailleurs, faisant allusion aux présomptions de nécessité exigées par la célèbre loi *Lucius Titius* (3) et les commentaires de Loccenius, de Vinnius et de Casaregis, il ajoute : « Mais tout cela, comme trop subtil et trop pointilleux, a été rejeté dans l'usage du commerce, et *il suffit*, pour autoriser le créancier du

____

(1) *Contrat à la grosse*, ch. 4, sect. 5, p. 435.
(2) Sur l'art. 8 des *Contrats à la grosse*, t. II, p. 9.
(3) L. 7 au D., *De exerc. act.*

prêteur à agir contre le propriétaire du navire, *qu'il ait prêté la somme de bonne foi au capitaine*, c'est-à-dire qu'il n'y ait ni *preuve ni présomption suffisante de collusion entre le capitaine et lui* (1). »

Assurément, il est bon de se montrer large dans l'interprétation des transactions commerciales, de s'attacher à la bonne foi en rejetant ce qui n'est que subtil et pointilleux; mais Valin me paraît dépasser la mesure et laisser à la fraude la porte grande ouverte.

N'oublions pas qu'il s'agit d'un privilège réclamé pour une créance née à l'étranger, peut-être dans des parages presque déserts où la facilité de la fraude est en raison directe de la difficulté du contrôle. Le créancier n'a droit au privilège que si le prêt a été *conservatoire*, et il n'a pu l'être que si la dépense était *nécessaire*.

Le prêteur doit donc, avant tout, établir cette *nécessité*.

Comment pourra-t-il l'établir? Par quel acte et dans quelle forme?

C'est ici qu'il faut se montrer large et tenir compte des difficultés qu'il a pu éprouver à se procurer des titres réguliers.

Déjà, comme il s'agit d'un contrat maritime, il lui faudra un acte écrit (2). Si cet acte est causé *pour les nécessités du navire*, ce sera tout au moins un commencement de preuve qu'il sera souvent facile au capitaine de compléter par le livre de bord, des attestations de l'équipage, l'autorisation du consul, etc.

Si l'on a oublié cette mention, je ne dis pas que cette omis-

____

(1) Sur l'art. 19, *Du capitaine*, t. 1, p. 417.

(2) Le Code de commerce allemand n'exige plus d'écrit. Cette conclusion paraît bien ressortir de l'art. 688 : « Le capitaine doit dresser contrat par écrit de tout prêt à la grosse. Faute par lui de se conformer à cette prescription, *le créancier a les droits qui lui appartiendraient si le capitaine avait fait une opération ayant pour but de satisfaire aux besoins du moment...*» Quels sont ces droits? Si l'on consulte le § 7 de l'art. 757, on s'aperçoit qu'ils sont bien près d'être les mêmes que ceux du prêteur à la grosse. La lecture de l'art. 758 vient confirmer cette conclusion : « Les créanciers du navire auxquels le navire n'est pas déjà engagé à la grosse ont un droit de gage sur le navire, ses agrès et apparaux. Le privilège peut se poursuivre contre les tiers détenteurs du navire. » Quelle sera donc la différence entre le prêteur qui se présentera sans écrit et celui qui n'en a pas exigé? Une seule qui résultait de la force des choses, avant même qu'elle fût inscrite dans l'art. 762, c'est qu'au lieu d'être réglée uniquement par la loi, « la portée du privilège du créancier à la grosse se règle par la teneur du contrat » lui-même. Ainsi le privilège peut s'étendre sur la cargaison, tandis que les art. 757 et suiv. n'accordent de privilèges que sur les navires.

sion soit irréparable, mais il y aura là quelque chose d'extraordinaire qui devra donner l'éveil et décider le juge à se montrer sévère sur la réalité de la preuve.

Dans tous les cas, et alors même que toutes les pièces seraient en règle, le juge doit se livrer à un examen scrupuleux de la preuve et s'arrêter au moindre indice de fraude et de collusion. Le vrai remède contre la fraude consiste bien moins, en effet, dans l'exigence de formalités parfois impossibles remplir, que dans la garantie d'une enquête sérieuse faite sommairement par le juge compétent.

Rigoureusement, la preuve demandée au prêteur est complexe : elle comprend à la fois la preuve de la *nécessité de l'emprunt* et celle de l'*emploi des deniers*. Mais l'usage ayant dispensé le prêteur de contrôler l'emploi des deniers, il ne perdrait son action et son privilège qu'en cas de collusion. La bonne foi se présume et la collusion devrait être prouvée.

Déjà le droit romain le décidait ainsi, au moins en ce qui touche l'action : *Non oportet creditorem ad hoc adstringi, ut ipse reficiendæ navis curam suscipiat, et negotium domini gerat ; quod certè futurum sit, si necesse habeat probare pecuniam, in refectionem erogatam esse* (1).

Les auteurs du moyen âge étendent au privilège le bénéfice de cette décision : *Qui dicit pecuniam cambio datam non fuisse in usum conversam, habet ipse probare,* dit Casaregis (2).

Emérigon est du même avis :

« L'infidélité du capitaine ne nuit pas au tiers qui a contracté de bonne foi avec lui. Ce tiers n'en a pas moins action contre les armateurs, *et privilège sur le navire...* Il suit de ce principe que celui qui, dans le cours de la navigation, a prêté de l'argent au capitaine pour les nécessités de navire, n'est pas obligé de suivre ses deniers, ni d'en prouver l'utile emploi. Il a été fondé de croire que le capitaine était honnête; et d'ailleurs, il faut être du métier pour juger de la nécessité des dépenses faites ou à faire en pareille occasion (3). »

La coutume anglaise elle-même, si difficile sur la preuve de la nécessité de l'emprunt, ne se montre pas, comme nous ve-

(1) L. 7, D. *De exerc. act.*
(2) Disc. 18. n° 13.
(3) *Contrat à la gr.,* ch. 4, sect. 7, t. II, p. 440.

nous de le voir, plus sévère que l'ancienne jurisprudence française, au sujet de l'emploi des deniers (1).

En résumé, celui qui réclame le privilège que tous les peuples accordent à des dépenses *conservatoires*, doit prouver que sa créance a ce caractère. Cette preuve doit être sérieuse et le moindre indice de fraude doit être pris en considération par le juge qui en deviendra plus exigeant; mais elle ne peut, sous peine de manquer son but, être astreinte à une *forme* quelconque. C'est à mes yeux le seul moyen de concilier à la fois le crédit des navires et les droits des tiers intéressés. C'est la conclusion à laquelle sont arrivées, à la suite de la jurisprudence anglaise, la plupart des législations modernes, qui, après avoir indiqué les preuves ordinaires, ajoutent, comme le Code italien (2) : *ou par tous autres actes établissant la nécessité des dépenses;* ou même se contentent de dire avec le Code espagnol (3) : « Les dettes contractées pour les besoins urgents du navire... seront déterminées par le tribunal de commerce *sur le vu des preuves présentées par le capitaine pour en établir la nécessité.* »

« Que le législateur (français) se frappe donc la poitrine et reconnaisse son erreur; qu'on abroge l'art. 192, § 5, » s'écrie M. Desjardins (4). Je crois, en effet, qu'on ne saurait mieux faire, et ces paroles, dégagées de toute nuance d'ironie, résument à merveille la conclusion à tirer de cette partie de notre étude.

B. *Jurisprudence.* — En attendant la réalisation de ce vœu, nous appliquerons l'art. 192, puisque c'est *la loi*, mais nous l'appliquerons comme une disposition de *droit strict*, qu'il faut se bien garder d'étendre. Nous n'oublierons pas qu'en cette matière, ce n'est pas le privilège qui est exceptionnel (*contra rationem juris*), puisque toutes les législations s'accordent à l'attribuer aux dépenses conservatoires; c'est la loi française, au contraire, c'est la disposition de l'art. 192 qui mérite cette qualification.

Ainsi, nous distinguerons d'abord, comme on le fait dans

(1) *Manuel de droit commercial français et étranger*, droit maritime, p. 1197.
(2) Art. 268, p. 3.
(3) Art. 598.
(4) T. I, n° 181.

les coutumes du nord de l'Europe, entre le prêt à la grosse sur le navire (*bottomry* ou prêt sur quille) et le prêt à la grosse sur les marchandises (prêt *sur facultés*), connu des Anglais sous le nom de prêt *at respondentia* (1). Et comme l'art. 192 est compris sous le titre : *Des navires et autres bâtiments de mer*, et qu'il n'a d'autre objet que de régler les privilèges *sur le prix des navires*, nous n'aurons garde d'étendre sa disposition au prêt qui affecte les marchandises.

Nous déciderons, en conséquence, avec le tribunal de commerce de Marseille (2), et peut-être avec la Cour de cassation (3), que le prêteur sur facultés ne peut être déchu, pour inaccomplissement des formalités des art. 192 et 234, du privilège que lui accorde la coutume sur le prix de la cargaison affectée à son prêt, du moins si le prêt a été fait de *bonne foi*.

Quand, au contraire, il s'agira d'un *prêt sur corps*, et par conséquent d'un privilège *sur le prix du navire*, il nous faudra bien appliquer l'art. 192, mais nous nous bornerons à lui obéir *à la lettre*, et dès que nous ne serons plus, suivant l'énergique expression de M. Desjardins (4), *enchaînés par son texte*, nous ferons profiter le prêteur de cette liberté.

Ainsi, comme cet article ne parle pas de l'autorisation d'emprunter donnée par les magistrats ou les consuls, nous déciderons qu'elle n'est pas indispensable à l'exercice du privilège (5).

Je sais bien que c'est là une opinion un peu hardie, et que s'il s'agissait de tout autre privilège, elle serait même insoute-

---

(1) Les Anglais comprennent sous cette dénomination, à la fois, le prêt sur facultés, et la gageure dont nous avons parlé plus haut (§ 1er), le *volo per pieno* des Italiens, c'est-à-dire le prêt avec condition que l'emprunteur sera libéré par la perte d'un objet appartenant à un tiers (Serjeant Stephen's, *New commentaries of the laws of England*, 7e édition, by James Stephen, t. II, p. 92).

(2) Jugement du 19 février 1877. M. de Courcy, qui s'intéressait beaucoup à cette affaire, en sa qualité de directeur d'une compagnie de crédit maritime, et qui fournissait des notes au porteur du contrat de grosse, donne ce jugement à la page 122 de ses *Questions de droit maritime.*

(3) Nous disons peut-être, parce que, dans l'espèce soumise à la Cour suprême, ce n'était pas le prêteur lui-même, mais un *tiers porteur* du billet de grosse qui réclamait le privilège, et l'arrêt se borne à déclarer « que l'omission de ces formalités ne saurait être opposée aux *tiers porteurs de bonne foi* de la lettre de grosse, laquelle est transmissible par la voie de l'endossement et assimilée par l'art. 313 du Code de commerce aux autres effets de commerce... » (Cass., 4 décembre 1866).

(4) T. I, n° 181, p. 330.

(5) *Sic* Desjardins, *loc. cit.* Dufour, t. I, n° 294.

nable. En effet, comme le dit avec une grande apparence de raison M. Laurin, « ce que l'art. 192 ne dit pas, la combinaison des art. 234 et 312 l'établit catégoriquement (1). » Mais précisément nous sommes décidé à ne pas recourir aux *combinaisons*, et à n'écouter que les textes qui prononcent en termes formels la déchéance du privilège.

J'ajoute, pour ceux qui seraient tentés de voir un texte de cette nature dans l'art. 312, que cet article est compris dans le titre *Des contrats à la grosse*, que, d'après les termes mêmes qu'il emploie, il ne s'adresse qu'au *prêteur à la grosse*, et qu'en conséquence il est impossible de l'étendre au *prêteur simple*, lequel jouit cependant, tout comme le prêteur à la grosse, du privilège dont nous parlons. Eh bien, ne serait-il pas absurde que de deux prêteurs ayant avancé des deniers au capitaine, le même jour, pour le même voyage, dans des conditions de forme identiques, sauf la distinction du prêt à *la grosse* et du prêt *simple*, l'un obtînt le privilège et l'autre en fût déchu pour inaccomplissement de formalités prescrites par la loi pour empêcher la fraude ? La présomption de fraude tenant à l'absence de ces formalités légales, et ces formalités manquant dans les deux cas, les prêts doivent être l'un et l'autre présumés frauduleux ou aucun d'eux ne le doit être. A plus forte raison en doit-il être ainsi quand il s'agit, non d'une simple présomption, mais d'une présomption *juris et de jure*, que rien ne saurait détruire.

Revenons à l'art. 192. Il parle de procès-verbaux signés de l'équipage, et, dès lors, nous serons forcés de les exiger, car, ainsi que le dit un peu sévèrement peut-être M. Desjardins, « quand la loi dit : « Le privilège ne peut être exercé qu'autant « que les créances seront justifiées par des états arrêtés par « le capitaine, appuyés de procès-verbaux, etc., » c'est se moquer de la loi que de contester la nécessité de ces procès-verbaux. »

Cependant, si, sans me laisser intimider par cet avertissement, j'osais dire toute ma pensée, j'avouerais que je conteste cette nécessité dans certains cas, dans certaines circonstances que le législateur n'a pu avoir en vue et pour lesquelles la loi

____

(1) Cresp-Laurin, t. I, p. 124.

n'a sûrement pas été faite, parce qu'elles n'étaient pas possibles au moment où l'art. 192 a été rédigé.

Je n'oublie pas le principe à l'appui duquel j'ai invoqué plus haut l'autorité si grave de MM. Delamarre et Lepoitvin. Je suis prêt à le répéter : Dans la matière qui nous occupe, « la plus grande équité, c'est le droit le plus strict, c'est-à-dire, une application rationnelle avant tout, mais inflexible, des textes qui ont spécialement pour objet l'insuccès de la fraude... » Je veux bien qu'elle soit *inflexible*, j'insiste seulement pour qu'elle soit *rationnelle* AVANT TOUT !

Eh bien, est-il juste, est-il *rationnel* de frapper d'une présomption de fraude *juris et de jure*, sous prétexte d'inaccomplissement des formalités prescrites par la loi française, un prêt fait à l'étranger, par un étranger qui n'avait aucune raison de penser et aucun moyen de savoir que sa demande de collocation serait soumise un jour à la loi française ?

A mes yeux, poser la question, c'est la résoudre, et, dès lors, je proposerai de soustraire à l'application de l'art. 192 le prêt fait, à l'étranger, à un navire dont la destination est alternative et, par conséquent, douteuse.

Il en sera de même, et par la même raison, du prêt fait à un navire étranger qui n'aborde en France que poussé par la tempête et par suite d'avaries si considérables que la vente en est ordonnée dans le port français où le hasard l'a fait aborder.

Je serais bien tenté d'étendre cette interprétation au prêt fait par un étranger à un capitaine étranger sur un navire étranger, dont le port de destination était, il est vrai, un port français, mais qui s'est cru à l'abri en se conformant soit à la loi de son pays, soit à la loi du pays où l'acte de prêt a été passé. Je voudrais bien pouvoir m'en tenir, avec la cour de Bordeaux, à la règle si sage : *locus regit actum;* mais ici le texte de l'art. 192 m'arrête et aussi l'équité. J'ai déjà montré le danger de cette théorie. Entre un Français et un étranger prêtant, à l'étranger, à un bâtiment dont le prix vient à être distribué en France, il y aurait contre le Français une présomption de fraude qui n'existerait pas contre l'étranger. Cela n'est pas possible.

On dira peut-être que, dans les deux cas où j'écarte l'application de l'art. 192, l'étranger va se trouver dans une position meilleure que ne le serait le Français qui aurait prêté dans des conditions identiques? Cela est vrai, mais, dans le doute où il était sur la destination du navire, un Français devait se conformer à la loi de son pays. Tout ce que je puis faire pour éviter que l'étranger ne soit favorisé, c'est d'exiger qu'il se soit conformé à la sienne. Or, comme presque nulle part ailleurs qu'en France la loi n'astreint le prêteur à des formalités spéciales, il se trouvera libre alors que le Français ne le sera pas! Mais ce n'est pas moi qui le favorise, c'est sa loi, supérieure en ce point à la loi française, ou plutôt c'est cette dernière qui, par un attachement déraisonnable à un formalisme vain et désormais abandonné, sacrifie ses nationaux et menace, si l'on n'y met ordre, de détruire à l'étranger le crédit de notre marine.

Toujours par la même raison, je n'hésiterais pas à écarter la présomption de fraude de l'art. 192, dans les cas où l'absence de procès-verbal provient de la force majeure : « Il arrive aussi, dit M. de Courcy (1), qu'il n'y ait pas même un capitaine pour signer un acte d'emprunt à la grosse. Le capitaine peut avoir péri, il peut avoir quitté les lieux avec ou sans la permission du consul. Celui-ci est seul chargé de la protection de la cargaison sauvée. Il met le plus grand zèle à s'y appliquer, il s'apprête à réexpédier la cargaison par d'autres navires. Des dépenses considérables sont à solder : un prêt à la grosse serait encore le moyen le plus tutélaire et serait facilement obtenu. Est-ce qu'il va être interdit d'y recourir parce qu'il n'y a point de capitaine pour signer l'acte? Le consul, dans sa sollicitude, en juge autrement... Il invite le consignataire qu'il a choisi... à signer l'instrument de cette obligation sans obligé. Il annonce l'adjudication publique du prêt à la grosse; un prêteur, faisant confiance à l'autorité du consul de France, apporte son argent et la cargaison sauvée parvient à ses propriétaires. »

Contestera-t-on le privilège de ce prêteur, sous prétexte du défaut de procès-verbal? La seule supposition d'un procès, et surtout d'une décision de ce genre, jette l'auteur dans une indignation dont il ne peut contenir l'expression : « Ce serait de la jurisprudence de Cafrerie, ce ne peut pas être de la jurisprudence française. Ce serait de la spoliation et du vol, ce n'est certainement pas du droit. »

(1) *Quest. de droit maritime*, 1re série, p. 93.

Il me paraît difficile, en effet, d'imaginer une solution qui blesse plus manifestement la raison et l'équité. Mais encore une fois, l'application de l'art. 192 doit être *rationnelle*, et si l'on veut bien se rappeler que l'art. 192 ne fait qu'*édicter une présomption de fraude contre le capitaine* et ceux qui peuvent avoir trompé dans ses malversations, il ne viendra à personne l'idée de l'appliquer à un prêt fait au navire, *en l'absence du capitaine*. La présomption de fraude pour *le cas où une formalité n'a pas été remplie* suppose nécessairement qu'*elle le pouvait être*. Elle implique une faute, tout au moins une négligence de la part de celui qui l'a omise. Que si, matériellement, la formalité était impossible à remplir, il n'y a plus l'ombre d'une faute, et la présomption de fraude n'a plus de raison d'être.

Voilà les principales exceptions que me paraît souffrir cette malencontreuse disposition de l'art. 192.

Ces exceptions, permettant au juge de suivre les règles de l'équité, rendront plus flagrante et plus intolérable l'injustice des résultats auxquels conduira souvent l'application de la loi, Peut-être sera-t-on amené ainsi à voir l'erreur dans laquelle est tombé le législateur de 1807, et à revenir aux vrais principes de la matière.

Nota. — J'ai déjà dit que sur ce point je ne pouvais approuver le système de Valin, qui fait trop bon marché des garanties dues aux créanciers primés par le prêteur à la grosse, et que je trouvais préférable le système anglais. Mais la généralité de cette expression appelle de ma part une réserve nécessaire.

Les Anglais ayant apporté plus de rigueur qu'aucun autre peuple à exiger du prêteur la preuve de la *nécessité* de l'emprunt, et plus de liberté que personne dans la *forme* de cette preuve, j'ai appelé *système anglais* celui qui, très justement, suivant moi, met à la charge du prêteur la preuve de la nécessité de l'emprunt, sans l'astreindre à aucune forme spéciale. Mais la jurisprudence anglaise, se conformant à une tradition du nord de l'Europe dont j'ai parlé dans le chapitre précédent, a étendu l'exigence de la nécessité à la *nature* même du prêt, en ce sens qu'elle ne permet au capitaine d'emprunter *à la grosse* que s'il se trouve dans l'impossibilité absolue de contracter un *prêt simple*. Ainsi, pour faire valoir son privilège, ou même simplement pour établir la *validité* du contrat de grosse dont il est porteur, le prêteur, devant la Cour de l'amirauté, doit prouver : 1° la nécessité d'un emprunt, et 2° la nécessité *que cet emprunt fût à la grosse* (1).

Je suis loin d'approuver l'exigence de cette seconde preuve, si difficile à faire par le prêteur, et qui, au demeurant, ne le regarde en rien. Je préfère de beaucoup la disposition contenue au § 2 de l'art. 497 du Code de commerce allemand : « La validité de toute opération de cette nature est indépendante de l'emploi fait des deniers, *de l'opportunité du choix fait entre plusieurs opérations de crédit, ou du fait que l'argent nécessaire se trouvait à la disposition du capitaine, à moins qu'on ne puisse prouver la mauvaise foi.* » Nous ne pouvons qu'approuver la disposition de cet article, modèle de clarté et de précision en même temps que de raison.

§ 3. — *Modifications apportées aux principes du contrat à la grosse par la faculté d'abandon.*

Le prêt à la grosse contracté par le capitaine ne donne lieu chez nous *à aucune obligation personnelle.* Nous nous sommes refusé plus haut à mettre cette absence d'obligation personnelle au nombre des caractères *essentiels* qui distinguent le prêt au capitaine, parce que cette grave exception au droit commun ne tient pas au genre même de ce prêt, qu'elle n'est qu'une conséquence des principes de la *commande* et de la faculté d'abandon (2) qui en a été la suite, et qu'on la cher-

---

(1) The merchant shipping laws, by Boyd, sect. 7, sous la rubrique : CE DONT LE PRÊTEUR DOIT S'ASSURER, S'IL VEUT FAIRE EN TOUTE SÉCURITÉ L'AVANCE D'UN BILLET A LA GROSSE... « il doit, à ses risques et périls, s'assurer par une enquête sérieuse : 1° que l'argent... ou les réparations étaient nécessités par les besoins du navire, et que le navire n'eût pu sans cela poursuivre son voyage sans danger ; — 2° que les fonds... ou réparations qu'on lui a demandé de fournir au navire n'auraient pu être obtenus, ni à l'aide du crédit personnel de l'armateur, ou du maître, ni à l'aide d'avances sur le fret... *ni à l'aide de tout autre moyen de crédit* que l'hypothèque du navire... » ; à la section 6 du même ouvrage, l'auteur dit encore : « Si le maître eût pu trouver de l'argent en tirant des lettres de change sur les armateurs, il n'aurait pu donner de billet à la grosse pour la même dette, car il n'y eût pas eu nécessité de le donner, *et la nécessité d'hypothéquer le navire est la condition essentielle sur laquelle reposent le pouvoir du maître de l'affecter à la dette* ET LA VALIDITÉ DU BILLET A LA GROSSE. »

(2) « Il faut remarquer que, dans ce cas, *il n'y a vraiment pas d'obligé* « *personnel* au remboursement, puisque le propriétaire du navire peut tou- « jours se libérer par l'abandon du navire et du fret » (Boistel, *Précis du cours de droit comm.*, 1re édition, p. 1001).

cherait vainement chez les peuples qui, comme les Anglais, sont réfractaires aux principes de ce contrat si particulier.

Mais, partout où elle est admise, la modification apportée aux principes du prêt à la grosse par cette absence d'obligation personnelle est capitale.

Déjà nous avons remarqué cette conséquence singulière de notre coutume, *qui fait nécessairement du prêt au capitaine en voyage un prêt à la grosse.*

Ce n'était pas assez dire, et nous allons voir que la faculté d'abandon est venue, en quelque sorte, exagérer le caractère distinctif de ce dernier contrat. L'aléa qui constituait l'un de ses éléments essentiels a pris, dans la constitution du prêt fait au capitaine, des proportions insolites : il s'est accru aux dépens des autres éléments, qu'il a fait peu à peu disparaître.

En effet, le contrat de grosse avant le voyage, celui qu'ont connu nos pères, et qui n'existe plus que de nom, consistait dans le prêt d'une somme d'argent pour sûreté de laquelle l'emprunteur affectait une chose (navire ou marchandise) exposée aux risques de mer, avec la condition que, si cette chose périssait par une fortune de mer, l'emprunteur serait libéré, et que si, au contraire, elle arrivait à bon port, il restituerait cette somme augmentée d'une prime représentant le prix du risque.

Comme on le voit par cette définition, l'emprunteur pouvait se trouver libéré par le seul fait de la perte de la chose affectée, mais si elle arrivait à bon port, l'armateur était *obligé* au paiement du billet de grosse. Il n'en était pas tenu seulement à raison de la marchandise et jusqu'à concurrence de sa valeur, il était obligé *personnellement* et sur tous ses biens.

Et cette obligation personnelle permettait au prêteur de bien préciser les conditions du risque qu'il consentait à courir.

Si, par exemple, il s'agissait d'un prêt *sur corps*, c'est-à-dire sur le navire, le prêteur consentait à courir le risque d'un voyage spécial dont toutes les lignes étaient arrêtées d'avance ; le contrat en faisait mention, et si, *volontairement* et sans y être poussé par la tempête, le capitaine franchissait les bornes qui lui avaient été assignées, la perte du gage dans ces nouvelles conditions ne libérait plus l'armateur ; car, ainsi que le dit l'art. 325 du Code de commerce, pour que la somme ne puisse pas être réclamée, il faut « que la perte soit arrivée par cas fortuit, *dans le temps et dans le lieu des risques.* »

On voit, par les termes de cet article, qu'il en serait de même si le prêteur avait déterminé le *temps des risques* et que ce temps fût expiré au moment du sinistre.

Et dans le silence des conventions, la loi fixe elle-même le moment précis où le gage commence à être aux risques du prêteur et celui où il cesse de l'être (1).

Elle le fixe pour le navire aussi bien que pour les marchandises.

A l'égard des marchandises encore et au sujet de leur chargement, le donneur peut avoir moins de confiance dans un navire que dans un autre et avoir, en conséquence, désigné dans le contrat le nom du navire où devront être chargées les marchandises affectées à son prêt. A-t-on négligé d'obéir à cette clause, peu importe désormais la perte de la marchandise; elle ne libère pas le preneur (2).

Ainsi, dans le prêt à la grosse *fait au propriétaire*, le prêteur et, à défaut du prêteur, la loi, précisent les conditions du risque que va courir le gage et, avec le gage, la créance elle-même. Et la *sanction* de cette stipulation conventionnelle ou légale consiste avant tout *dans l'obligation personnelle de l'emprunteur*, obligation dont il ne peut être dégagé que par un sinistre *arrivé dans les conditions fixées par la convention ou par la loi.*

Mais, en ce qui touche *le prêt fait au capitaine*, la faculté d'abandon vient priver le prêteur de cette sanction principale, et dès lors qu'importent les stipulations qu'il a pu faire au contrat? qu'importent même celles que le législateur a pu faire pour lui? Puisqu'en faisant abandon de la chose affectée, l'armateur s'affranchit de toute obligation née à l'occasion de cette chose, à quoi bon rechercher si la perte de la chose est arrivée *dans les conditions* ou *hors des conditions* stipulées? Dans ce dernier cas, il y aura manquement au contrat par la faute du capitaine; mais, aux termes de l'art. 216, l'armateur ne peut-il pas s'affranchir par l'abandon aussi bien de la responsabilité qui lui incombe à la suite des fautes du capitaine

(1) Code de comm., art. 328.
(2) Code de comm., art. 324.

que des obligations qui résulteraient pour lui de ses engagements? Non seulement le texte est formel dans ce sens, mais nous savons qu'il le pouvait avant même la loi de 1841, et que toutes les nations s'accordent à lui reconnaître ce droit au moins dans une certaine mesure.

Mais alors, si le navire a fait naufrage et que la perte de la cargaison supprime jusqu'au fret, quelle sera la ressource du porteur de billet de grosse? A qui se plaindra-t-il de la modification apportée au risque par la violation du contrat? Qui sera responsable vis-à-vis de lui?

Personne en principe, car le capitaine ne s'est engagé que pour le compte de l'armateur, et l'armateur peut se dégager en faisant l'abandon.

C'est cette différence capitale qui fait l'intérêt de la distinction que M. de Courcy a pris tant de soin d'établir entre les deux contrats de grosse : l'ancien et le nouveau, le contrat avec le propriétaire du navire et le contrat avec le capitaine.

Aussi l'auteur insiste-t-il sur l'impossibilité d'appliquer au dernier la plupart des articles du Code de commerce (1). «Que signifie, dit-il, si l'on tente d'en faire l'application à cette obligation impersonnelle, l'art. 328, qui fixe le temps des risques, lesquels *commenceraient*, à l'égard du navire, du jour où il a fait voile pour *finir* au jour de son ancrage à destination? J'ai vu des consuls prendre la peine de déterminer soigneusement dans le cahier des charges le temps des risques, et j'ai souri de la naïveté. Si le gage périt au port de relâche avant le départ ou au port de destination après l'arrivée, le prêteur, malgré ces vaines stipulations, perdra son argent, puisqu'il n'a pas de débiteur à poursuivre. Ses risques commencent forcément dès qu'il débourse son argent, ils ne finissent que lorsqu'il en est remboursé; ils durent souvent, au port de destination, plusieurs semaines ou plusieurs mois, tout le temps des négociations et des procédures, pendant lesquelles le gage peut périr; et que lui resterait-il, si le gage périssait? Tout cela est profondément illusoire, lorsqu'il n'y a pas un emprunteur obligé... »

Il est donc, au titre des contrats à la grosse, plusieurs dispositions de loi inapplicables au nouveau contrat de grosse.

(1) *Questions de droit maritime*, p. 36 et suiv.

Cette vérité, restée longtemps obscure à cause de la confusion faite par le Code entre les deux contrats, a fini par se dégager peu à peu.

Invoquée par les praticiens, elle a pénétré lentement dans la jurisprudence et jusque dans la doctrine. Il serait injuste de ne pas reconnaître que cet heureux résultat est dû, en grande partie, à M. de Courcy. Avec la persévérance qui le distingue, il s'est attaché à faire ressortir la distinction entre les deux contrats de grosse, à critiquer les arrêts qui l'avaient négligée, à mettre en relief les absurdités qui résultaient de cette confusion. Ces généreux efforts n'ont pas été perdus.

Avant l'apparition des *Questions de droit maritime* et surtout du *Projet de réforme internationale du droit maritime*, qui date de 1863, on pouvait lire les traités de droit maritime les plus estimés, comme celui de M. Bédarrides, et assister aux cours de droit maritime les plus savants, comme celui de M. Cresp, sans se douter même que, depuis Valin et Émérigon, une révolution s'était opérée dans une partie importante de ce droit, et que le contrat de grosse notamment s'était radicalement transformé.

Depuis la publication de ces deux ouvrages, au contraire, il n'est pas de traité, de cours ou même de *précis* de droit commercial qui ne tienne compte, au moins dans une certaine mesure, de la distinction fondamentale si bien mise en lumière par l'éminent praticien.

Cependant, jusqu'ici, en dehors des articles de critique de M. de Courcy, la question n'a été traitée qu'à titre d'accessoire.

On s'est borné, dans le commentaire de quelques-unes des dispositions de loi qui composent le titre des contrats à la grosse, à faire observer que ces dispositions ne s'appliquaient pas au prêt à la grosse contracté avec le capitaine en cours de voyage. On n'a pas pris la peine d'énumérer et de rassembler tous les articles du Code de commerce inapplicables au nouveau contrat, et surtout on a négligé d'indiquer le principe auquel on doit rattacher ces diverses exceptions.

Ce principe, nous le connaissons, c'est le *défaut d'obligation personnelle* qui résulte de la faculté d'abandon.

Nous venons d'expliquer que l'obligation personnelle de l'armateur constituant, dans l'ancien contrat de grosse, la sanction principale des stipulations destinées à délimiter le risque accepté par le prêteur, l'absence, dans le prêt à la grosse au capitaine, de cette obligation personnelle venait détruire cette sanction et rendre, pour ainsi dire, sans force soit ces stipulations particulières, soit les dispositions de loi destinées à en tenir lieu.

On peut donc poser en principe que les dispositions du titre des contrats à la grosse devenues caduques sont, en premier lieu, toutes celles qui ont pour objet de préciser et de délimiter le risque accepté par le prêteur.

Nous avons déjà signalé l'art. 325, aux termes duquel, si les effets sur lesquels le prêt à la grosse a eu lieu sont entièrement perdus, et que la perte soit arrivée par cas fortuit, *dans le temps et dans le lieu des risques,* la somme prêtée ne peut être réclamée.

Nous avons aussi fait allusion à l'art. 328, qui, prévoyant le cas où *le temps des risques n'est pas déterminé par le contrat,* déclare qu'il court, à l'égard du navire, des agrès, apparaux, armement et victuailles, du jour que le navire a fait voile jusqu'au jour où il est ancré ou amarré au port ou lieu de sa destination; — à l'égard des marchandises, du jour qu'elles ont été chargées dans le navire ou dans les gabares pour les y porter jusqu'au jour où elles sont délivrées à terre.

Nous n'avons rien à ajouter sur ce point aux observations si justes de M. de Courcy, que le lecteur vient d'avoir sous les yeux.

Enfin, nous avons parlé de l'art. 324, qui, supposant la perte d'une marchandise chargée sur un navire *autre que le navire désigné au contrat,* déclare que le prêteur à la grosse ne supporte pas cette perte, à moins qu'il ne soit légalement constaté que ce chargement a eu lieu par force majeure.

Le capitaine n'ayant pas le pouvoir d'obliger la personne du chargeur, *mais uniquement la marchandise,* peu importe que cette dernière ait été, contrairement aux conventions, chargée sur un navire quelconque; dès qu'elle a péri, l'action contre le chargeur se trouve éteinte.

On peut ajouter à cette nomenclature l'art. 329, d'après lequel celui qui emprunte à la grosse sur marchandises n'est point libéré par la perte du navire, s'il ne justifie qu'il y avait pour son compte des effets jusqu'à concurrence de la somme empruntée.

On sait que, pour subvenir aux besoins du voyage, le capitaine peut, si le navire ne semble pas au prêteur un gage suffisant, engager en outre les marchandises. Supposons qu'il l'ait fait, et que le navire ait péri par la suite. Le chargeur, pour se libérer, sera-t-il *tenu de justifier qu'il y avait sur le navire des effets jusqu'à concurrence de la somme à laquelle les marchandises ont été affectées?*

Non. Le chargeur ne doit rien, la marchandise seule est obligée, et dès qu'il en a fait abandon, on n'a plus rien à exiger de lui.

Citons encore, à titre de dispositions surannées, les art. 316 et 317, qui déclarent que le prêt excédant la valeur du gage pourra être déclaré nul ou réduit, sur la demande du prêteur; et les deux paragraphes de l'art. 311, aux termes desquels le contrat de grosse doit énoncer *si le prêt a lieu pour un voyage; pour quel voyage et pour quel temps :* questions essentielles dans l'ancien contrat de grosse, devenues aujourd'hui d'un intérêt plus que secondaire.

Faut-il mettre au nombre des articles du Code de commerce inapplicables au prêt à la grosse contracté avec le capitaine l'art. 326, qui décharge le prêteur de la perte arrivée par le *vice propre* de la chose?

C'est l'avis de M. de Courcy : il demande ce que signifie cet article, en présence de la faculté d'abandon qui affranchit l'armateur.

Mais la faculté d'abandon va-t-elle jusque-là? C'est une question intéressante et des plus controversées.

Pour arriver à la résoudre, il importe de la préciser.

Il y a un premier point sur lequel tout le monde est d'accord : si le vice propre, auquel est due la perte de la chose affectée, provenait de réparations défectueuses accomplies en cours de voyage, l'armateur contre lequel le prêteur exercerait son recours serait reçu à faire l'abandon. Ainsi l'a décidé un arrêt de la cour de Caen du 13 mai 1862, dont la doctrine a été approuvée par tous les auteurs (1).

Cette opinion peut paraître étrange au premier abord, et il

(1) Voy. Caumont. v° *Abandon maritime*, n° 82; Arthur Desjardins, t. II, n°⁸ 283 et suiv.

est certain qu'appliquée à l'ancien contrat de grosse, elle eût constitué une erreur. Ce contrat, qui, en se transformant, a donné naissance à l'assurance, reposait sur les mêmes principes, et le prêteur ou donneur à la grosse, pas plus que l'assureur, ne répondait du vice propre.

Il en est de même, *en principe*, du nouveau contrat, et jamais il n'est entré dans la pensée du capitaliste qui prête au capitaine *de se charger du vice propre*. Mais si l'on veut aller au fond des choses, il est facile de se convaincre qu'il n'aura pas d'action contre l'armateur.

En effet, d'où vient le vice propre? D'une faute commise. Qui est responsable de cette faute? Le capitaine. Or, précisément l'abandon affranchit l'armateur dans tous les cas, tant des faits du capitaine que des engagements contractés par lui. Il l'affranchit donc de la faute qu'il a commise en ne surveillant pas les réparations.

Mais la vraie question que nous avons à traiter est celle de savoir si l'armateur garde la faculté d'abandon *quand il s'agit de rembourser une dépense faite pour réparer un vice propre.*

M. Desjardins, qui la pose en ces termes, conclut nettement pour la négative. « En thèse générale, dit cet auteur, qui peut « être responsable du vice propre? L'armateur seul. Il est donc « personnellement, c'est-à-dire indéfiniment obligé. » Et il appuie son opinion d'un jugement du tribunal de Marseille du 25 mars 1873 et d'un arrêt de Bordeaux du 11 mai 1868, confirmé par un arrêt de rejet du 11 avril 1870.

La lecture de ces arrêts n'a fait que nous confirmer dans la pensée que la réponse à notre question appelait une distinction.

A notre avis, le vice propre du navire étant le fait de l'armateur, il ne pourra se libérer par l'abandon *à l'égard de ceux auxquels il a explicitement ou implicitement promis un navire en bon état de navigabilité.*

Il le peut très bien, au contraire, *à l'égard du prêteur* en voyage, *vis-à-vis duquel il n'est lié par aucune obligation de ce genre.*

Pour rendre notre pensée plus claire, nous allons demander des exemples à la jurisprudence même invoquée par M. Desjardins.

Un navire vient à échouer. Ses assureurs s'empressent d'avancer les fonds nécessaires pour le renflouer et l'amener au port. Des experts, chargés d'indiquer les causes du sinistre, l'attribuent au vice propre ; les assureurs exercent une action en répétition des sommes qu'ils ont indûment avancées. L'armateur peut-il s'affranchir par l'abandon de cette obligation ? Non, il ne le peut pas, parce qu'en faisant assurer le navire, il s'engageait par là même à le livrer à l'assurance en bon état de navigabilité.

Il en sera de même entre l'armateur et l'affréteur. Au nom de ce dernier encore, on sera fondé à dire à l'armateur, comme le lui a dit l'arrêt de Bordeaux mentionné plus haut, « qu'il était « personnellement obligé par son contrat et par la loi de li- « vrer à son affréteur un navire en bon état de navigabilité « et en mesure de faire le voyage convenu ; qu'ainsi donc, s'il « est prouvé que ce navire était réellement atteint d'un vice « propre et hors d'état de naviguer au moment où il a fait « voile, les dommages qui en sont résultés pour l'armement « doivent être considérés comme résultant du fait du prêteur, « et comme engageant sa responsabilité sans qu'il puisse être « admis à se libérer... par abandon... »

Malheureusement l'arrêtiste ne nous indique pas quelle sorte d'action l'affréteur exerçait contre l'armateur. Pour montrer l'intérêt de la question, nous supposerons, si l'on veut, que le capitaine, pour obtenir les fonds nécessaires à la réparation, a été obligé d'affecter les marchandises. Quand le chargeur qui les aura ainsi perdues, exercera son recours contre l'armateur, celui-ci pourra-t-il lui opposer l'abandon ? Non, par les excellentes raisons énumérées dans l'arrêt de la cour de Bordeaux.

Mais en serait-il de même à l'égard du *prêteur* qui aura fourni les fonds au capitaine *pour réparer les avaries venant du vice propre ?*

J'ai beau chercher, je ne puis arriver à en comprendre la raison.

Un navire arrive à un port de relâche, hors d'état de tenir la mer. Des réparations sont urgentes. Un prêteur se présente et fournit les fonds à la grosse. Qu'importe à ce prêteur l'origine ou même la cause des avaries ? Dès lors qu'elles vont être réparées et que le navire, désormais en bon état, n'aura plus à craindre que des fortunes de mer, pourquoi, s'il périt dans une tempête, l'armateur serait-il non recevable à en faire l'abandon?

Que les assureurs refusent de prendre à leur charge un contrat de grosse perpétré dans ces conditions, leur prétention sera très naturelle et parfaitement fondée. Mais quant au *prêteur*, que pourrait-il dire *et quelle obligation personnelle de l'armateur pourrait-il invoquer?*

Je crois donc, avec M. de Courcy, que l'art. 326 du Code de commerce est encore un de ceux dont l'application ne peut se plier à la pratique du nouveau contrat (1).

Les dispositions de loi qui tendent à limiter le risque du prêteur à la grosse n'étant plus par la force même des choses, ou du moins par une suite nécessaire du principe de l'abandon, applicables au prêt du voyage, il semble qu'elles auraient dû disparaître des nouveaux codes qui admettent ce principe et réservent le nom de contrat à la grosse au prêt contracté avec le capitaine.

C'est là une conséquence qui paraît avoir échappé aux rédacteurs de la loi belge du 21 août 1879 sur la marine marchande. L'art. 164 de cette loi dit en effet : « Si les choses sur lesquelles le prêt à la grosse a eu lieu sont entièrement perdues, *et que la perte soit arrivée dans le temps et dans le lieu des risques,* par cas fortuit ou baraterie de patron, conformément aux art. 178 et 184, la somme ne peut être réclamée... » D'où l'on serait tenté de conclure que, si la perte est arrivée en dehors du temps ou du lieu des risques, la somme pourra être réclamée. Elle le pourra si l'on veut, mais *sauf la faculté d'abandon* (2) qui lui ôte toute efficacité. Autant dire qu'elle ne le pourra pas.

L'art. 164 était donc inutile, et le Code de commerce allemand, rédigé d'une manière plus scientifique que la loi belge, s'était bien gardé de reproduire cette disposition surannée.

Ce silence de la loi allemande est significatif. Il vient confir-

(1) D'après M. Caumont, « l'art. 326 ne s'est nullement préoccupé de la « question de savoir par qui le prêt a été contracté, comment et sur qui le « prêteur pourrait exercer son action pour se faire rembourser. Il s'est borné « à régler les droits du prêteur, *sans parler du mode de libération de l'em-* « *prunteur, et par suite il ne porte aucune atteinte au droit d'abandon.* » *Dictionn. univ. de dr. mar.*, v° ABANDON, n° 31.

(2) Maintenue par l'art. 7 de la loi belge du 21 août 1879, qui reproduit les termes de notre art. 216.

mer la vérité de nos observations sur l'inutilité de stipulations conventionnelles ou légales, destinées à préciser le risque accepté par le prêteur à la grosse.

C'est là une vérité qu'il n'est plus permis de méconnaître, mais qu'il ne faut pas non plus exagérer, comme cela est arrivé peut-être à M. de Courcy.

A notre avis elle souffre un tempérament.

Il n'est pas absolument vrai que les clauses par lesquelles le prêteur précise les conditions du risque soient dépourvues *de toute* sanction. La faculté d'abandon le prive, il est vrai, de l'action personnelle contre l'armateur, qui constitue la sanction *principale* du contrat, et la seule vraiment suffisante; mais il n'est pas complètement désarmé, il lui reste — en dehors de la responsabilité du navire que nous supposons au fond de la mer — *la responsabilité du capitaine.* C'est là une ressource subsidiaire et qui sera très insuffisante dans la plupart des cas; mais enfin elle existe et pourra servir à atténuer tout au moins la perte du porteur. C'est d'ailleurs la seule qui lui reste, et dès lors il importe de la mettre au-dessus de toute contestation.

C'est ce qu'a très bien compris le législateur allemand qui lui a consacré deux dispositions spéciales. On lit d'abord dans l'art. 693 du Code de commerce de 1867 :

« Le capitaine doit veiller à la garde et à la conservation des
« objets engagés à la grosse; il ne peut sans motifs urgents
« entreprendre aucune action *de nature à rendre les risques du*
« *prêteur plus grands ou autres qu'ils ne le sont par le contrat.*
« *Faute par lui de se conformer à ces prescriptions, il est tenu*
« *envers le prêteur à des dommages-intérêts* (art. 479). »

Ce premier article renvoie, comme on peut le voir, à l'art. 479 qui répète la même idée, sous une forme plus générale. En voici le texte : « *La garantie du capitaine subsiste non seulement*
« *vis-à-vis de l'armateur, mais encore envers l'affréteur, le dé-*
« *chargeur.....* ainsi que pour les créances qui se basent sur
« une opération de crédit (art. 497), *notamment envers le prê-*
« *teur à la grosse.* Le capitaine, même ayant agi sur les instruc-
« tions de l'armateur, *n'en est pas moins tenu vis-à-vis des au-*
« *tres personnes ci-dessus énoncées :* seulement ces instructions
« engagent alors la responsabilité personnelle de l'armateur
« si, en les donnant, il était informé de la situation. » Enfin,

comme si le législateur craignait, malgré des dispositions aussi
claires, de n'avoir pas été suffisamment compris, l'art. 694
vient préciser les actes auxquels il vient de faire allusion, et
la nature de la responsabilité du capitaine : « Si le capitaine a
« *arbitrairement changé le voyage assigné à l'emprunt à la*
« *grosse,* ou s'il *s'est écarté de la route naturelle,* ou si, *après le*
« *voyage achevé, il a de nouveau exposé les objets engagés à un*
« *risque maritime sans que l'intérêt du créancier l'ait exigé,* le
« *capitaine* est PERSONNELLEMENT *responsable vis-à-vis du prêteur*
« *à la grosse* jusqu'à concurrence du complément de la créance,
« à moins toutefois qu'il ne justifie que le défaut de libération
« entière n'est pas le résultat du changement de voyage ou de
« route ou de nouvelles fortunes de mer. »

Cette triple répétition du même principe accuse la préoccu-
pation du législateur d'Outre-Rhin. Il craint que l'absence
d'obligation personnelle de la part de l'armateur ne prive le
prêteur de toute garantie. A défaut de cette première sanction,
il lui en réserve une seconde, la responsabilité personnelle du
capitaine; et non seulement il la réserve, mais il y insiste, il
l'accentue et la précise, de façon à ne laisser planer aucun
doute sur ce point important.

Ici encore le législateur belge a négligé l'avertissement qu'il
pouvait trouver dans la loi allemande, et rien dans la loi du
21 août 1879 ne vient rappeler les dispositions que nous venons de voir. A mes yeux c'est une lacune, et cette loi en est
moins complète. Cependant ce n'est pas là une omission irréparable. La loi française, non plus, n'a pas édicté de dispositions
spéciales à la responsabilité du capitaine envers le prêteur à la
grosse, et cependant je ne doute pas que cette responsabilité
n'existe, et tout aussi étendue qu'en Allemagne.

En effet, malgré les trois articles consacrés à la déterminer,
la responsabilité du capitaine allemand n'est autre que celle
qui résulte du *droit commun* et de l'art. 221 du Code de commerce.

C'est d'abord l'application du grand principe qui impose à
chacun la responsabilité de ses fautes : *Tout fait quelconque de*
l'homme qui cause à autrui un dommage, oblige celui par la
faute duquel il est arrivé à le réparer (1). Le capitaine a em-

____
(1) Code civ., art. 1382.

prunté de l'argent à la grosse. La perte par fortune de mer, en anéantissant le gage, détruira la créance elle-même. Mais, sur la demande du prêteur, il a promis de prendre le chemin le moins dangereux, de passer par le canal de Suez, au lieu de doubler le cap de Bonne-Espérance, et il manque à sa promesse. C'est évidemment une faute, et cette faute a causé au prêteur un dommage sérieux, qui n'est autre que *la perte du gage*, et, par conséquent, de la créance. Il est évident qu'il en doit la réparation. Dans quelle mesure? Jusqu'à parfaite indemnité, c'est-à-dire jusqu'à concurrence du recouvrement de la créance.

Mais, dira-t-on, peut-être la chose eût-elle péri sans cela?— C'est possible, aussi est-il juste d'autoriser le prêteur, comme le fait le Code allemand, à prouver que la perte partielle ou totale du gage n'est pas le résultat du changement de route, dont il est responsable. Mais comme il est en faute, c'est à lui qu'incombera le fardeau de la preuve.

Ce n'est là, encore une fois, que l'application des principes généraux. Si l'on appliquait les principes spéciaux au contrat à la grosse ou au contrat d'assurance (le contrat à la grosse n'est, en effet, qu'une sorte d'assurance dans laquelle la somme assurée est payée d'avance), il en serait tout autrement : Par cela seul que le capitaine aurait changé de route ou de vaisseau, en un mot, *aurait modifié la nature du risque*, le contrat serait résolu au bénéfice du prêteur, qui pourrait réclamer la somme prêtée, alors même que cette modification n'aurait pas influé sur le dommage ou la perte de l'objet (1).

C'est ainsi que les choses se passeraient s'il s'agissait d'un prêt à la grosse contracté avec le propriétaire. Mais nous supposons un prêt à la grosse fait au navire, ou si l'on veut au capitaine. Ce prêt n'oblige pas le capitaine, il ne l'oblige que *ès qualité*, c'est-à-dire en sa qualité de préposé de l'armateur. Grâce à la faculté d'abandon, l'armateur est affranchi de toute obligation personnelle. Cet affranchissement du commettant entraîne nécessairement celui de son préposé. Il ne s'agit donc plus du contrat lui-même et des principes spéciaux qui le régissent. Le capitaine n'est pas preneur à la grosse pour son compte; il n'est pas obligé personnellement par le contrat. Seu-

(1) Code de comm., art. 351 et arg. de l'art. 348.

lement il est *en faute*, il a manqué aux conditions de ce contrat qu'il était tenu d'observer pour compte de son commettant, et en agissant ainsi il a exposé le gage du prêteur à des risques que celui-ci n'avait point acceptés. Le gage a péri, il est présumable que c'est par suite de sa faute, auquel cas il doit répondre de la perte. Mais s'il prouve qu'il n'y a aucun lien entre la perte et la faute ; que le gage eût péri alors même qu'il eût accompli à la lettre les conditions qui lui étaient posées, il ne doit plus absolument rien. Car la faute n'oblige pas par elle-même, il faut encore qu'elle cause un dommage.

Et c'est uniquement de ce dommage et de la faute qui l'a causé que va naître, contre le capitaine, *non pas une action en exécution du contrat de grosse*, mais une simple action en réparation du dommage causé par sa faute, en d'autres termes, une action en *dommages-intérêts*.

Les principes généraux suffisent, comme on le voit, à donner au porteur du billet de grosse cette action subsidiaire contre le capitaine, à laquelle le législateur allemand a consacré trois articles spéciaux.

Un seul point pourrait faire doute. Il est relatif à la situation du capitaine. Ce n'est pas un mandataire ordinaire. Le mandat dont il est revêtu est un mandat légal, et, comme nous l'avons démontré, un mandat nécessaire à plusieurs points de vue. D'un autre côté, la loi, dégageant son mandant, par le principe de l'abandon, de toute obligation personnelle, aurait pu craindre d'empirer ainsi la situation du capitaine. Ne résulte-t-il pas de la combinaison de ces deux principes une situation spéciale qui ne permet pas de traiter le capitaine comme un mandataire ordinaire ?

Sa responsabilité ne doit-elle pas se trouver réduite à ce qu'on a ingénieusement appelé une responsabilité *ès qualité* ?

C'est l'opinion de M. de Courcy, et il l'appuie de quelques arrêts qui ont tenu compte au capitaine des difficultés de sa tâche, et semblent, en effet, disposés à restreindre sa responsabilité (1).

Mais cette théorie ne s'appliquerait, dans la pensée même

(1) Voy. notamment deux arrêts de cassation des 14 mars 1871 et 2 avril 1878.

de l'auteur, qu'à la responsabilité encourue par le capitaine à l'occasion des faits des gens de l'équipage (art. 1384 du Code civil).

Quant à la responsabilité *de ses propres fautes*, on ne pouvait penser à l'en exempter, et si l'idée pouvait en venir à quelqu'un (1), l'art. 221 du Code de commerce est là pour couper court à toute discussion :

« Tout capitaine, maître ou patron, dit cet article, chargé « de la conduite d'un navire ou autre bâtiment, est garant de « ses fautes, même légères, dans l'exercice de ses fonctions. »

Les termes de cet article sont d'une clarté parfaite, et, comme le dit très justement M. Arthur Desjardins (2), «le capitaine est *garant* de ses fautes, cela signifie clairement que le capitaine est *personnellement responsable* de ses fautes. »

On voit qu'en France, aussi bien qu'en Allemagne, le prêteur à la grosse qui a expressément limité son risque n'est pas absolument désarmé par l'abandon de l'armateur. Si les conventions n'ont pas été respectées par le capitaine, ce dernier devient personnellement responsable des suites de sa faute, et comme l'action en dommages-intérêts qui en résulte, bien qu'insuffisante, le plus souvent, à indemniser le prêteur de la perte qu'il a subie, serait toujours ruineuse pour le capitaine, elle peut jouer le rôle de clause pénale et constituer à ce titre un frein sérieux à la mauvaise foi du capitaine.

Ces *conventions* ne sont donc pas tout à fait inutiles, et la loi allemande a pris soin d'en réserver *la faculté* au prêteur (3). On peut dire seulement qu'elles ont beaucoup moins d'importance et de force, privées qu'elles sont de leur sanction principale, à savoir, l'obligation personnelle de l'armateur (4).

---

(1) M. de Courcy soutient seulement que la *convention* par laquelle le capitaine chercherait à s'affranchir de la responsabilité de ses fautes légères n'est pas contraire à l'ordre public, et devrait être observée, — ce qui est une question tout autre et dont l'étude nous ferait sortir de notre sujet.

(2) T. II, n° 377, p. 254.

(3) « Le prêteur *peut exiger* que le contrat à la grosse contienne : « ... 5° la désignation du navire et du capitaine ; 6° le voyage pour lequel « le p êt a été fait (voyage à la grosse) » (Code de comm. d'Allem., art. 684).

(4) Les conventions de ce genre rentrent d'ailleurs bien moins dans la nature du prêt au capitaine que dans celle du vieux contrat de grosse. Ce dernier constituant, comme nous l'avons vu, *une sorte d'association*, il était tout naturel que celui qui y entrait désirât en connaître et même en fixer les conditions, la durée approximative et la direction du voyage dont il allait courir les chances. Il n'en est pas de même de celui qui avance les

Mais quant aux *dispositions de loi* destinées à tenir lieu de ces conventions, il faut aller plus loin et les déclarer, comme nous n'avons pas hésité à le faire, entièrement inapplicables au nouveau contrat de grosse.

Ces dispositions n'ont été édictées *qu'en vue du preneur à la grosse et de l'obligation personnelle qui naissait autrefois pour lui du manquement au contrat.* Cette obligation ayant disparu, ces articles n'ont pas de sens.

Il ne peut plus être question ici de la responsabilité du capitaine. Cette responsabilité n'existerait *que s'il y avait faute de sa part;* or, cette faute ne peut consister comme tout à l'heure à manquer à sa promesse, puisque les dispositions dont nous parlons impliquent son silence sur ce point. Il faudrait dès lors supposer une de ces fautes lourdes, qui obligent par elles-mêmes et en dehors de toute disposition spéciale.

Prenons pour exemple la disposition de l'art. 328 qui, dans le silence des conventions, dit que le temps des risques court, à l'égard du navire, *du jour où il a fait voile, jusqu'au jour où il est ancré ou amarré au port du lieu de sa destination.*

Supposons que le navire périsse avant d'avoir fait voile, ou après qu'il est ancré au port de sa destination. Est-ce que le capitaine en sera responsable? En principe, non certainement,

Il pourra l'être exceptionnellement s'il a péri par sa faute, et surtout par une faute lourde; mais, c'est une responsabilité exceptionnelle, qui n'a rien à faire avec la disposition de l'art. 328; et, comme la responsabilité personnelle de l'armateur qui naissait de cet article n'existe plus aujourd'hui, j'ai le droit de dire que c'est une disposition inutile. J'en dis autant des autres articles mentionnés plus haut.

Ce ne sont pas les seuls. Il est au moins un autre article du titre des contrats à la grosse dont la disposition est difficile à concilier avec l'absence d'obligation personnelle qui résulte de la faculté d'abandon, c'est l'art. 313.

Tout prêt à la grosse, dit cet article. *peut être négocié par la*

---

sommes nécessaires pour permettre au navire d'atteindre son port de destination. Pourvu que le capitaine *ne le trompe pas* sur la destination du voyage, le prêteur s'intéresse peu aux détails de la navigation.

Il est même à remarquer que la coutume relative aux destinations alternatives rend presque impossible aux capitaines de s'engager d'une façon tant soit peu précise en ce qui touche le voyage, et que la prudence les oblige à conserver sur ce point leur liberté presque entière.

voie de l'endossement, s'il est à ordre. En ce cas, la négociation de cet acte a LES MÊMES EFFETS *et* PRODUIT LES MÊMES ACTIONS EN GARANTIE QUE CELLE DES AUTRES EFFETS DE COMMERCE.

« Que signifie l'art. 313? demande M. de Courcy. L'endossement de l'acte d'un prêt fait au capitaine n'est qu'un mandat ou l'exécution d'un mandat. Il ne produit aucune action en garantie. Comme il n'y a pas de débiteur obligé, il n'y a pas davantage d'endosseurs garants, et l'acte n'est pas un effet de commerce (1). »

Cette opinion n'a pas été, du moins jusqu'ici, admise par la jurisprudence.

Elle a contre elle, encore, l'autorité de la loi belge du 21 août 1879, qui, bien que exclusivement consacrée à régir le prêt au capitaine, reproduit, dans son art. 162, la disposition de notre art. 313.

Cependant l'objection de M. de Courcy me touche vivement. Il y revient dans une autre partie de son travail, et il apporte à l'appui de son opinion des arguments difficiles à réfuter :
« En *fait*, dit-il, le porteur d'un contrat de prêt en cours de
« voyage signé par le capitaine est presque toujours, je dirais
« volontiers toujours, le prêteur lui-même, ou son mandataire.
« Ce n'est jamais un tiers porteur. En *droit*, bien qu'assuré-
« ment rien ne s'oppose à ce qu'un tel contrat soit vraiment
« l'objet d'une cession ou d'une négociation, il est absolument
« impossible que l'endossement produise les mêmes effets et
« les mêmes actions en garantie que celui des lettres de change.
« Il n'y a pas de tireur, il n'y a pas de tiré, il n'y a *pas d'obligé*
« *principal, et les endosseurs deviendraient des obligés?* Ce serait
« absurde, et il n'y aurait pas un négociant de bon sens qui
« consentît à endosser un contrat de grosse. Il ne serait pas
« moins absurde que le porteur retournât le titre après un pro-
« têt *en laissant s'échapper le gage*. L'art. 313 ne s'applique
« donc qu'aux contrats de l'ancien régime, où l'emprunteur
« était le propriétaire de la chose, personnellement obligé, et
« nous avons encore ici la démonstration de la nécessité de
« distinguer les deux sortes si différentes de contrats de
« grosse (2). »

Que répondre à cette critique?

(1) *Questions de droit mar.*, p. 30.
(2) *Questions de droit mar.*, p. 120 et 121.

Déjà la garantie de l'endosseur de l'ancien contrat de grosse était une garantie restreinte, puisqu'elle était nécessairement donnée *sous la condition résolutoire de la perte par fortune de mer*, qui libérait avec le débiteur principal tous les endosseurs ses garants. Mais la garantie de l'endosseur d'un contrat de grosse passé *avec le capitaine* ne serait-elle pas dérisoire, alors qu'elle ne pourrait être donnée que SOUS RÉSERVE DE LA FACULTÉ D'ABANDON?

Je crois donc, avec M. de Courcy, que la disposition de l'art. 313 se prête difficilement à l'application qu'on en veut faire au nouveau contrat de grosse.

Ce qui me paraît avoir induit en erreur la jurisprudence de nos tribunaux, et aussi le législateur belge, c'est la formule vicieuse de notre art. 216, reproduite par nos voisins dans l'art. 7 de leur nouvelle loi sur la marine marchande. Cette formule, comme on le sait, suppose une obligation de la part du propriétaire, d'où l'on a pu et dû conclure à une obligation de la part des endosseurs. Mais nous avons déjà montré que cet engagement, renfermant une condition potestative de la part du prétendu obligé, ne contient en réalité aucune obligation (1), d'où l'on peut et doit conclure à l'absence d'obligation de la part des endosseurs.

Et notre opinion se trouve d'ailleurs confirmée par l'étude de la loi allemande. Je vois bien dans cette loi qu'*à moins de stipulation contraire, le contrat à la grosse doit être, à la demande du prêteur, libellé à l'ordre du créancier ou à ordre tout court* (2). J'y vois bien encore que *le contrat de grosse à ordre peut être transféré par la voie de l'endossement* (3). Mais je n'y vois aucune disposition qui assimile la garantie résultant de cet endossement à celle qui résulte de l'endossement des effets de commerce. J'y vois au contraire que *l'exception que le capitaine n'était point fondé à conclure le prêt en général ou dans l'espèce est également recevable contre l'endosseur* (4), disposition qui s'accorde mal avec les principes qui régissent les effets de commerce (5).

(1) Conf Boistel, *Précis*, p. 1001.
(2) Code de comm. de 1867, art. 685.
(3) Code de comm., art. 687.
(4) *Ibid*.
(5) J'attache beaucoup plus d'importance à l'argument de M. de Courcy, tiré de l'absence d'obligation personnelle du débiteur principal, qu'à ce dernier document dans lequel on pourrait se borner à voir la reproduction

L'absence de disposition analogue au paragraphe final de notre art. 313 me paraît un progrès dû à la supériorité de la formule empruntée au moyen âge par le législateur allemand. En présence de ces termes : *L'armateur* (qui dans un contrat de grosse à ordre est *le débiteur principal) n'est point personnellement tenu,* il ne pouvait penser à rendre les endosseurs ses garants *personnellement tenus,* et devait ainsi éviter l'erreur dans laquelle est tombée la loi belge.

Pour être complet, nous devons mentionner encore deux autres articles du Code de commerce, dont l'application au prêt à la grosse en voyage souffre difficulté.

Cette difficulté ne vient pas, comme celle de tout à l'heure, de la faculté d'abandon et de l'absence d'obligation personnelle qui en résulte. Elle tient plutôt *au caractère essentiellement conservatoire* de la dépense faite par le prêteur.

Je veux parler des deux derniers articles de notre titre : les art. 330 et 331.

Commençons par le premier, au sujet duquel tout le monde est d'accord.

Aux termes de cet article : « S'il y a contrat à la grosse et « assurance sur le même navire ou sur le même chargement, « le produit des effets sauvés du naufrage est partagé entre le « prêteur à la grosse, pour son capital seulement, et l'assureur « pour les sommes assurées, au marc le franc de leur intérêt « respectif, sans préjudice des privilèges établis à l'art. 191. »

Cette disposition, très naturelle et très juste, appliquée à

---

d'une idée émise par Emérigon au sujet des polices d'assurance à *ordre,* et qui peut s'appliquer également aux billets à la grosse : « La comparaison, « dit cet auteur, des polices d'assurance avec les billets au porteur ou à « ordre, n'est pas absolue ; et l'ON N'A JAMAIS DOUTÉ *que les exceptions que* « *les assureurs étaient en droit d'opposer à l'assuré ne puissent être op-* « *posées au porteur de la police,* lequel, vis-à-vis des assureurs, est l'image « et le simple représentant de l'assuré ; pourvu toutefois que les exceptions « concernent l'assurance même. La police n'est papier négociable *que pour* « *l'exercice de l'action, et pour l'exaction des sommes assurées, et encore* « *pour exclure la compensation procédant de cause étrangère...* Le porteur « de la police négociable est à couvert de toute saisie de la part des créan- « ciers du cédant ; mais vis-à-vis des assureurs, il est soumis aux excep- « tions *qui dérivent du contrat »* (*Traité des assurances,* ch. 18, sect. 2, § 2 et 4). Malgré les termes très généraux de notre art. 313, il n'est pas douteux qu'on ne doive tenir compte de restrictions aussi nettement formulées par l'un des *auteurs les plus éclairés* dont se soit inspiré le rédacteur de la nouvelle disposition. V. l'exposé des motifs de M. Corvetto, n° 3 ; Locré, t. XVIII, p. 449.

l'ancien contrat de grosse, ne saurait s'appliquer au nouveau, sans le détruire à l'instant.

De même que, s'il y eût eu plusieurs assureurs, chacun d'eux serait venu en concours avec les autres sur le produit des effets sauvés, de même il était juste que le prêteur à la grosse, sorte d'assureur *sui generis*, vînt en concours avec l'assureur proprement dit.

Mais, appliquée au nouveau contrat, la disposition de l'art.331 ne se comprendrait plus du tout. D'une part, elle ruinerait le crédit maritime en détruisant le privilège qu'ont toujours exercé, de préférence aux assureurs de la marchandise, les prêteurs des sommes avancées au capitaine en cours de voyage. Et d'autre part, elle serait contraire aux principes du droit et à l'équité, car, ainsi que le dit très bien M. de Courcy, « quand dans un port de relâche un prêt est consenti au capitaine pour lui permettre de continuer son voyage, ce prêt est fait dans l'intérêt de la chose elle-même, de la chose tout entière, assurée ou non; *conséquemment, si elle est assurée, dans l'intérêt des assureurs*. Le prêteur n'a pas de débiteur personnel, il n'a que le gage. Du moins, il l'a tout entier, et en cas de naufrage il a tous les débris du gage (1). »

Et la pratique vient confirmer cette opinion, car l'auteur, mieux placé que personne pour le savoir, n'hésite pas à affirmer que *jamais*, à sa connaissance, les assureurs de la marchandise n'ont *seulement prétendu* à ce partage des produits des effets sauvés, si expressément écrit dans l'art. 331 (2).

D'ailleurs, l'art. 331 lui-même réserve expressément *les privilèges établis à l'art.* 191, et cette réserve, qui s'applique évidemment au prêt à la grosse en cours de voyage, met ce point hors de doute (3).

Il n'en est pas de même de l'art. 330. La question de savoir s'il doit être appliqué au prêteur en voyage a soulevé, au contraire, de vives discussions. Aux termes de cet article : « Les prêteurs à la grosse contribuent *à la décharge des emprunteurs* aux avaries *communes*. Les avaries *simples* sont aussi à la charge des prêteurs, *s'il n'y a convention contraire*. »

(1) *Questions de droit mar.*, p. 38.
(2) *Ibid.*
(3) Conf. Boistel, *Précis du cours de droit comm.*, sur le § 3 du titre *Des contrats à la grosse*, p. 1074.

On connaît l'interprétation donnée communément à cette disposition. On a voulu voir une opposition entre les deux paragraphes qu'elle contient. Et de ce que le dernier relatif aux avaries *simples*, qu'il met à la charge du prêteur, réserve expressément aux parties la faculté d'une stipulation contraire, on a voulu conclure, *à contrario*, que le premier paragraphe, qui met aussi à la charge du prêteur les avaries *communes*, sans réserver cette faculté, n'admet pas de convention contraire. Et pour expliquer cette prohibition, on a cru pouvoir invoquer une raison d'ordre public, difficile, pour ne pas dire impossible, à concilier avec la disposition de l'art. 409 qui autorise expressément dans l'assurance la clause *franc d'avaries*.

Quoi qu'il en soit, l'interprétation qu'on vient de voir a pour elle l'opinion commune.

Mais l'*art*. 330 *doit-il régir le prêt à la grosse fait au capitaine en voyage?*

On l'a pensé d'abord dans la pratique, et cette opinion, il faut le reconnaître, n'a pas contribué à simplifier le travail des arbitres répartiteurs.

D'ailleurs, la pratique elle-même n'a pas osé aller jusqu'au bout; elle ne s'est conformée aux dispositions de l'art. 330 qu'en ce qui touche les avaries communes. Pour les avaries particulières, la réduction lui a paru si injuste qu'elle n'a pas osé l'opérer.

Il est certain, en effet, qu'il n'est jamais venu à la pensée de personne de réduire la créance résultant d'une dépense conservatoire, parce que la chose conservée a subi postérieurement à la dépense une détérioration quelconque. Et le prêt en cours de voyage n'étant autre chose qu'une dépense conservatoire, il n'y a pas plus de raison de mettre *à la charge du prêteur* l'avarie arrivée à la chose conservée.

C'est ce qu'a compris le législateur belge de 1879, qui affranchit le prêt à la grosse *des avaries particulières* (1). Mais tombant dans la même inconséquence que la pratique française, il le fait contribuer *aux avaries communes survenues postérieurement au prêt, si l'acte n'exprime que le prêteur en est affranchi.*

Cette décision repose évidemment sur l'idée que le sacrifice

---

(1) Art. 167 de la loi du 21 août 1879.

destiné à conjurer un péril qui menace le navire ou les marchandises affectées au prêt à la grosse est *nécessairement* fait dans l'intérêt du prêteur. Mais précisément M. de Courcy a très clairement établi qu'à l'égard du prêteur en cours de voyage, cette idée n'était pas toujours exacte. En effet, dit cet auteur, « quand je suis porteur d'un contrat de grosse de « 50,000 francs sur un navire et sa cargaison d'huiles, de suifs, « d'indigos ou d'autres marchandises, d'un sauvetage facile, « mon gage représentant plusieurs centaines de mille francs, « quand le navire, aux approches du port de destination, est en « danger d'être jeté à la côte, je suis sans aucune inquiétude. « Je suis certain que les épaves de la cargaison suffiront plus « qu'amplement, après un naufrage, à me rembourser. Le « capitaine cependant, comme c'est son devoir, s'efforce de « conjurer le danger. Il coupe des mâts, il abandonne des an- « cres, il jette des marchandises à la mer, il réussit à entrer « au port. Dans quel intérêt? Ce n'est pas dans le mien. Si « l'on me réclame une contribution de 20 0/0 ou davantage, « on viole l'équité, on viole le bon sens en faisant ma situa- « tion pire que lorsque le navire a été jeté à la côte (1). »

C'est précisément le reproche qu'on peut adresser à la loi belge. Je sais bien qu'à la différence de notre art. 330, elle réserve la liberté d'une convention contraire, mais c'est là une faible ressource, parce qu'en fait, ainsi que l'expérience l'a révélé à M. de Courcy, ce n'est pas le prêteur qui rédige l'acte, préparé à la chancellerie du consulat *postérieurement à l'enchère*. Les consuls, ou plutôt leurs chanceliers ont dans leurs cartons des formules qu'ils imposent en les recopiant toujours. Et si l'on veut savoir jusqu'où peut être poussée la routine, il faut lire les détails si piquants donnés sur ce point par le savant praticien.

Aussi la loi belge nous paraît-elle avoir méconnu ce qui se passe dans la pratique, et le législateur allemand a été mieux inspiré, selon nous, dans la rédaction de l'art. 691 du Code de commerce : « Le prêteur à la grosse, dit cet article, *ne supporte ni les avaries grosses ni les avaries simples*. Il supporte néanmoins le dommage provenant de ce que, par suite d'avaries grosses ou d'avaries simples, *les objets engagés sont insuffisants pour le désintéresser*. »

(1) *Questions de droit mar.*, p. 109.

Nous venons de passer en revue la plupart des articles qui composent, au Code de 1807, le titre des contrats à la grosse, et nous nous sommes convaincu qu'ils n'avaient plus aujourd'hui d'application possible. Parmi ceux que nous avons négligés, parce que leur étude nous aurait fait sortir du cadre que nous nous étions tracé, quelques-uns, comme les art. 318 et 319, sont rejetés par toutes les législations modernes ; respectés en apparence devant les tribunaux, ils n'ont plus aucun effet réel, la pratique ayant trouvé le moyen de les tourner, à l'aide de polices dites *polices d'honneur* ; et depuis longtemps déjà, il est question de les abroger (1). D'autres, comme les articles 320, 321, 322, sont manifestement inapplicables au prêt à la grosse contracté par le capitaine en cours de voyage. Cette inapplicabilité, résultant des termes mêmes dont ils se servent, nous dispensait à leur égard de toute explication. D'autres ne sont que les accessoires d'articles que nous avons étudiés. Je citerai l'art. 314, accessoire de l'art. 313, et l'art. 327, accessoire de l'art. 330. L'accessoire, ici comme partout, doit suivre le sort du principal et disparaître avec lui. D'autres enfin, comme l'art. 315, n'ont jamais été bien utiles, tout en présentant quelque danger (1).

En résumé, le titre IX du livre II du Code de commerce est à refaire. Le contrat qui lui servait d'objet n'existe plus dans la pratique. La convention qui en tient lieu aujourd'hui diffère de la première en deux points essentiels. D'une part, *l'absence de toute obligation personnelle*, et, d'autre part, le *caractère conservatoire* de la dépense qui donne lieu au prêt, impriment à cette convention un caractère absolument propre qui répugne invinciblement à la réglementation minutieuse de l'ancien contrat de grosse.

Il est fâcheux que la coutume leur ait donné le même nom. Cette synonymie, jointe au maintien dans le Code de textes su-

---

(1) Il serait pourtant à désirer que le législateur n'obéît pas aveuglément sur ce point aux ardeurs de la pratique. L'oubli du principe en vertu duquel le contrat d'assurance est *nécessairement et essentiellement un contrat de simple indemnité*, entraînerait après lui des conséquences désastreuses. Il est contraire à l'ordre public de se créer un intérêt à la perte d'une chose assurée, et la loi qui permettra l'assurance du *fret à faire* et du *profit espéré des marchandises* ne saurait prendre trop de précautions pour prévenir les abus qui pourraient naître de cette faculté.

(1) Voy. les observations de Frémery, sur les contradictions qu'on peut établir entre les termes de cet article et ceux des art. 321 et 191-9. (*Études de droit commercial*, p. 258 et suiv.).

rannés, a longtemps porté la jurisprudence à les confondre, et, par suite, à vouloir plier le nouveau contrat aux règles faites pour l'ancien.

Malgré d'utiles avertissements, cette prétention n'est pas encore abandonnée. Le danger subsiste et donne lieu, nous venons de le voir, à de vives controverses.

Le plus sûr moyen d'y remédier serait d'abroger un titre de loi qui n'a plus de raison d'être. Livrée à elle-même, la coutume saurait retrouver, dans l'application du droit commun et des principes de l'équité, les limites naturelles de la liberté qui convient au commerce et peut seule assurer le crédit dont il a besoin.

TROISIÈME PARTIE

DE L'ACTION QUI NAIT DU PRÊT FAIT AU CAPITAINE DE NAVIRE

CHAPITRE PREMIER

NATURE DE L'ACTION

§ 1er. — *Caractère purement réel de l'action du prêteur.*

A. *Théorie.* — Au début de cette étude, après quelques recherches sur l'origine et la *nature* du droit conféré au prêteur en cours de voyage par la coutume maritime, nous avons constaté que l'engagement contracté par le capitaine donnait naissance à un droit *purement réel*.

Ce n'est pas l'armateur ni le chargeur qui sont obligés, c'est le navire ou la marchandise. C'est ce que fait entendre le législateur allemand, quand il appelle *créanciers du navire* (1) ceux qui ont prêté au capitaine, et qu'il déclare que les actions ci-après donnent ouverture *aux droits du créancier* SUR LE NAVIRE.

Si le droit du créancier est purement réel, *l'action* à laquelle va donner naissance l'exercice de ce droit sera, comme lui, *purement réelle.* Il n'en peut être autrement.

---

(1) Le titre X est intitulé : *Des créanciers du navire.*

Mais quel est donc le fondement de cette action réelle? Ce ne peut être un démembrement de la propriété; le capitaine n'a pas le droit d'*aliéner* le navire (1).

Ce n'est pas non plus, à proprement parler, un droit de *gage*. Nous avons reconnu, avec Frémery (2), que, à partir du moyen âge, le *contrat à la grosse* perdit le caractère *pignératif* que lui avaient attribué les Grecs et les Romains.

Que faut-il donc y voir? Un droit spécial, qualifié par les anciens auteurs de *privilège réel* et de quasi-propriété. « Ce « privilège, dit Emérigon, est réel et particulier sur la chose « qui y est affectée, elle dérive de *la quasi-propriété dévolue* « *au donneur*, lequel, en réclamant son paiement sur le navire « ou sur la cargaison, revendique la chose *qui déjà lui appar-* « *tenait en quelque sorte par la nature de son contrat*. Il avait « prêté au navire ou à la cargaison : *merci credidit;* il peut « donc s'adresser *directement à la chose même*, laquelle ne « saurait remplir l'engagement contracté, si elle est enclavée « dans une instance d'ordre... (3). » Et ce caractère *réel* de l'action du prêteur ou donneur est si évident, aux yeux d'Emé-rigon, qu'il n'hésite pas à en tirer cette conclusion remar-quable, à laquelle nous avons déjà fait allusion, que, dans la faillite du preneur, *les donneurs* peuvent exercer *le droit de distraction* (4).

Chose singulière, les Anglais, chez lesquels cependant le capitaine peut et même doit engager plutôt le crédit personnel que le crédit réel de l'armateur, ont parlé mieux que personne du droit spécial auquel ce dernier donne naissance.

On lit dans un excellent ouvrage (5) paru en 1876 : « Comme « les navires constituent une propriété d'une nature toute « particulière, et qu'ils sont destinés à rester pendant de longs « espaces de temps hors du contrôle de leurs propriétaires, la « loi maritime, dans certains cas, alloue aux personnes en « relation avec un navire *certains droits contre le navire lui-* « *même, sans aucun égard à ses propriétaires*. On appelle ces « droits *liens maritimes* (*maritime-liens*)... Le contrat à la

---

(1) Comm., art. 237.
(2) V. plus haut, première partie, ch. 2.
(3) *Traité des contrats à la grosse*, ch. 12, sect. 6.
(4) *Contrats à la grosse*, ch. 12, sect. 6.
(5) *The merchant shipping laws*, by A. C. Boyde, p. 417.

« grosse (*contract of bottomry*) donne un *lien maritime* sur le
« navire.

« Un lien de cette sorte ne transfère pas la propriété du
« navire, mais il constitue sur lui un droit ou privilège, lequel
« pourra sortir à effet à l'aide de la procédure légale... »

Et quelle est la procédure à laquelle va donner lieu le *lien
maritime?* C'est une procédure *in rem :* « Partout, en effet, où
« se manifestera l'existence d'un lien de cette sorte, la Cour
« de l'amirauté pourra lui donner force par une procédure *in
« rem* (*a proceeding in rem*). Et de même, dans tous les cas où
« la procédure *in rem* constitue la marche ordinaire, on peut
« affirmer l'existence d'un *lien maritime* (1). »

Voilà bien l'action réelle dont nous parlions tout à l'heure.

Il y a, je le reconnais, entre le *lien maritime* admis par la
coutume anglaise et le privilège accordé par la loi française
une différence capitale au point de vue de l'origine.

Le *lien maritime* ne naît pas de plein droit ; il ne résulte pas
nécessairement du contrat de prêt, mais du billet ou obligation
de grosse (*bond of bottomry*) (2). Nous savons, en effet, qu'aux
termes de la loi anglaise, le capitaine doit d'abord avoir recours
au crédit *personnel* de l'armateur, et ce n'est qu'au cas où ce
crédit ne paraîtrait pas suffisant au créancier qui fournit les
fonds, que celui-ci peut exiger, en outre, une obligation de
grosse destinée à n'avoir d'effet qu'à défaut d'acceptation ou
de paiement des lettres de change (3).

Au contraire, le privilège créé par la loi française naît *de
plein droit* du prêt fait au capitaine, et même, ainsi que nous
l'avons vu plus haut (4), il naît du prêt *simple* aussi bien que
du prêt *à la grosse.*

Le privilège n'en est pas moins un droit réel, un *privilège
réel,* comme parle Emérigon, donnant lieu, comme le *bond of
bottomry,* à une action purement réelle. A proprement parler,

(1) *Ibid.*
(2) Ce billet a beaucoup d'analogie avec un contrat d'hypothèque.
(3) L'action qui naît du billet de grosse est d'ailleurs purement réelle.
Le capitaine ne peut *sur ce billet* engager le crédit personnel de son armateur ; il ne peut le faire qu'au *moyen de lettres de change.* Quant au billet
de grosse, il ne doit engager que le navire et ne peut donner lieu qu'à l'action *in rem : The law forbids the creditor to have a direct remedy on the
bond itself against the owner as well as against the ship* (*The law relating
to shipmasters and seamen, by Joseph Kay,* p. 537).
(4) Deuxième partie, art. 1ᵉʳ, § 2. V. du reste l'art. 191-7ᵉ du Code de
comm.

ce n'est pas au capitaine, mais *au navire* ou *à la marchandise* que le créancier a prêté (*merci credidit*). C'est contre la marchandise ou contre le navire qu'il doit exercer son action, et s'il s'adresse au capitaine, cela tient à ce que ce dernier a, suivant une énergique expression, *les actions du navire.*

Cependant, je le reconnais, le créancier n'est pas strictement obligé de s'adresser au capitaine. Il a une action contre l'armateur, et la jurisprudence admet qu'il peut, à son choix, agir directement contre ce dernier, sans mettre en cause le capitaine, ou bien agir contre les deux à la fois (1).

Comment expliquer cette double action? Puisque c'est le capitaine qui a les actions du navire, comment le créancier du navire peut-il agir contre l'armateur? En quelle qualité ce dernier pourra-t-il être poursuivi?

A mon sens (et je vais essayer de confirmer ce point), il ne peut l'être qu'*en sa qualité de propriétaire du navire*, et, par conséquent, *de détenteur d'une chose affectée à la créance du prêteur*, et l'action qu'on a contre lui n'est autre qu'une action *en abandon* ou délaissement du navire qui a la plus grande analogie avec l'action en délaissement auquel est exposé le tiers détenteur de l'immeuble hypothéqué; de telle sorte que, si nous observions en France la rigueur des formules romaines, la sentence le condamnerait A FAIRE ABANDON, SI MIEUX IL N'AIME PAYER.

Je sais bien que, dans l'usage, on se sert d'une formule contraire, et que les tribunaux condamnent l'armateur *à payer*, *si mieux il n'aime faire abandon*, mais c'est par corruption qu'on parle ainsi, et il est arrivé ici ce qui est arrivé, du reste, au sujet de l'action en délaissement de l'immeuble hypothéqué, à savoir, qu'on a renversé la formule et qu'on a mis, suivant l'énergique expression d'un vieil auteur, *la charrue avant les bœufs.*

L'image est de Loyseau, et je veux laisser au lecteur le plaisir de l'entendre la justifier dans le naïf langage de son temps.

Après avoir établi, « avec tous les interprètes du droit, sans « aucun excepter, qui ont formé le libelle et conclusion de « cette action, qu'en icelle on ne peut conclure (selon la ri- « gueur du droit) à autre fin, sinon à ce que la chose soit dé-

______

(1) Trib. comm. de Nantes, 20 octobre 1864 (*J. de Nantes*, 65, 1, 35).

« clarée affectée et hypothéquée à la dette, et partant que le
« détenteur d'icelle soit condamné la délaisser par hypothè-
« que au créancier, » et que l'équité seule a fait admettre
« que comme le débiteur, ainsi le tiers détenteur peut se dé-
« charger de délaisser la chose *jure pignoris*, en payant la
« dette, » il ajoute :

« A cette occasion, aucuns ont été si scrupuleux qu'ils ont
« pensé qu'en formant la demande contre un tiers détempteur,
« il fallait réserver cette faculté que la loi luy donne, de
« s'exempter du délaissement en payant la dette, et partant
« qu'il fallait conclure conditionnellement contre luy, *à délais-*
« *ser la chose, si mieux n'aimait payer*, ou bien alternative-
« ment, *à délaisser ou à payer*... Et d'autant que l'expression
« de cette alternative ne pouvait nuire, on l'a non seulement
« tolérée, mais aussi accoutumée, et quasi requise comme
« nécessaire pour ce que chacun a voulu user de la forme la
« plus seure, et éviter toute difficulté... Mais encore, comme
« la pratique de la France a été conduite par gens qui igno-
« raient le droit, et qui ne sçavaient ny la source ny pareille-
« ment la forme de cette alternative, on a par succession de
« temps prépostéré et renversé les deux parties de cette alter-
« native, et on a conclu à ce que le détempteur fust condamné
« hypothécairement à payer la dette, ou à tout le moins à
« délaisser l'héritage par hypothèque, mettant, comme on l'a
« dit, la charrüe devant les bœufs, et par un ὕπερον πρότερον
« de grammaire, préposant ce qui est *en la simple faculté* à ce
« qui est simplement *en l'obligation*. Et encore cette erreur a
« passé plus outre en aucuns lieux, où seulement on conclut
« contre un tiers détempteur à payer hypothécairement, sans
« exprimer qu'il puisse quitter l'héritage, bien qu'on l'en-
« tende toujours... (1). »

Pothier n'est pas moins formel. « Observez, dit-il dans son
« *Traité de l'hypothèque*, que le paiement de la dette hypo-
« thécaire n'est, de la part du détenteur de l'héritage hypo-
« théqué, que *in facultate solutionis*, pour éviter le délais : il
« n'est pas *in obligatione;* car le tiers détenteur n'est point
« débiteur de cette dette; il ne l'a point contractée, ni suc-

____

(1) Loyseau, *Traité du déguerpissement et délaissement par hypothèque*,
sur l'art. 101 de la coutume de Paris.

« cédé ou participé aux obligations personnelles de ceux qui
« l'ont contractée. On ne laisse pas néanmoins de conclure
« souvent contre le tiers détenteur qu'il soit tenu de payer la
« dette hypothécaire, si mieux il n'aime délaisser, et de rendre
« des sentences conformes à ces conclusions; mais ces con-
« clusions et ces prononciations *ne sont pas exactes* dans l'élo-
« cution... Au reste, elles n'en sont pas moins valables; *et*
« *nonobstant le renversement d'ordre dans l'élocution, c'est le*
« *délais qui est considéré comme l'objet* et des conclusions et
« de la prononciation; *le paiement de la dette n'est* QU'UNE
« FACULTÉ *accordée au détenteur* POUR ÉVITER LE DÉLAIS... (1). »

Ainsi, bien que la coutume (2), en son vieux langage,
parlât de condamner le détenteur à *payer hypothécairement*,
bien que la loi moderne (3) le déclare tenu *de payer* ou *de
délaisser*, il ne s'agit pas, pour lui, d'une obligation alternative : payer *ou* délaisser, mais d'une obligation simple : *délaisser*, accompagnée d'une simple *faculté* de payer.

Il en est de même en ce qui touche le propriétaire du
navire. L'art. 216 du Code de commerce contient une formule
analogue à celle de l'art. 2168 du Code civil. Comme dans ce
dernier, l'ordre y est interverti. La loi parle d'abord de responsabilité du propriétaire, et, en second lieu, seulement de la
faculté qu'il a de s'en affranchir, en faisant abandon du navire.
Mais c'est là, nous l'avons vu, une forme vicieuse empruntée,
comme celle de tout à l'heure, à la pratique, et, d'ailleurs,
contraire au texte formel des vieux coutumiers (4), aussi bien
qu'à l'enseignement de nos grands jurisconsultes maritimes (5) et à l'esprit même de notre loi moderne (6).

(1) Nº 110. Conf. Delsol et Lescœur, *Explication élémentaire du Code
civil*, t. III, nº 1311.
(2) Art. 101 de la coutume de Paris.
(3) Art. 2168 du Code civil.
(4) *La personne ni les autres biens des quirataires* NE SONT PAS OBLIGÉS
(*Consulat de la mer*, ch. 33. *Domini... non intelligantur in aliquo obligati...*
(Statut de Gênes).
(5) « L'obligation des propriétaires, de garantir les faits du capitaine, est
réelle et non *personnelle*... (Dageville, t. II, p. 113). Et plus loin : « Le
« Code maritime... n'accorde que l'action réelle, il refuse l'action person-
« nelle » (*ibid.*, p. 117). Et encore: « Le chargeur ne peut exercer son droit
« que contre les choses seulement et non contre la personne du propriétaire ;
« donc, l'obligation est *réelle* et *non personnelle*, comme l'a très bien établi
« Emérigon » (*ibid.*, p. 129).
(6) Lors de la rédaction de l'art. 216, la commission avait ajouté : *Les
propriétaires sont débiteurs des sommes empruntées.* Le tribunal et le con-

En conséquence, nous ne nous attacherons pas au texte, encore moins à l'ordre des deux paragraphes, à cette succession de temps prépostérée, comme parle Pothier; nous ne craindrons pas de remettre la charrue à sa place, *derrière les bœufs, et, nonobstant le renversement d'ordre dans l'élocution de la loi*, nous dirons que c'est *l'abandon* du navire qui doit être considéré comme *l'objet de l'obligation*, et par conséquent de l'action, et nous ne verrons dans le paiement qu'une simple *faculté accordée au propriétaire* pour échapper à l'obligation de *l'abandon*.

On insistera peut-être, en se fondant sur les termes si formels de l'art. 216 du Code de commerce : « Tout propriétaire de navire... *est tenu des engagements contractés par ce dernier, pour ce qui est relatif au navire et à l'expédition.* » Il est facile de répondre que le texte de la coutume de Paris et celui de l'art. 2168 du Code civil ne sont pas moins formels dans le sens d'une obligation alternative existant à la charge du tiers détenteur. « Le tiers détenteur, dit ce dernier, est *tenu de « payer* tous les intérêts et capitaux exigibles, à quelque somme « qu'ils puissent monter, *ou* de délaisser l'immeuble hypothé- « qué sans aucune réserve. »

La loi romaine elle-même, si exacte d'ordinaire dans ses déductions analytiques, n'avait pas évité ce vice de forme. A la prendre à la lettre, le détenteur se serait trouvé vis-à-vis d'une obligation alternative, et des deux objets de cette obligation, le premier, le principal, paraissait être le paiement : *vel totum debitum solvat, vel quod detinet, cedat* (1).

Il n'en est pas moins certain, comme l'enseignent Pothier, Loyseau, *le docte praticien Favre et tous les interprètes* (2), que l'action qui compète contre le tiers détenteur est une

seil de commerce de Marseille observèrent « que les sommes prêtées durant « le cours du voyage ne devaient d'autres garanties que la valeur du na- « vire, des marchandises appartenant aux propriétaires et du fret acquis; « et que, puisque c'était là tout ce que le prêteur pouvait réclamer, il « fallait éviter qu'il ne se crût en droit de porter ses exécutions sur les au- « tres biens des propriétaires. » La commission supprima les mots qu'elle avait ajoutés : *Les propriétaires sont débiteurs des sommes empruntées* (Projet du Code de comm., l. II, t. IV, art. 180. Locré, sur l'art. 234).

(1) Conf. la loi 16, § 8, du titre *De pignoribus et hypothecis* au Dig. (l. 20, t. 1).

(2) Expressions de Loyseau, dans le passage auquel nous avons emprunté quelques citations.

action purement réelle, ayant pour *seul et unique objet* le délaissement, et que le paiement n'est indiqué qu'à titre de simple faculté.

Or, l'historique de l'art. 216 du Code de commerce ne diffère en rien de celui de l'art. 2168 du Code civil. Nous ne voyons donc aucune raison pour ne pas appliquer ici le conseil si sage du vieux juriste coutumier : « En toutes ces manières « de conclusion, il faut plus tôt aider à la lettre, et les pré« supposer telles qu'elles doivent estre, que s'arrêter à impu« gner et débattre la forme... ; car en France nous n'y regar« dons pas de si près, *ne jus in litterâ latere potiùs quam in* « *ratione consistere videatur* (1). »

Peut-être, enfin, opposera-t-on à notre théorie les principes du mandat qui rendent le mandant *personnellement* responsable des engagements pris par le mandataire. Le capitaine, pourra-t-on dire, n'étant autre chose que le mandataire de l'armateur, le droit commun suffit, en dehors de toute disposition particulière, pour rendre *personnels* au second les engagements pris par le premier.

Mais nous avons vu que le mandat du capitaine était un mandat spécial, *sui generis*, contraire même à ce principe de liberté qui est de l'essence du mandat ordinaire. Et précisément une des anomalies qui caractérisent ce mandat exorbitant consiste dans *la restriction de ses effets à l'affectation du navire ou de la marchandise*. D'où il résulte que l'armateur ou le chargeur est obligé, *non comme mandant*, mais en sa seule et unique qualité de *propriétaire d'une chose obligée*.

En veut-on une preuve frappante ? Qu'on suppose un armateur absolument opposé aux prêts à la grosse, et qui les aurait formellement interdits à son capitaine. Cet armateur sera-t-il responsable des prêts contractés au mépris de ses ordres formels ? Oui, répond la doctrine (2), il sera responsable, à moins qu'il ne puisse établir que les prêteurs connaissaient la prohibition, et se sont ainsi associés à sa violation.

Il le sera, nous le reconnaissons, mais à quel titre ? Est-ce

____

(1) Loyseau, *loc. cit.*
(2) Bédarrides, sur les art. 216 et 217, t. I, n° 278; Boulay-Paty, t. II, p. 74.

en sa qualité de mandant qu'il peut être tenu d'engagements pris *en violation même des termes du mandat* qu'il a donné!!

Et cette preuve n'est pas isolée. Nous pourrions, au contraire, en fournir une autre plus décisive encore, en plaçant sur deux têtes distinctes les deux qualités de propriétaire du navire et de mandant du capitaine.

Supposons que le propriétaire ait loué son navire désarmé. L'affréteur l'a armé; il a opéré le chargement, *choisi le capitaine* et composé l'équipage. Le navire revient de voyage, grevé d'emprunts contractés par le capitaine.

Quelle est la personne qui sera, au regard du prêteur, tenue de délaisser le navire ou de payer les dettes?

Sera-ce l'armateur affréteur? Non, c'est *le propriétaire*, qui, seul, en effet, peut faire un abandon effectif.

Ce point est constant aujourd'hui, en doctrine et en jurisprudence (1). C'est le propriétaire qui est responsable des faits et des engagements du capitaine.

Mais pourquoi est-il tenu? Est-ce comme *mandant?* Qui oserait le dire? Il n'a fait que fréter, c'est-à-dire *louer* son navire. Un autre l'a armé; un autre a choisi le capitaine et lui a donné ses instructions, lui a indiqué le caractère et les limites de son mandat. Le propriétaire n'a été *pour rien* dans ce choix et dans ces instructions. Et il serait tenu *en qualité de mandant!!*

C'est cependant ce que croit M. Bédarrides : « Le proprié- « taire, dit cet auteur, responsable de celui à qui il confie la « direction de son navire, doit, *à plus forte raison*, répondre « de celui qu'il se substitue momentanément dans ses droits à « la propriété et à la disposition de ce même navire (2). »

Je ne vois pas très bien, je l'avoue, la rigueur de cet *à for- tiori;* je n'aperçois pas davantage de *substitution de propriété* dans le fait de *louer* son navire.

M. Bédarrides veut-il dire que la responsabilité du proprié- taire de navire, au sujet des faits ou des engagements du capi- taine, est une charge, et qu'on ne peut, par des conventions particulières, échapper, du moins au regard des tiers, à une

(1) Cass., 18 et 19 mars 1878, D. P. 78, 1, 193; Demangeat sur Brav., IV, p. 158; Cresp., t. I, p. 607 et suiv.; Bédarrides, t. I, n° 279; Arthur Desjardins, t. II, n° 260, p. 14 et 15.
(2) *Loc. cit.*

charge légale, à une responsabilité que la loi vous impose?

Il a parfaitement raison, mais *en quelle qualité la loi lui impose-t-elle cette responsabilité?* Je dis que ce ne peut être en qualité de mandant, puisqu'il n'y a eu de sa part aucune apparence de mandat. C'est *en qualité de propriétaire.* En frétant le navire, il a bien pu céder momentanément quelques-unes des prérogatives de la propriété, mais aucune des charges qui lui incombent, et comme la responsabilité des engagements pris par le capitaine est *une de ces charges,* il en reste tenu.

M. Bédarrides lui-même avait d'ailleurs, quelques lignes plus haut, établi avec une netteté parfaite le principe sur lequel nous insistons : « La responsabilité du propriétaire, dans tous « les cas où elle est acquise, *repose sur ce fondement que ceux* « *qui ont directement ou indirectement traité avec le capitaine* « *agissant en sa qualité et dans les limites de ses attributions,* « *ont* RÉELLEMENT *traité* AVEC LE NAVIRE LUI-MÊME, qui est de- « venu le principal obligé (1). »

C'est donc le navire qui doit; qui du moins est le *principal* obligé. Et quel est l'obligé secondaire? C'est le propriétaire; il est tenu, la loi (2) le dit, mais en quelle qualité? Uniquement en sa qualité de propriétaire. Qu'il consente à dépouiller cette qualité, immédiatement il est dégagé, la loi le dit encore (3). De quoi donc est-il tenu? D'*abandonner le navire obligé* (voilà l'objet de l'action, laquelle est dès lors une action pure réelle), à moins qu'il ne préfère payer (c'est pour lui une faculté à laquelle personne ne peut le contraindre, ce n'est pas un second objet de l'obligation qui puisse la rendre alternative).

B. *Intérêt pratique.* — Peut-être s'étonnera-t-on du soin que nous avons mis à relever une erreur qui peut paraître n'avoir aucun intérêt pratique.

Qu'importe, pourra-t-on dire, qu'il s'agisse ici d'une obligation alternative ou d'une obligation simple, que l'abandon soit, pour parler le langage de l'école, *in obligatione* ou simplement *in facultate solutionis?*

Il importe beaucoup, et nous allons le montrer par un exemple.

(1) *Loc. cit.*
(2) Art. 216.
(3) *Ibid.,* deuxième alinéa.

Comme tous les commerçants, un armateur peut tomber en faillite. Acceptons l'hypothèse, et plaçons-nous dans les dix jours qui ont précédé la suspension de ses paiements.

Un de ses navires a péri : il avait été, au cours du voyage, grevé par le capitaine d'un emprunt à la grosse de 200,000 francs. Le créancier vient réclamer le paiement de cette somme.

L'armateur, qui se croit obligé en conscience de payer les dettes du navire, verse les 200,000 francs en espèces ou en effets de commerce. J'écarte de sa part toute pensée de fraude, et pour cela je me place *avant la suspension des paiements*. L'armateur pouvait très bien, à ce moment-là, ignorer le danger qui le menaçait, par exemple la chute d'une banque où il avait des capitaux considérables.

Le paiement du billet de grosse fait dans ces conditions est-il valable, ou tombe-t-il sous le coup de la condamnation prononcée par l'art. 446 du Code de commerce?

La réponse à cette question dépend de celle qu'on doit faire à la question que nous posions tout à l'heure.

Quelle est, en effet, l'opération déclarée nulle par le troisième paragraphe de l'art. 446, par cela seul qu'elle a été faite après la cessation des paiements ou dans les dix jours qui l'ont précédée?

Sans reproduire l'énumération des actes annulés par cette disposition, on peut les résumer dans un mot qui les comprend tous, c'est *la dation en paiement*.

En effet, bien que l'art. 446, se plaçant au point de vue des habitudes du commerce, ne condamne en propres termes, en ce qui touche les dettes échues, que *tous paiements faits autrement qu'en espèces ou effets de commerce*, on s'accorde à reconnaître que ce qui caractérise ou suppose la fraude, à ses yeux, c'est *une modification quelconque apportée à l'exécution du contrat*. Aussi, la cour de Lyon, dans un arrêt du 31 décembre 1847, a-t-elle déclaré valable, bien que n'ayant été fait ni en espèces ni en effets de commerce, le paiement de cuirs bruts opéré en cuirs œuvrés, *en exécution même du marché conclu entre les parties*.

Et réciproquement, « en certaines circonstances, disent « MM. Delamarre et Lepoitvin (1), un paiement conforme à

(1) T. VI, n° 149.

« la lettre de l'art. 446 devrait être déclaré nul, pour violation
« de cette loi. Par exemple, Salomon vend à Jacques cinquante
« barriques de vin de la dernière récolte. Convenu que le prix
« en sera payé en telles marchandises, à due concurrence, et
« à 10 pour 100 au-dessus du prix de la facture des vins. A
« l'échéance, un nouveau mode de paiement est consenti, en
« vertu duquel Jacques paie *en espèces ou effets de commerce.*
« On ne peut pas mieux se conformer au texte de la loi ; mais
« interrogez son esprit, son intention. Est-il impossible que ce
« paiement soit un prétexte, un moyen, une occasion de
« fraude? Nous ne dirons pas : Cela est frauduleux, mais nous
« dirons : Il n'est pas impossible que cela le soit : *In tali casu,*
« *intrat regula quòd ad removendas fraudes, idem judicandum*
« *est de potentiâ ad actum, quod de ipso actu* » (Casareg., Disc. 8,
n° 5).

Partons de ce principe et faisons-en l'application au règlement du prêt à la grosse fait par le propriétaire de navire, dans
la période suspecte.

Si, comme je crois l'avoir établi, l'objet simple, l'objet
unique de l'obligation du propriétaire vis-à-vis du prêteur, est
de délaisser le navire, de faire abandon de sa propriété, cet
abandon constituant dès lors l'objet même du paiement, *le
paiement juridique* (1), c'est le règlement en espèces ou effets
de commerce qui sera frappé de nullité, comme constituant
une *dation en paiement.*

Que si l'on s'en tient, au contraire, au texte de l'art. 216, le
propriétaire étant tenu personnellement, l'objet unique ou
principal de l'obligation ne pouvant être que le paiement en
espèces ou effets de commerce, ce paiement se trouvera régulier et inattaquable. Enfin, il en serait de même si l'obligation
du propriétaire de navire était *alternative*, puisque le vrai
paiement, même au sens le plus étroit du mot, consistant
alors soit dans le règlement en espèces ou effets de commerce,
soit dans l'abandon, *au choix du débiteur*, le versement qu'il a
cru devoir faire rentre dans son droit strict.

Certes, la solution dont je parle serait des plus favorables au
crédit maritime, et ce n'est pas à ce point de vue que je me

____

(1) « Dans le sens étroit, *payer*, c'est faire ou donner identiquement ce
qu'on a promis de donner ou de faire, *præstatio* ipsiusmet *quod debetur.* »
Delam. et Lepoitv., t. IV, n° 84.

place pour la combattre; mais ne comprend-on pas qu'elle sacrifie au prêteur du voyage tous les autres créanciers (1), et qu'elle facilite la fraude au point de la rendre presque inattaquable?

Sans doute, en dehors même de la théorie que nous venons d'exposer, le paiement fait au prêteur pourrait et devrait être annulé, *s'il était fait en fraude des droits des créanciers*. Ces derniers auraient, pour l'attaquer, la ressource de l'action Paulienne. Mais dans l'exercice de cette action, c'est au créancier à prouver la fraude, et dans bien des cas cette preuve pourra être difficile ou impossible à faire.

Il suffit, au contraire, de reconnaître que l'obligation du propriétaire de navire est une obligation simple, ayant pour unique objet l'abandon du navire, pour que le remboursement du prêt constitue une modification à l'exécution du contrat, une *dation en paiement*, et dès lors un de ces actes que la loi des faillites annule en dehors de toute fraude (*licet fraus desit*), par cela seul qu'ils sont faits *intrà dies proximos decoctioni*, en vertu du principe proclamé par Casaregis : *Statutum editum ad removendas fraudes, æqualiter considerat potentiam et actum.*

On voit qu'il n'est pas sans intérêt de remonter aux sources et de rétablir les vrais principes, et que des discussions qu'on peut prendre au premier abord pour de simples querelles de mots peuvent aboutir, en fin de compte, à sauvegarder de graves intérêts pratiques.

---

(1) Nous avons supposé un prêt de 200,000 fr. et la perte du navire. Dans ce cas, l'intérêt des créanciers de l'armateur failli à l'abandon est évident. Ils y eussent gagné 200,000 fr. On essaiera peut-être de combattre notre système, et pour en montrer les inconvénients, on se placera dans l'hypothèse où les créanciers auraient, au contraire, intérêt au remboursement du prêt. On peut supposer, par exemple, qu'un armateur, dans les dix jours qui précèdent la suspension de ses paiements, voit arriver un de ses navires, d'une valeur de 200,000 fr., grevé seulement en voyage d'un prêt de 10,000 fr. Dans cette hypothèse, dira-t-on, le remboursement du prêt de 10,000 fr. est évidemment préférable à l'abandon; et cependant si *l'abandon* est le seul objet de l'obligation de l'armateur, *præstatio ipiusmet quod debetur*, l'armateur va se trouver obligé de faire abandon d'un navire de 200,000 fr., pour se dégager d'un prêt de 10,000 fr.! — Je réponds que ce danger ne peut entrer en comparaison avec celui qu'eût présenté dans la première hypothèse le paiement des 200,000 fr. En effet, l'abandon, comme je le démontrerai, n'opérant pas translation de propriété, n'aura d'autre effet que de permettre au créancier de faire saisir et vendre le navire pour se faire payer sur son prix. Et, à supposer même que cette exécution fût inopportune, le syndic, dans l'intérêt de la masse, aura toujours le droit de l'arrêter en remboursant les 10,000 fr.

En résumé, le prêt contracté par le capitaine en voyage donne naissance à deux actions distinctes, toutes deux purement réelles, savoir : 1° l'action *contre le navire* ou, quoi que soit, contre le capitaine qui a les actions du navire, afin de réaliser le prix du navire et de se faire payer par préférence sur ce prix : action qui a la plus grande analogie avec l'action hypothécaire ; et 2° l'action *contre le propriétaire du navire,* laquelle n'est autre qu'une action *en abandon* ou en délaissement du navire, si mieux n'aime le propriétaire payer la dette à laquelle est affecté son navire : action qui a la plus grande analogie avec l'action en délaissement qui compète contre le tiers détenteur de l'immeuble hypothéqué.

§ 2. — *Indivisibilité de l'action.*

Le caractère purement réel de l'action du prêteur à la grosse en voyage, une fois reconnu, va nous aider à résoudre une question que nous avons déjà rencontrée (1), mais dont nous avons dû réserver la solution.

Supposons que le navire appartienne à plusieurs : *Le prêteur qui a contracté avec le capitaine a-t-il contre chacun des copropriétaires une action solidaire?*

Le doute n'était pas possible sous la loi romaine : *Si plures navem exerceant, cum quolibet eorum in solidum agi potest.* Et cette solidarité avait pour fondement une raison de crédit maritime : *Ne in plures adversarios adstringatur qui cum uno contraxerit* (2).

Valin (3), Emérigon (4) et Pothier (5) enseignaient sur ce point la doctrine romaine.

Après la loi de 1841, les jurisconsultes se sont divisés.

La plupart des auteurs modernes ont repoussé longtemps la solidarité.

(1) V. plus haut, première partie, ch. 2.
(2) L. 1, § 25, et L. 2, au Dig., *De exercit. act.*
(3) Si le navire appartient à plusieurs, tous sont tenus solidairement des faits du maître, t. I, p. 169.
(4) Les propriétaires du navire répondent solidairement de tout ce que fait leur capitaine dans le cours du voyage pour cause de la navigation (*Contrats à la grosse,* ch. 4, sect. 9).
(5) Il se fondait sur l'ordonnance de 1673, « qui déclare les associés de commerce obligés solidairement à toutes les dettes de leur société » (*Du contrat de charte-partie,* n° 50).

Ils se fondaient sur la disposition de l'art. 216, qui proportionne la responsabilité du capitaine copropriétaire, à raison de ses engagements relatifs au navire et à l'expédition, à sa part de propriété. « L'art. 216, dit l'un d'eux (1), considère donc « la dette résultant des faits du capitaine comme *essentiellement* « *divisible* entre tous les intéressés. Cela résulte et de l'admis- « sion de l'abandon partiel, et de la disposition textuelle au « sujet du capitaine copropriétaire. La conséquence logique « de cette divisibilité légale est l'exclusion de toute solidarité « entre copropriétaires... »

Pour M. Demangeat (2), cette conséquence est *évidente*. C'est encore l'avis de M. Alauzet (3).

Mais l'opinion de ces auteurs a trouvé récemment de redoutables adversaires.

M. Arthur Desjardins, particulièrement, a soutenu avec beaucoup de force la théorie de la solidarité.

L'argument tiré du dernier paragraphe de l'art. 216 lui paraît de nulle valeur « Qu'importe, répond-il, la limitation de « la responsabilité du capitaine copropriétaire *dans la propor-* « *tion de son intérêt?* La loi, en refusant au capitaine copro- « priétaire la faculté d'abandon, le laissait exposé à une res- « ponsabilité illimitée sur tous ses biens. C'est cette responsa- « bilité *in universum* qu'elle a voulu restreindre, ainsi qu'il « résulte expressément des travaux législatifs de 1841. Les « autres copropriétaires ont la faculté d'abandonner : leur si- « tuation est toute différente (4). » En conséquence, il propose le retour pur et simple à l'ancienne tradition.

Cette thèse a pour elle l'autorité de la Cour suprême. Dans de remarquables conclusions, développées devant elle, M. l'avocat général Bédarrides avait cherché à fonder, comme Pothier, cette solidarité sur le même principe que la solidarité qui incombe aux associés en nom collectif : « Remarquez, avait- « il dit, que, si la société en nom collectif se révèle en général, « au public, par un acte officiel, la collectivité des intérêts en « matière d'expédition maritime est gravée, pour ainsi dire, « dans l'acte de propriété et dans l'acte de francisation qui ac-

(1) Bédarrides, t. I, nº 299.
(2) Sur Bravard, t. IV, p. 100.
(3) Nº 1724.
(4) T. II, nº 270.

« compagnent partout le navire aux termes de l'art. 226 du
« Code comm. et manifestent ainsi aux yeux des tiers l'exis-
« tence de la société qui provoque leur confiance. Si tous les
« copropriétaires s'engageaient conjointement envers les tiers,
« un doute serait-il possible sur leur obligation solidaire? Evi-
« demment non, d'après les principes exposés ci-dessus. Eh
« bien! il n'y a pas plus de doutes à concevoir sur leur obliga-
« tion conjointe et solidaire quand ils ont confié leurs pou-
« voirs à un associé qui les représente. »

Par deux arrêts du 27 février 1877, la Cour de cassation s'est
approprié cette doctrine : « Attendu, disent les considérants,
« qu'il est de principe que, dans les sociétés de commerce, les
« associés sont tenus solidairement des dettes sociales, sauf les
« exceptions prévues par la loi; attendu *qu'il y a nécessaire-*
« *ment société de commerce entre les copropriétaires d'un navire*
« *qui l'emploient à la navigation maritime*, soit qu'ils l'aient armé
« eux-mêmes directement, soit qu'ils en aient confié l'arme-
« ment à un tiers qui les représente; que, par conséquent,
« dans l'un et l'autre cas, ils sont tenus solidairement des en-
« gagements pris par eux ou en leur nom, pour ce qui con-
« cerne le navire et son expédition (1). »

Si nous étions forcé de choisir entre ces deux opinions, de
déclarer solidaire ou non solidaire l'obligation des copropriétaires, nous inclinerions, comme M. Desjardins, à partager l'a-
vis de la Cour suprême. Il est conforme, d'une part, à la coutume commerciale en vertu de laquelle la solidarité se présume
contre les mandants d'un même préposé (2); et, d'autre part,
à l'intérêt maritime qui avait déjà frappé les Romains : *Ne in
plures adversarios adstringatur qui cum uno contraxerit.*

D'ailleurs, nous n'avons garde de méconnaître cet intérêt,
et la théorie que nous allons proposer le respecte pleinement,
puisqu'elle aboutit au même résultat pratique que le système
de la Cour de cassation. Mais le lecteur qui a bien voulu nous
suivre dans cette étude ne s'étonnera pas de nous voir repousser, à la fois, la doctrine de la Cour suprême et celle qui fait
de l'obligation des copropriétaires du navire envers le prêteur
du voyage une obligation essentiellement divisible.

---

(1) D. 77, 1, 218.
(2) Frémery, *Études de droit comm.*, ch. 3.

Après ce que nous avons établi, il doit bien pressentir que nous ne pouvons accepter les termes mêmes dans lesquels on pose la question.

En effet, pour que le lien juridique qui unit le prêteur aux copropriétaires du navire pût être solidaire ou non solidaire, il faudrait d'abord que ce lien constituât une *obligation* proprement dite, je veux dire une obligation *personnelle*. Or nous avons soutenu jusqu'ici que cette obligation n'était qu'apparente, et qu'en réalité il n'y avait entre le prêteur et les copropriétaires qu'un lien indirect, résultant de la propriété d'une chose engagée au prêt. Il n'y a donc pas d'obligation solidaire, puisqu'il n'y a pas d'obligation du tout.

Mais alors qu'y a-t-il? Nous venons de le voir : il y a un lien réel, donnant lieu à une action réelle, comme l'action hypothécaire ou l'action en délaissement, et qui sera, comme cette dernière, nécessairement *indivisible*.

Les Anglais, nous l'avons vu, n'hésitent pas à définir le prêt à la grosse : le fait d'hypothéquer le navire ou la marchandise (*the hypothecation of the ship or of the cargo*). Et, en effet, rien ne ressemble plus à une affectation hypothécaire que celle qui résulte du prêt à la grosse. Nous l'avons dit bien des fois, c'est le navire qui doit : *Le navire paie le tout,* dit le *Consulat de la mer* (1), et le navire formant un tout indivisible, chaque parcelle du navire est obligée pour le tout. C'est encore le *Consulat* qui le fait entendre en des termes qui n'admettent pas d'équivoque : Toute la masse *du navire doit payer l'emprunt* (2). De telle sorte qu'on peut très exactement dire du prêt à la grosse, ou simplement du *prêt fait au capitaine* (3), ce que Pothier dit du droit d'hypothèque, à savoir, qu'il « affecte au total « de la dette, non seulement le total de la chose (grevée), mais « chaque partie de cette chose, quelque petite qu'elle soit. Ce « droit est *totum in toto, et totum in qualibet parte* (4). »

L'action réelle qui résulte du prêt est donc, comme l'action hypothécaire ou en délaissement, essentiellement *indivisible*. Et, dès lors, le copropriétaire qui fait abandon de sa portion du

<hr>

(1) Ch. 72.

(2) Ch. 239

(3) Nous avons vu plus haut que tout prêt fait au capitaine de navire affecte le navire sans qu'il y ait lieu de distinguer s'il est *simple* ou *à la grosse.*

(4) Introd. au titre XX de la Coutume d'Orléans, n° 28.

navire est bien affranchi de toute obligation ; mais s'il en conserve une parcelle, il doit *toute* la dette, non parce que le capitaine a eu le pouvoir de l'obliger *pour le tout,* puisqu'il n'a pas pu l'obliger *du tout,* mais parce qu'il détient une partie de cette chose que le capitaine a pu obliger et a obligée en effet pour le tout *et in qualibet parte,* à savoir, le navire. Qu'il l'abandonne donc, s'il ne veut payer la totalité de la dette, *vel* TOTUM *debitum solvat, vel quod detinet cedat.*

C'est au surplus ce que décidait Emérigon : « Il suit de ces « principes que si les armateurs refusent de remplir *les enga-* « *gements* contractés par leur capitaine-géreur, ils doivent aban- « donner le navire et la cargaison (1). »

Il est vrai qu'au lieu de parler d'*indivisibilité,* Emérigon parle de *solidarité :* « Les propriétaires du navire répondent solidai- « rement... » Mais cette expression n'est chez lui qu'une ré- miniscence du droit romain et de l'action exercitoire. Il se croit obligé de l'expliquer aussitôt en des termes qui conviennent bien mieux à l'indivisibilité : « Mais cette action solidaire *ne* « *compète contre le propriétaire que jusqu'à concurrence de l'in-* « *térêt* qu'ils ont sur le corps du navire : de sorte que, si le na- « vire périt, ou qu'ils abdiquent leur intérêt, ils ne sont ga- « rants de rien. »

Evidemment, dans l'esprit de l'auteur, le résultat cherché n'est autre que celui qui ressort de l'indivisibilité de l'action. Mais quel embarras n'éprouve-t-il pas à le faire cadrer avec ce qu'on entend en droit par la solidarité ? Qu'est-ce qu'une action *soli-* *daire* qui ne compète contre quelqu'un *que jusqu'à concurrence de l'intérêt qu'il a dans un navire ?* Ces expressions ne jurent- elles pas entre elles, et si le grand jurisconsulte s'était souvent exprimé dans un style aussi obscur, eût-on jamais pensé à dire de lui qu'*il écrivait le droit dans la langue de Voltaire ?*

Il est facile d'ailleurs de s'expliquer, en dehors même de l'in- fluence des idées romaines, pourquoi le mot d'indivisibilité n'est pas venu le premier sous sa plume. Si nous l'avons nous- même adopté, ce n'est qu'après avoir constaté l'absence d'obli- gation personnelle et l'existence à sa place d'une action pure- ment réelle. Or, si, parmi les représentants de la doctrine, Emérigon a été le premier à découvrir l'absence d'obligation

____

(1) *Contrat à la grosse,* ch. 4, sect. 11, § 3.

personnelle, il n'y est pas arrivé du premier coup. Dans le chapitre auquel nous avons emprunté les citations qu'on vient de lire, il se borne à constater que « l'obligation où les pro- « priétaires sont de garantir les faits de leur capitaine est *plus* « *réelle que personnelle* (1). »

Il nous apprend même que peu d'années auparavant il avait soutenu (2) la validité de lettres de change tirées sur un sieur Pauquet, armateur, par son capitaine, et par conséquent le pouvoir, de la part de ce dernier, d'obliger *personnellement* son armateur. Mais plus tard, ramené par l'argumentation et l'au- torité du Parlement, il revient sur cette opinion; il répond lui- même à un sieur Jubellin, porteur d'une lettre de change, « que, « suivant notre jurisprudence actuelle, il n'avait *aucune action* « *personnelle* contre l'armateur, mais qu'il avait *une action réelle* « sur les effets de la cargaison (3)... »

Et cette jurisprudence, Emérigon ne la subit pas comme une nécessité plus ou moins heureuse; bien au contraire, il se l'ap- proprie, il l'appuie sur les termes de l'ordonnance et s'en fait, dans son bel ouvrage, le défenseur convaincu : *Pendant le cours du voyage,* disait l'ordonnance (art. 19, *Du capitaine*), le capi- taine *pourra,* pour les nécessités du bâtiment, *prendre deniers sur corps...* « Voilà tout, dit Emérigon. *Son pouvoir légal ne* « *s'étend pas au delà des limites du navire* dont il est maître, « c'est-à-dire administrateur. Il ne peut engager la fortune de « terre de ses armateurs qu'autant que ceux-ci y ont consenti « d'une manière spéciale (4). »

Et, quelques lignes plus bas, il ajoute : « Les armateurs, en « abandonnant le bâtiment et le fret, sont déchargés des obliga- « tions contractées par ce capitaine, *parce que son mandat était* « *circonscrit au fait de la navigation, sans s'étendre au delà* (5). »

Donc nulle obligation personnelle, simple action réelle, c'est bien là, comme on le voit, l'opinion définitive de celui qu'on a proclamé l'oracle du droit maritime. Et comme le navire, seul obligé, l'est évidemment *dans toutes ses parties,* l'action réelle qui le concerne est évidemment indivisible, de telle sorte

(1) Ch. 4, sect. 11, § 2.
(2) « M. Pazery écrivait pour Pauquet. *J'écrivais au contraire »* (*Ibid.,* p. 5, deuxième décision).
(3) *Ibid.,* quatrième décision.
(4) Ch. 4, sect. 11, § 2.
(5) *Ibid.,* § 3.

qu'on ne peut en conserver une parcelle sans être responsable de la dette tout entière.

Il faut bien reconnaître que ce résultat est tout à fait conforme à l'équité. Le prêteur, privé d'une action personnelle contre chacun des copropriétaires, doit au moins pouvoir exiger *du navire*, lorsqu'il existe encore, le remboursement intégral de ses impenses. Cette compensation lui est due sous peine de manquer à la justice la plus élémentaire et de ruiner le crédit des capitaines.

Cependant la plupart des législations étrangères (1) la lui refusent. Et, chose étrange, le peuple qui la lui accorde avec le plus d'énergie, est précisément celui chez lequel le prêteur y avait le moins de droit, puisque l'action personnelle lui est aussi accordée. Je veux parler des Anglais, qui disent, en parlant du *lien maritime :* « Ce lien dure autant que le navire, et « le prêteur du billet a le droit d'exiger que la *dernière planche* « du navire soit vendue à son profit (2). »

Parmi les législations qui repoussent l'indivisibilité ou la solidarité, nous n'avons pas cité le Code allemand, bien que les termes de l'art. 474 paraissent l'exclure formellement.

Nous devons expliquer au lecteur les motifs de cette omission, très volontaire de notre part.

Voici les propres termes de cet article : « Les coarmateurs, « quand ils sont obligés personnellement, ne sont tenus envers « les tiers qu'en proportion de leurs parts dans le navire... »

M. Desjardins en conclut qu'il n'y a pas de solidarité légale entre ces copropriétaires (3).

Cela est évident. Mais les termes de cet article sont-ils incompatibles avec l'indivisibilité de l'action réelle? En aucune façon.

On sait en effet que, dans le système de la loi allemande (art. 452), *l'armateur n'est pas tenu personnellement envers les tiers créanciers...* dans divers cas énumérés audit article, et notamment : 1° *quand la créance se fonde sur un acte que le capi-*

---

(1) En ce sens qu'elles repoussent la solidarité, sans parler d'indivisibilité. Voyez notamment les Codes hollandais (art. 337), portugais (art. 1352), finlandais (art. 28), argentin et chilien.

(2) *This lien continues as long as the ship exists at all, and the bond-holder may have the very last plank sold for his benefit (The shipping laws, by Boyd, p. 99).*

(3) T. II, n° 271.

taine a fait comme tel en vertu de ses attributions légales, et non en vertu d'une procuration spéciale..., ce qui est notre cas (1).

Aussi l'art. 474 ne déclare-t-il pas les armateurs responsables. Il se place seulement dans l'hypothèse où ils le seraient : QUAND *ils sont obligés personnellement*, et, dans ce cas, il divise les responsabilités personnelles de chacun d'eux proportionnellement à sa part.

Cela veut bien dire, évidemment, que la société qui résulte de la copropriété d'un navire n'implique pas, comme les sociétés commerciales ordinaires, la solidarité entre ses membres. Cela va bien directement contre la doctrine de notre Cour de cassation; et, par exemple, nous pourrons, je crois, en conclure qu'en Allemagne les copropriétaires ne sont tenus des engagements pris par *l'armateur-gérant* que dans la proportion de leur part dans le navire. Mais cela ne touche et ne peut toucher en rien à la question *d'indivisibilité de l'action réelle*, dans les cas où les copropriétaires *ne sont pas tenus personnellement*.

Et comme l'indivisibilité résulte pour nous de ce caractère réel de l'action, que la loi allemande a respecté plus qu'aucune autre, nous ne voyons aucune raison pour que la théorie exposée ci-dessus ne soit pas reçue en Allemagne aussi bien qu'en France.

CHAPITRE II

DURÉE DE L'ACTION

Un capitaine, au cours du voyage, emprunte à la grosse pour les nécessités du navire. Il affecte à ce prêt le navire même, mais, ce gage ne paraissant pas suffisant au prêteur, il est contraint d'engager en outre une partie de la cargaison : c'est un prêt à la grosse *sur facultés*.

Ce prêt sur facultés, de même que le prêt *sur corps*, ne donnera lieu qu'à une action purement réelle. C'est à la marchan-

______

(1) « Le *contrat à la grosse* est, au sens du présent Code, un emprunt
« fait par le capitaine, en cette qualité, en vertu des pouvoirs que le présent
« Code lui confère, moyennant une prime, avec engagement soit du navire,
« du fret et du chargement, soit d'un ou de plusieurs de ces objets, *et sous*
« *la condition que le créancier n'aura d'action que sur les objets engagés*
« et après seulement que le navire sera parvenu au lieu où doit se terminer
« le voyage pour lequel l'emprunt est contracté » (art. 680 du même Code).

dise que le créancier a prêté : *merci credidit*, c'est la marchandise qui doit, et non le propriétaire de la marchandise. Le Code de commerce est muet sur ce point, mais la tradition coutumière est constante dans ce sens (1).

Faut-il conclure, de ce caractère réel de l'action, qu'elle s'éteindra par le seul fait de la livraison de la marchandise grevée à l'affréteur ou à son consignataire, sans opposition de la part du prêteur ?

Caumont l'enseigne dans son Dictionnaire de droit maritime : « L'action en paiement d'un billet de grosse est, avant « tout, réelle ; *en conséquence, elle s'évanouit et le droit s'éteint,* « *à l'égard des chargeurs, quand la cargaison et le fret affectés* « *sont retirés et payés par le réceptionnaire* (Com. 234, 315, « 320 et 432. — Caen, 1867 ; Cass., 8 janv. 1866. M. 66, 2, « 115. — Aix, 1835). Mais elle continue d'exister réellement « contre le navire et le propriétaire du corps, qui ne peut « même faire abandon si, à l'arrivée, il a laissé le capitaine « délivrer aux destinataires les marchandises, gage de l'em- « prunt (Rennes, 16 juin 1860, M. 61, 1, 88 ; Conf. id., 15 mai « 1861. R. 61, 1, 81). »

La pensée exprimée dans le second paragraphe de ce passage me paraît exacte. L'armateur qui a sciemment laissé son capitaine se dénantir de la cargaison affectée au prêt à la grosse, a causé au prêteur un dommage dont il doit la réparation. Et, comme la cause de ce dommage est une faute qui lui est propre, il ne peut s'affranchir de ses conséquences au moyen de l'abandon. Je ferai seulement observer que, le plus souvent, le fait de la livraison constituera une faute personnelle au capitaine et ignorée de l'armateur qui, dès lors, pourra s'affranchir par l'abandon de la responsabilité de cette faute (2).

Mais j'appelle l'attention du lecteur d'une manière toute

---

(1) « ... Si le capitaine est non seulement le naviculaire, mais en même « temps le subrécargue ou le gérant de la cargaison du propriétaire, les « engagements du capitaine, relatifs à cette gestion, donnent aux tiers « *l'action réelle*, mais limitée à ladite cargaison »(Dageville, sur l'art. 216, p. 131).— Voyez surtout Émérigon, *Contrat à la grosse*, ch. 4, sect. 11, § 3.

(2) Alors même que la livraison sera faite *au lieu de la demeure*. L'article 232 du Code de commerce apporte bien une exception à la règle de l'art. 216, en ce qui touche les *engagements* pris par le capitaine au lieu de la demeure. Mais cette exception ne s'étend pas aux *faits* du capitaine. Et la livraison d'une marchandise ne constituant pas un *engagement*, mais un simple fait, reste, comme ces derniers, sous l'empire de l'art. 216.

spéciale sur le principe exposé dans les premières lignes du passage que je viens de citer.

Dire que l'action du créancier s'éteint par le seul fait du débarquement et de la livraison des marchandises sans opposition, c'est réduire son droit à un simple *droit de rétention.*

La question peut donc se poser ainsi : *Faut-il se borner à voir dans le droit du prêteur un* SIMPLE DROIT DE RÉTENTION, *ou lui reconnaître un droit spécial* SUI GENERIS, *une sorte de* QUASI-PROPRIÉTÉ *qui lui permette de revendiquer l'objet, même débarqué et livré au propriétaire?*

Les décisions sur ce point sont fort rares. Du moins, n'ai-je su en trouver que deux dans les recueils. Et les deux arrêts intervenus paraissent incliner vers le simple droit de rétention.

M. de Courcy, qui n'a connu que le dernier, proteste contre cette solution. Il compare la situation du créancier privé de la marchandise grevée à celle d'un sauveteur auquel on aurait nuitamment enlevé l'épave qui lui sert de gage, et demande ce qu'on déciderait en pareil cas : « Il faut être conséquent, « dit-il, il faut qu'un tribunal français se résigne à juger que « cette manœuvre frauduleuse atteint son but, et que les sau- « veteurs, n'ayant plus de gage, n'auront plus d'action (1). »

La comparaison n'est pas absolument juste. Il ne s'agit, dans aucune des deux espèces soumises aux tribunaux, de sous-traction frauduleuse, ni même de livraison précipitée et surtout clandestine. Dans l'une et l'autre affaire, il y avait eu, au contraire, négligence réelle de la part du porteur du billet de grosse. Je lis même, dans l'arrêt de Caen qui a scandalisé M. de Courcy, ce grave considérant : « Qu'enfin la morosité *pendant quatre années,* du prêteur à la grosse, vis-à-vis de Courcier, *fait planer sur la légitimité de la demande du premier les plus légitimes soupçons...* »

Sans aller jusqu'à présumer la fraude, la cour d'Aix, dans son arrêt du 23 février 1835, avait vu, dans les retards apportés à la réclamation, une *renonciation* du porteur au privilège dont il est investi : « Considérant, dit l'arrêt, que, par le déchargement de la cargaison *et tous les actes qui ont eu lieu postérieurement,* il (le prêteur) *paraît avoir renoncé de lui-même à son*

____

(1) *Quest. de droit maritime,* première série, p. 101.

privilège, en tant que l'emprunt à la grosse aurait été légalement fait... » On voit qu'il y a loin de là à la soustraction frauduleuse d'une épave pendant la nuit, et que les mêmes juges pourraient, sans manquer de logique, condamner le voleur de l'épave à sa restitution.

Mais à côté des considérants de fait qui expliquent ces deux décisions et en justifient peut-être le dispositif, il y a des considérants de droit difficiles à accepter et qui pourraient les rendre dangereuses à titre de précédents.

Je lis, par exemple, dans l'arrêt de la cour d'Aix, « que le « prêteur à la grosse sur marchandises qui ne se présente qu'a- « près son déchargement pour la revendiquer, a à s'imputer « sa propre négligence de ne l'avoir pas retenue en gage jus- « qu'à due concurrence, conformément à l'art. 234 du Code « de commerce. »

Cette proposition est conçue en termes beaucoup trop généraux. Il pourra y avoir négligence de la part du porteur du billet de grosse qui se présente après le déchargement, auquel cas les tribunaux auront à apprécier les conséquences juridiques de cette faute. Ils décideront s'il faut y voir, comme l'a vu l'arrêt dont nous parlons, une renonciation implicite du prêteur à son privilège. Je serais plutôt porté à rechercher si la négligence du porteur n'a pas fait perdre au propriétaire de la marchandise affectée à la grosse dans l'intérêt du navire le recours qu'il aurait eu contre l'armateur, si, après avoir payé le prêt à la grosse, il eût pu exercer immédiatement ce recours.

Mais il se peut très bien que le retard ne soit pas imputable au porteur du billet de grosse, et c'est ce qui arrivera le plus souvent, aujourd'hui, avec les voyages à destination douteuse. Le porteur du billet de grosse sera probablement le dernier à connaître cette destination. Supposons qu'il se présente *dès qu'il a pu la connaître*, et que la marchandise soit déjà livrée.

La question se pose alors nettement : le droit du porteur du billet de grosse n'est-il qu'un simple droit de rétention ? Il est perdu, sauf le recours contre le capitaine qui n'aurait pas dû livrer le gage.

Le droit du porteur constitue-t-il, au contraire, une véritable *affectation réelle*? Il peut en réclamer le délaissement ou exercer son privilège sur le prix tant qu'elle n'a pas passé entre les mains d'un *tiers* de bonne foi.

L'arrêt de la cour de Caen, du 15 janvier 1867, ne parle pas de droit de rétention et semble admettre, en principe, notre seconde proposition. Mais il veut faire du propriétaire de la marchandise un *tiers* vis-à-vis du prêteur, et un tiers qui n'a pas besoin d'être de bonne foi, ou, si l'on aime mieux, qui le sera nécessairement, parce que la marchandise dont il prend possession lui appartient, et que la dette dont elle est grevée ne lui est pas personnelle.

Pour justifier cette théorie un peu étrange, la cour de Caen se jette dans une suite de considérants qui forment, aux yeux de M. de Courcy, *la plus bizarre et la plus frivole des argumentations*, et qui trahissent, en effet, une inexpérience complète des affaires maritimes.

« Attendu, *en droit*, dit l'arrêt de 1867, qu'aux termes de
« l'art. 1165 du Code Nap., les conventions n'ont d'effet
« qu'entre les parties contractantes et que si les nécessités de
« la navigation autorisent dans certains cas... le capitaine d'un
« navire à contracter un emprunt à la grosse, et à affecter à la
« garantie de cet emprunt le chargement... cette affectation
« toute réelle ne fait peser sur le propriétaire des marchan-
« dises aucune obligation personnelle ; que sa situation est
« exactement la même que celle d'un propriétaire d'effets mo-
« biliers, contre lequel un tiers invoque le principe établi dans
« l'art. 2279 du C. N. : qu'en fait de meubles possession vaut
« titre ;

« Que les art. 234 et 315 précités ne sont que l'application
« de cette maxime au droit maritime ; que dès lors le capitaine
« ayant en sa possession le chargement *est présumé, au respect*
« *du prêteur à la grosse, en être propriétaire*, et qu'à ce titre il
« peut la mettre en gage ; mais que lorsqu'il a perdu cette pos-
« session par la remise des marchandises au propriétaire,
« celui-ci, rentré en possession de la chose, n'est pas tenu au
« remboursement d'un emprunt *auquel il n'a été ni partie, ni*
« *représenté ;*

« Attendu, en effet, *que le capitaine n'est pas le mandataire*
« *des chargeurs ou affréteurs...* etc. » La suite des considérants est consacrée à établir ce défaut de mandat entre le capitaine et les chargeurs, et l'absence de textes soumettant le chargeur à une obligation personnelle envers le prêteur à la grosse.

Nous nous garderons bien de contester ce dernier point.

Nous qui ne voyons point d'obligation personnelle entre l'armateur et le prêteur à la grosse, nous n'allons pas soutenir que cette obligation existe entre le chargeur et le même prêteur.

Entendons-nous bien cependant. En admettant que la chose soit *légitimement* grevée d'un prêt à la grosse, celui *qui la reçoit* et en prend livraison, *fût-ce son propriétaire*, s'engage par là même et *personnellement* à rembourser le prêt. Il doit *payer* le créancier *ou abandonner* la chose grevée. La seule question est donc de savoir si le prêt à la grosse a été légitimement contracté. Mais ce point est hors de doute. L'art. 234 est formel : il autorise expressément le capitaine à mettre en gage, à vendre même des marchandises ; et , bien qu'il ne parle pas de l'affectation qui résulte du prêt à la grosse, l'ancienne et la nouvelle jurisprudence s'accordent à le lui permettre en vertu d'un *à fortiori* évident.

Que fait alors l'arrêt? Il imagine d'expliquer cette autorisation de la manière la plus étrange. C'est en vertu de la maxime : *En fait de meubles possession vaut titre*, que le capitaine va pouvoir affecter à la grosse les objets de son chargement, car, en vertu de ce principe, il en est *présumé propriétaire* vis-à-vis du prêteur. « Assurément, répond spirituellement M. de « Courcy, les prêteurs seront fort étonnés d'apprendre que, « pour eux , le capitaine est présumé propriétaire de la car- « gaison qu'il transporte à fret, alors qu'il est notoire et cer- « tain que ce n'est jamais vrai. Je ne vois pas bien ce qu'ils « gagneront à cette fiction, puisque , aussitôt la cargaison dé- « barquée, la fiction s'envole, et l'arrêt refuse toute action « *personnelle* contre le propriétaire qui a enlevé le gage (1). »

Ils y gagneraient quelque chose, en effet, s'il s'agissait, comme le dit l'arrêt, d'une marchandise *mise en gage*, et laissée entre les mains du créancier ou d'un tiers qui la détiendrait pour lui, et pourrait exercer, en son nom, le droit de rétention. Mais, d'une part, nous avons établi que le contrat à la grosse moderne ne constitue pas un véritable gage, et, d'autre part, il est impossible, avec la doctrine de l'arrêt, de voir, dans le capitaine, un *tiers* chargé de détenir pour le prêteur, puisque le capitaine est *présumé propriétaire au respect du prêteur*. S'il est présumé propriétaire de la marchandise, il est nécessaire-

____

(1) *Quest. de droit maritime*, première série, p. 105.

ment présumé *débiteur* du prêt à la grosse auquel il affecte cette marchandise, et ne peut dès lors jouer le rôle de *tiers* chargé de la détenir pour le prêteur.

On voit quel serait le résultat de la fiction du capitaine propriétaire au regard du prêteur. Elle aboutit, en réalité, à détruire toutes les sûretés dont la coutume a cru devoir entourer le prêt à la grosse.

La cour de Caen n'est pourtant pas la seule qui ait déclaré le prêteur à la grosse déchu de son droit réel sur la marchandise affectée par le seul fait de la livraison de cette marchandise entre les mains de son propriétaire. Il y a encore, dans ce sens, un jugement du tribunal de Marseille, du 15 janvier 1862. On peut même dire que c'est la jurisprudence de la cour d'Aix, puisque le jugement dont je viens de parler a été confirmé par elle, à la date du 18 juillet suivant, par simple adoption de motifs.

La décision dont je parle ne se perd point, comme la précédente, dans des fictions imaginaires. Elle prend les faits tels qu'ils sont, et le capitaine comme quelqu'un qui détient la marchandise pour le compte de tous les intéressés; mais se fondant : 1° sur le fait que le prêt était fait *dans l'intérêt de l'armateur seul*, et 2° sur le principe que le droit de suite n'existe pas sur les marchandises, elle en déduit, avec une grande apparence de force, que la livraison de la marchandise éteint les droits du prêteur.

Ce jugement, résumant à merveille les principaux arguments qu'on peut faire valoir à l'appui de sa thèse, je crois devoir donner IN EXTENSO les considérants qui traitent la question de droit :

« Attendu, à l'égard du réceptionnaire de la cargaison, que
« le billet de grosse, d'après ses causes, était *dû par l'armateur*
« *seul;*

« Que la cargaison en répondait *seulement par l'effet du droit*
« *réel* et privilégié dont l'avait grevée le capitaine ou le vice-
« consul à sa place, pour des dettes ne concernant que le na-
« vire;

« Que l'action du porteur du billet de grosse contre le ré-
« ceptionnaire s'est trouvée, par suite, *attachée à ce droit réel*
« *pour s'éteindre avec lui;*

« Attendu que les droits réels ont, comme conséquence et

« comme condition, un droit de suite sur les choses affectées ;

« *qu'il n'y a pas de droit de suite sur les marchandises que ne*
« *détient pas le créancier par lui-même ou par un représentant*;

« Qu'ainsi le droit réel du gagiste ou du commissionnaire
« s'éteint par la dépossession ;

« Qu'un article du Code de commerce a étendu le droit réel
« du fret à une quinzaine après la délivrance des marchandises,
« pourvu qu'elles n'aient pas été en mains tierces ;

« Que lorsqu'une marchandise chargée sur un navire a été
« grevée d'un contrat à la grosse, le capitaine, tant qu'elle est
« sur le bâtiment, la détient pour compte de tous les intéres-
« sés ; mais que, lorsqu'elle vient à être débarquée, le créan-
« cier du billet, par application des principes qui régissent les
« droits réels sur marchandises, perd celui attaché à son titre,
« *en laissant passer la marchandise affectée à ce droit dans les*
« *mains du propriétaire ou du commissionnaire qui la reçoit*
« *pour en disposer.....* »

En lisant dans le Dictionnaire de M. Caumont, qui paraît l'approuver, le sommaire de ce jugement, on est porté à croire
que cette doctrine peut s'autoriser de la Cour suprême, car
l'auteur cite à l'appui, outre l'arrêt de Caen de 1867 et l'arrêt
d'Aix de 1835, *un arrêt de la Cour de cassation du 8 janvier*
1866.

Il n'en est rien, cependant, et je me fais un devoir de pré-
munir contre cette erreur ceux qui ont l'habitude de consulter
ce savant ouvrage. L'arrêt auquel il est fait allusion, bien qu'il
soit intervenu dans l'affaire même qui faisait l'objet du jugement de Marseille, réserve expressément la question : « At-
« tendu, y est-il dit, *sans qu'il y ait lieu d'examiner, dans les*
« *faits de la cause et d'après la nature du privilège, quelle était*
« *l'étendue des droits du porteur du billet de grosse contre le con-*
« *signataire de la marchandise affectée*, que, suivant l'arrêt
« attaqué, l'extinction de l'action du billet de grosse résulte
« encore *d'un autre motif* sur lequel il s'appuie... Attendu qu'en
« statuant ainsi, *par appréciation des faits*, et en faisant *résulter*
« *l'extinction des droits du porteur du billet de grosse sur la*
« *marchandise affectée au prêt, de l'extinction de la dette elle-*
« *même et de l'action principale contre l'emprunteur*, l'arrêt
« attaqué n'a fait *qu'appliquer les conséquences légales de l'ex-*
« *tinction principale* et n'a violé aucune loi, Rejette. »

Les termes de cet arrêt sont d'une clarté parfaite. La Cour de cassation, tout en rejetant le pourvoi, écarte absolument la thèse de droit qui nous occupe et refuse formellement d'en endosser la responsabilité.

En examinant cette thèse, nous ne risquons donc pas de nous heurter à son autorité suprême. C'est bien assez pour nous d'avoir à combattre un jugement dont les motifs fortement déduits et remarquablement rédigés ont été jugés dignes de figurer *in extenso* aux archives de la cour d'Aix.

Je n'hésite cependant pas à le faire, persuadé que la doctrine qu'ils contiennent est contraire à la fois aux principes du droit et à l'intérêt du commerce.

Par l'intérêt du commerce, j'entends même celui des chargeurs ou propriétaires de la cargaison, tout aussi intéressés que l'armateur lui-même à ce que le navire avarié trouve un prêteur qui lui permette de reprendre la mer et d'arriver à sa destination.

Je sais bien que les chargeurs prétendent le contraire et que des jurisconsultes ont soutenu, en leur nom, que l'intérêt du commerce réclamait l'extinction des droits du prêteur sur la marchandise livrée au réceptionnaire.

On trouve dans le Recueil de Marseille (1) une consultation en ce sens signée de MM. Lecourt, Alex. Paul, Nègre et Emérigon (2) :

« Un tribunal éclairé, dit cette consultation, comprendra combien une décision favorable au porteur du billet de grosse serait contraire aux intérêts du commerce. Il importe, en effet, que le sort des propriétés commerciales ne soit pas incertain un seul instant. Un négociant reçoit une consignation pour compte d'ami ; il la reçoit purement et simplement et sans aucune opposition. Dès lors, il en dispose, d'après les instructions et les ordres du propriétaire. Faudra-t-il que, lorsque des transactions importantes auront été liées sur la foi d'une semblable consignation, elles puissent être menacées par des prétentions non manifestées en temps utile ? Le bon sens commercial dit que cela ne peut pas être, et la loi, qui n'est que la consécration de l'équité naturelle, le dit aussi. »

_____

(1) *J. de Mars.*, 1836, 1. 283.
(2) Il ne s'agit pas de l'illustre auteur des *Traités des assurances* et du *Contrat à la grosse*, la consultation dont nous parlons datant de 1836.

Les auteurs de cette savante consultation sont tombés dans l'exagération d'un principe excellent en soi. Oui, le négoce ignore le repos; il en est la négation même, ainsi que son nom l'indique. *Negotium*, dit Scaccia, *id est sine otio, quasi negans otium*. Mais il vit de confiance et de crédit, au moins autant que d'activité. Et si, sous prétexte d'éviter que le sort d'une propriété commerciale ne soit incertain *un seul instant*, on refuse de rien écouter, de rien éclaircir, et l'on sacrifie les droits certains d'un créancier absent, ce n'est pas seulement la justice qui sera blessée, c'est le crédit même du commerce et par conséquent son intérêt, qui ne tardera pas à en souffrir.

Que parle-t-on, d'ailleurs, d'*incertitude de la propriété?* A-t-on jamais prétendu que le porteur du billet de grosse pût, en vertu de son droit réel, aller revendiquer la marchandise *entre les mains d'un acquéreur de bonne foi?* Non, personne n'ignore *que les meubles n'ont pas de suite par hypothèque* et qu'à leur égard la possession équivaut au titre (1). On soutient seulement que le consignataire, tenu d'*abandonner* la marchandise *ou* de *payer* la dette à laquelle elle a été légitimement affectée, n'a pu, par son propre fait ou par un acte de sa volonté, échapper à cette obligation, et que, s'étant mis par l'aliénation de l'objet grevé dans l'impossibilité d'en faire l'abandon, il en doit *la valeur*.

En réalité, il ne s'agit donc que du consignataire. Et quant à ce dernier, lui était-il si difficile de s'éclairer sur la situation légale de la marchandise qu'on lui délivre? Ne pouvait-il interroger le capitaine? Ou plutôt, est-il admissible qu'il l'ignore tout à fait lui-même?

Ce n'est pas l'avis de M. de Courcy, mieux au fait que personne de l'usage des ports de mer : « Il est à remarquer, dit « cet auteur, que celui qui attend une cargaison *ne peut pas* « *raisonnablement ignorer qu'elle est affectée à un emprunt à la* « *grosse*; la longueur seule de la traversée l'avertit qu'il y a « dû y avoir relâche, et il a intérêt à s'en enquérir. Les feuilles « maritimes rendent notoires tous les événements de ce genre ; « au besoin le rapport du capitaine et les papiers du navire « l'instruisent au moment de l'arrivée. Si, profitant de ce que « le porteur ne se présente pas, il se hâte de travailler de jour

____
(1) Art. 2279 du Code civil.

« et de nuit au débarquement pour enlever et faire disparaître
« le gage, il commet un acte déloyal, dont aucun négociant
« qui se respecte ne voudrait se rendre coupable. Et une pa-
« reille manœuvre, que j'appellerais volontiers frauduleuse,
« que je trouve voisine de l'escroquerie, pourrait, non seule-
« ment rester impunie, mais éteindre les droits des prê-
« teurs (1)... »

On voit que l'excuse, tirée de l'ignorance et de la bonne foi,
dont se prévaut le consignataire, n'est pas bien sérieuse et qu'à
moins d'un mensonge de la part de l'armateur ou du capitaine,
il lui est facile de s'éclairer sans retarder la livraison. Or ce
mensonge, cette fraude de l'armateur ou de son capitaine, qui
n'empêcherait pas le prêteur de faire valoir ses droits sur le
navire, ne pouvant s'expliquer que par le désir d'enrichir le
consignataire, ferait planer sur ce dernier de graves soupçons
de complicité.

Qu'on ne parle donc plus d'une incertitude de propriété qui
n'existera jamais, dans aucun cas, ni de la bonne foi d'un consignataire qui n'ignore en ces matières que ce qu'il veut ignorer. Qu'on réfléchisse au contraire à l'*impossibilité* où peut être
le prêteur de s'opposer à la délivrance d'une marchandise *dont
la destination est incertaine*, et qu'on dise quel est, entre lui et
le chargeur, celui qui représente à la fois l'intérêt du commerce
et l'équité naturelle?

Nous arrivons ainsi à la question de droit pur, dégagée des
considérations de fait ou d'utilité générale dont je tenais à dé-
blayer le terrain; et nous pouvons examiner la théorie du tribunal de Marseille, ou, quoi que soit, de la cour d'Aix qui se
l'est appropriée.

Son raisonnement est celui-ci : L'armateur s'étant obligé,
moyennant un fret, à transporter les marchandises en un certain endroit, doit seul supporter les risques du trajet et par
suite les dépenses qu'il a pu occasionner. La loi lui donne, il
est vrai, ou du moins au capitaine, pour lui, le droit de s'aider
dans des moments extrêmes, en mettant en gage les marchandises qui appartiennent aux chargeurs. Mais ceux-ci ne doivent
rien. La marchandise seule doit. Et comment doit-elle? A

---

(1) *D'une Réforme internationale de droit maritime*, p. 98 et 99. Voyez
la même idée reprise et développée, *Quest. de droit maritime*, p. 99 et 100.

simple titre de gage. Permis, en conséquence, au porteur du billet de grosse de la retenir par la main *de son représentant le capitaine*; mais dès que celui-ci l'a livrée, le droit réel qui la grevait s'évanouit, comme s'éteint par la dépossession le droit réel du gagiste ou du commissionnaire. Et avec ce droit réel s'éteint aussi l'action du porteur qui y était expressément attachée.

Entrons, pour un instant, dans le système de l'arrêt, et acceptons la comparaison qu'il fait entre le chargeur et un tiers désintéressé qui aurait consenti à fournir un gage pour la dette de l'armateur. Ce tiers pourra-t-il reprendre le gage qui constitue sa propriété, sans payer la dette pour laquelle il a consenti à s'en déposséder?

Evidemment non. C'est, au contraire, le créancier qui peut revendiquer contre lui la possession du gage dont il aurait été dépossédé par suite de fraude ou d'erreur (1).

J'en conclus qu'en admettant même l'assimilation du chargeur à un tiers auquel l'emprunt n'importe aucunement, il ne s'ensuit pas qu'il puisse reprendre possession de sa chose, au mépris de la dette dont elle se trouve grevée.

On objectera peut-être que le chargeur, à la différence du tiers auquel nous venons de faire allusion, n'a jamais donné son consentement à l'affectation de sa marchandise. Je réponds que la loi, qui le fait pour lui, a droit à autant de respect que la loi qu'il se serait faite à lui-même.

On fera encore observer que le capitaine, détenant pour tous les intéressés, détient pour le prêteur; que lorsqu'il consent à livrer le gage au propriétaire, c'est comme si son mandant, le prêteur, consentait lui-même à le rendre, auquel cas le propriétaire en recouvrerait la libre disposition. Il est facile de répondre que le capitaine, détenant pour le

(1) Il est bien vrai cependant, comme le dit l'arrêt, qu'un droit *s'éteint par la dépossession du gagiste*, à savoir, le *privilège* (art. 2076 du Code civil), qui donnait au gagiste le droit d'être payé sur le prix du gage *par préférence aux autres créanciers*. Si l'on croit devoir appliquer au prêt à la grosse ce principe de droit étroit, on pourra en conclure que, si le réceptionnaire tombe en faillite après avoir repris possession de la marchandise affectée à la grosse, le porteur du billet de grosse ne pourra pas, comme le croyait Émérigon, en demander la distraction, et qu'il aura perdu *à l'égard des tiers* son privilège, ou, si l'on veut même, son droit réel. Mais il n'en résultera jamais qu'il ait perdu, *vis-à-vis du propriétaire*, dont la marchandise a été engagée, le droit d'en exiger l'abandon ou la valeur.

compte de tous les intéressés, détient également pour le chargeur ; que, dès lors, la marchandise, en passant des mains du mandataire dans celles du mandant, ne change pas de possesseur, et qu'il n'y a pas là cette vraie *tradition* qui, jointe à la bonne foi du possesseur, met obstacle à la revendication.

Mais je vais plus loin, et je conteste formellement que le chargeur soit un tiers désintéressé dans la question de l'emprunt.

Je reconnais bien *qu'entre l'armateur et le chargeur*, c'est le premier qui est seul tenu d'un emprunt dont le seul but a été de lui permettre d'accomplir ses obligations et par suite de gagner le fret. Si donc le chargeur est obligé d'abandonner sa marchandise pour payer le prêt à la grosse, dont elle a été grevée par le capitaine, il aura, cela est bien certain, un recours contre l'armateur. Mais *vis-à-vis du prêteur*, le chargeur est tenu, aussi bien que l'armateur, jusqu'à concurrence de sa chose, et sauf l'abandon qu'il lui en peut faire.

Pourquoi, je le demande, la loi a-t-elle permis au capitaine de grever la cargaison d'un prêt à la grosse, pour sûreté d'une dette qui ne regarde *que le navire ?*

Sans doute, il est bien entré dans sa pensée d'augmenter le crédit des armateurs et de leur permettre de trouver des deniers dans les parages les plus éloignés. Mais la justice n'eût-elle pas été blessée, si les propriétaires de la marchandise avaient été parfaitement désintéressés dans la question ? Et cependant toutes les législations accordent ce droit au capitaine. Il faut donc qu'il soit fondé sur un principe d'équité, et l'on peut affirmer, sans crainte de se tromper, que la coutume commerciale, en permettant au capitaine d'affecter à un emprunt *nécessaire* la cargaison, si le navire n'a pas paru au prêteur un gage suffisant, s'est préoccupée tout autant de l'intérêt du chargeur que de celui de l'armateur.

Il faut bien se garder de croire, en effet, que le chargeur soit désintéressé dans la question de l'emprunt. Supposez que, faute d'un gage suffisant, on ne trouve pas de prêteur et que le capitaine se voie forcé de vendre le navire : que deviendront les marchandises ?

De deux choses l'une : ou bien elles paieront un fret proportionnel à l'avancement du voyage et resteront au port de relâche pour y être vendues dans de mauvaises conditions ; ou bien le capitaine, remplissant l'obligation que lui crée l'art. 296 du Code de commerce, louera un autre navire. Mais comment fera-t-il cette location? Où trouvera-t-il des deniers pour faire face aux dépenses du transbordement, etc.? Aura-t-il d'autre moyen que d'affecter la marchandise? Et puis, le fret de ce nouveau navire pourra être beaucoup plus élevé que le premier!...

Dans ce cas, les chargeurs peuvent avoir un intérêt capital à la réparation du navire (1), comme aussi ils pourraient au contraire être intéressés à sa vente... si l'argent est trop cher au port de relâche, si le fret y est très bas, etc.

Qui est-ce qui va représenter le chargeur et décider pour lui ? — S'il y a un *subrécargue*, ce sera lui, car sa fonction consiste précisément à gérer la cargaison pour compte du chargeur. Mais, s'il n'y en a pas? N'y aura-t-il personne pour représenter le chargeur?

Nous avons déjà enseigné et nous maintenons que, dans le silence des parties, le capitaine est, comme le disait Emérigon, *géreur de la cargaison.* Nous sommes heureux de pouvoir nous appuyer de l'autorité de M. Laurin. Aux yeux du savant professeur, la qualité chez le capitaine de *représentant des chargeurs* « n'est pas contestable, bien qu'elle n'ait pas été indiquée par la loi aussi nettement que celle de représentant de de l'armateur; et les art. 222, 220, 238, 205, 296, 391 et 435-3°, fournissent en ce sens des indications de détail, *qui ne laissent aucun doute* sur la réalité ou la portée générale de la règle (2). » Retenons donc ces deux points : 1° la cargaison peut être très intéressée à la réparation du navire; 2° le capitaine est le représentant des chargeurs en tout ce qui touche l'intérêt de la cargaison.

(1) C'était l'avis du législateur de 1841 : « Votre commission avait unanimement reconnu, dit le rapporteur de la Chambre des pairs, qu'un sacrifice *commandé* PAR L'INTÉRÊT DE TOUS LES CHARGEURS, *puisque sans lui le navire n'eût pu atteindre sa destination,* devait être l'objet d'une contribution sur toutes les marchandises composant le chargement. » M. Dalloz avait déjà dit dans son rapport à la Chambre des députés : « Il ne faut pas ou-« blier que les marchandises n'ont pas été vendues dans l'intérêt de l'ar-« mateur seul, MAIS ENCORE DANS CELUI DES CHARGEURS, *qui ne sauraient* « *demeurer complétement étrangers aux éventualités d'une navigation qui* « *a entraîné pour l'armateur la perte du navire et du fret...* » C'est la reproduction d'une pensée qu'on trouve déjà exprimée dans le *Règlement pour la navigation les rivières,* publié par Cleirac (art. 18): LE BATEL EST OBLIGÉ A LA MARCHANDISE ET LA MARCHANDISE AU BATEL. » V. en ce sens Emérigon, *Contrat à la grosse,* ch. 4, sect. 9 ; Bédarride, t. II, n° 785, etc.
(2) Cresp-Laurin, t. I, p. 567; et t. II, p. 111.

Revenons maintenant à l'hypothèse prévue par l'art. **234** du Code de commerce, et voyons ce qui va se passer.

Le navire avarié ne peut reprendre la mer sans des réparations pour lesquelles il lui faut emprunter, et les capitalistes du port de relâche, trouvant le navire insuffisant à titre de gage, exigent qu'on affecte encore à la grosse la cargaison en tout ou en partie.

En quelle qualité le capitaine va-t-il consentir cette affectation? Je reconnais qu'il va le faire, surtout et avant tout, en qualité de mandataire de l'armateur qui contracte cet emprunt à l'effet de remplir l'obligation qui lui incombe de transporter la marchandise au port de destination. Je reconnais encore que, si la question se posait entre l'armateur et le chargeur, le capitaine serait censé n'avoir agi que dans l'intérêt du premier, qui devrait en définitive supporter seul tout le poids d'un emprunt qui n'aurait servi qu'à lui permettre de s'acquitter envers le chargeur.

Mais *vis-à-vis du prêteur à la grosse*, il me paraît impossible de contester que le capitaine, quand il grève la cargaison, agit *comme mandataire du chargeur*.

Il n'oblige pas la personne du chargeur, mais il oblige sa chose, de façon à donner au prêteur un droit réel sur cette chose, une *quasi-propriété*, comme parle Emérigon, que le chargeur devra respecter, jusqu'au moment où le porteur du billet de grosse sera désintéressé par le débiteur principal, l'armateur.

Ainsi, d'une part, la marchandise, en passant des mains du capitaine entre les mains du chargeur ou mieux de celui qui en était propriétaire au moment de l'emprunt, ne se trouve pas libérée, comme elle le serait entre les mains d'un *tiers* de bonne foi, car elle n'a fait que passer des mains du mandataire dans celles du mandant qui a consenti, par l'entremise de son mandataire, à l'affectation à la grosse. Et d'autre part, si le chargeur a livré la marchandise grevée à un tiers, par exemple à un destinataire qui n'en était pas propriétaire au moment du prêt à la grosse et qui a ignoré l'affectation dont elle a été l'objet, ce dernier ne pourra être poursuivi, et les marchandises, dans ses mains, seront libres de toute obligation, en vertu du principe que *les meubles n'ont pas de suite par hypothèque* ; mais le propriétaire de la marchandise qui l'a livrée

sans avertir le destinataire du prêt dont elle était grevée, a
commis une faute qui l'oblige *personnellement*, jusqu'à concurrence du tort qu'il a causé au prêteur, c'est-à-dire au prorata
de la valeur de la marchandise.

Voilà, si je ne me trompe, les vrais principes en cette matière.

On les trouve consacrés par la loi allemande, dans les articles 697 et 698 du Code de 1867.

Après avoir dit que, si le remboursement n'a pas lieu à l'é-
chéance, le prêteur à la grosse peut requérir, près du tribunal
compétent, la vente publique du navire ou de la cargaison, et
la consignation du fret engagé à la grosse, le premier de ces
articles ajoute : « L'action doit être dirigée, en ce qui touche
« le navire et le fret, contre le capitaine ou l'armateur ; en ce
« qui concerne la cargaison, elle est dirigée, avant la livraison
« contre le capitaine, *après la livraison contre le destinataire,*
« *pourvu que la cargaison se trouve encore chez lui ou chez un*
« *autre qui la possède pour lui.* Le prêteur ne peut faire usage
« de ses droits au préjudice d'un tiers acquéreur de bonne foi.»

Puis l'art. 698, destiné à régler la situation du destinataire
entre les mains duquel ne se retrouve plus la marchandise,
ajoute : « Le destinataire, qui lors de la réception des objets
« avait connaissance du prêt à la grosse, est *personnellement*
« tenu envers le prêteur jusqu'à concurrence de la valeur
« qu'avaient ces objets à l'époque de leur remise, en tant que
« le prêteur eût pu être payé sur ces objets, si la livraison
« n'avait pas eu lieu. »

Ces dispositions ne sont guère que l'application des principes
généraux. Elles n'ont rien de particulier à l'Allemagne, et sont
plutôt conformes à l'ancienne doctrine française.

Valin, tout au moins, s'en était expliqué dans ce sens, à l'occasion de l'art. 3 du titre X du livre II de l'ordonnance.

Cet article avait pour objet, comme l'art. 196 du Code de
1807, d'établir le droit de suite des créanciers sur le navire :
« La vente d'un vaisseau étant en voyage, ou faite sous seing
« privé, ne pourra préjudicier aux créanciers du vendeur. »
Valin, dans son *Commentaire*, dit que l'article, ne parlant que
de la vente du navire, ne doit pas souffrir d'extension à la cession d'un intérêt dans la cargaison ou d'un chargement de
marchandises.

Il explique, en effet, que la maxime *simple transport ne saisit* ne s'applique pas aux marchandises en voyage, dont la tradition ne peut se faire sur-le-champ autrement que par la délivrance de la facture qui fait le titre du cédant ; que l'usage a rendu la facture cessible par simple endossement, d'où il conclut que la négociation ou cession d'une facture de marchandises ou d'un connaissement saisit dans l'instant celui au profit de qui elle est faite, sans attendre la tradition effective, ni qu'il soit besoin d'en faire la signification, absolument comme l'endossement d'une lettre de change.

Puis il ajoute : « Il faut *excepter* néanmoins celui qui aurait « vendu ces marchandises sans jour et sans terme, et à son « défaut *celui qui aurait prêté à la grosse sur les mêmes mar-* « *chandises*. Et ces deux exceptions ne dérogent nullement à la « décision principale, attendu que, dans l'un et l'autre cas, *la* « *cession serait* NULLE DE PLEIN DROIT, *les marchandises n'appar-* « *tenant pas au cédant,* mais au vendeur OU AU PRÊTEUR A LA « GROSSE *jusqu'à concurrence de leur dû.* C'est pour cela aussi « qu'un pareil cédant serait jugé *stellionataire* et punissable « comme tel (1). »

La doctrine de Valin paraît plus favorable encore au porteur du billet de grosse que celle du Code de commerce allemand. L'auteur français paraît considérer la cession faite au mépris des droits du prêteur comme nulle, sans faire aucune réserve, au moins expresse, relative à la bonne foi du cessionnaire.

La loi allemande, au contraire, après avoir posé en principe le droit du prêteur, déclare expressément qu'il ne peut en faire usage *au préjudice d'un tiers acquéreur de bonne foi.*

Nous acceptons cette solution tout à fait appropriée aux principes du droit moderne.

Mais en ce qui touche le destinataire lui-même, le Code allemand semble se séparer absolument du système de Valin et du nôtre. C'est seulement dans le cas où ce destinataire *avait connaissance du prêt à la grosse* lors de la réception des objets, qu'il reste tenu personnellement envers le prêteur jusqu'à concurrence de la valeur qu'avaient ces objets à l'époque de leur remise...

____

(1) T. I, p. 574. V. aussi à la table, v° *Privilège : Privilège du prêteur à la grosse conservé nonobstant la cession des marchandises sur lesquelles il a prêté.*

Le législateur allemand eût mieux fait peut-être de distinguer entre les divers destinataires. Si le destinataire était *le propriétaire de la marchandise,* celui aux risques de qui elle voyageait, la solution de l'art. 698 ne me paraîtrait pas exacte. J'ai démontré que c'est pour ce destinataire ou du moins dans son intérêt présumé et par son mandataire légal qu'a été contracté le prêt. Il n'est obligé, il est vrai, qu'à raison de la marchandise, et jusqu'à concurrence de sa valeur, mais au moins l'est-il ainsi, *qu'il le sache ou non;* peu importe donc qu'il ait eu ou qu'il n'ait pas eu connaissance du prêt, au moment où la marchandise lui a été livrée. Par cela seul *qu'il en a touché la valeur,* il doit compte au porteur du billet de la valeur du prêt, sauf son recours contre l'armateur.

Mais le destinataire peut être un simple consignataire, ignorant la charge qui pèse sur la marchandise et la recevant pour la vendre. La solution de l'art. 698 me paraît alors beaucoup plus explicable et peut-être constituait-elle, aux yeux de Valin, une réserve trop naturelle pour qu'il crût nécessaire de l'exprimer.

Dans ce cas encore, tant que la marchandise est là, le prêteur à la grosse peut en exiger l'abandon, car elle n'a pas changé de possesseur, le consignataire la détenant, comme tout à l'heure le capitaine, pour compte de son mandant le chargeur (1). Mais dès qu'elle a disparu, le prêteur n'a plus aucun droit soit contre le tiers qui l'a acquise de bonne foi du consignataire, soit contre le consignataire lui-même, qui n'en a touché le prix que pour compte du propriétaire chargeur. Il conserverait seulement, suivant nous, son action contre ce dernier.

(1) Le consignataire résistera probablement en excipant de son privilège (art. 95 du Code de comm.) et de sa possession de bonne foi. Mais cette bonne foi sera très difficile pour ne pas dire impossible à établir, comme l'a prouvé M. de Courcy.

CHAPITRE III

EFFET DE L'ABANDON

§ 1er. — *L'abandon est-il acquisitif ou purement libératoire ?*

Quel est l'effet de l'abandon? Opère-t-il la dépossession du propriétaire armateur et transfère-t-il la propriété du navire au créancier abandonnataire? C'est la première question qui semble s'offrir à l'esprit, et l'on pourrait craindre qu'elle ne fût depuis longtemps rebattue et épuisée. On se tromperait singulièrement. C'est encore une *question*; bien plus : une question neuve et sur laquelle peu d'auteurs et de rares décisions se sont risqués à se prononcer (1).

Comment expliquer ce silence de la doctrine et de la jurisprudence?

De la part de cette dernière, il peut se justifier peut-être par l'absence d'intérêt pratique. L'abandon coïncidant le plus souvent avec la perte du navire, il importe peu de savoir quel serait le propriétaire d'une chose qui n'est plus.

La doctrine est moins excusable, et si elle a passé à côté de la question sans avoir l'air de l'apercevoir, c'est peut-être en raison même des difficultés qu'elle trouvait à la résoudre. Ne voyant aucune raison décisive dans un sens ou dans l'autre, elle a attendu, pour prendre parti, que la pratique vînt en quelque sorte l'y contraindre. Ce moment est venu. Plusieurs fois déjà les tribunaux ont eu à déclarer quels étaient les effets de l'abandon, et si la doctrine persistait dans le silence prudent qu'elle a gardé sur ce point, on pourrait être tenté de qualifier d'impuissance cette prétendue réserve.

Au reste, à entendre M. de Courcy, la tâche à laquelle on l'invite ne présenterait aucune des difficultés qu'on a voulu y voir :

« J'avoue que cette question *n'en est pas une pour moi*, dit-il « dans un de ses ouvrages (2). Je ne fais *pas le plus léger*

---

(1) Quelques auteurs se sont prononcés contre la translation de propriété, mais ils se sont contentés d'affirmer leur opinion, sans en donner les motifs.

(2) *D'une Réforme internationale du droit maritime*, p. 50 à 53.

« *doute* que l'abandon est une dépossession absolue de la pro-
« priété, *qu'il ne peut pas être autre chose*, et qu'il ne réserve
« aux armateurs aucun droit quelconque sur le navire aban-
« donné ni sur son produit. Et je trouve la question si peu sé-
« rieuse, même grammaticalement, que sa véritable formule
« me paraît être la suivante : *l'abandon du navire est-il un*
« *abandon du navire?* Il n'est cependant pas de vérité si évi-
« dente que n'ait contestée l'intérêt d'un plaideur. On a donc
« eu le *courage* de soutenir que l'abandon imposait aux créan-
« ciers le devoir de poursuivre la vente et réservait, sur le
« produit, des droits aux armateurs; qu'il n'était, en un mot,
« qu'un moyen de liquidation. Et l'on s'est appuyé de l'opi-
« nion d'un commentateur, M. Boulay-Paty, lequel, je me hâte de
« le dire, *est une autorité fort peu imposante*. L'opinion qu'il a
« exprimée à cet égard *est certainement erronée*. Elle déna-
« ture le sens des mots, elle fait de l'abandon une sorte d'ac-
« ceptation des dettes sous bénéfice d'inventaire, situation
« nouvelle et qui ne pourrait être créée que par une loi.
« Comme nous le verrons plus loin, sous l'art. 310, le char-
« geur peut *abandonner* les futailles vides pour le fret. Imagi-
« nera-t-on de soutenir aussi qu'il ne les abandonne que sous
« bénéfice d'inventaire, que le capitaine devra s'embarrasser
« d'une procédure pour faire vendre d'autorité de justice ces
« futailles abandonnées, et remettre au chargeur le reliquat,
« s'il y en a un, après le paiement de son fret? Non, les fu-
« tailles ont été librement abandonnées pour le fret, tout est
« consommé entre le capitaine et le chargeur, toutes actions
« réciproques sont éteintes. Le capitaine, à son tour, dispose
« donc librement des futailles comme de choses devenues
« siennes, il les vend à l'amiable, il les emplit ou il les rap-
« porte dans son navire, sans avoir aucun compte à rendre au
« chargeur. L'abandon qui en a dépossédé celui-ci, en l'affran-
« chissant du paiement du fret, est absolu et irrévocable. Il en
« est exactement de même de l'abandon de l'art. 216. Il n'o-
« père la libération des armateurs que parce qu'il consomme
« leur dépossession, et les créanciers qui ont perdu l'action
« personnelle contre eux n'ont du moins pas de compte à leur
« rendre. »

Nous craignons que, sur cette question, la tendance profes-
sionnelle du directeur de la Société de crédit ou d'assurances

maritimes n'ait influencé l'opinion du jurisconsulte, et n'ait mis,
à son insu, dans sa critique, cette *vivacité peut être excessive*
dont il s'excuse quelque part (1), et qu'il se reproche à lui-
même de si bonne grâce, qu'on n'a pas le courage de lui en
vouloir. On en regretterait plutôt l'absence, car elle contribue
à rendre facile et même attrayante la lecture des difficiles et
arides questions qu'il a traitées, et c'est grâce à elle « qu'on
« sent circuler dans les œuvres du sympathique écrivain une
« passion du bien et de la justice qui se communique à ses
« lecteurs (2). »

Mais, dans la circonstance, il nous semble que la vivacité de
cette passion a égaré son jugement et lui a fait méconnaître, à
a fois, la gravité de la question et la loyauté de ses adversaires.

N'en déplaise à l'éminent critique, il ne faut aucun *courage*
pour soutenir une opinion qui a pour elle de graves autorités,
et l'indignation contre l'intérêt des plaideurs qui ne respecte
pas l'évidence s'applique mal à une solution professée à son
cours par un professeur des plus estimés.

Entraîné par son zèle, l'auteur s'en prend à ce *commentateur*
qui n'est autre que *Boulay-Paty*, dont il se hâte de déclarer
l'autorité fort peu imposante.

Nous n'entendons pas soutenir que Boulay-Paty fut un de
ces jurisconsultes de génie qui ont créé la science du droit,
mais c'était un savant professeur, possédant mieux que personne de son temps le sens de ce droit maritime auquel il a
consacré sa vie, pénétré des doctrines des anciens et notamment
d'Emérigon, dont il a fait servir les beaux ouvrages à donner
l'intelligence des textes du Code de 1807 qui venait de paraître.
Pourrait-on, d'ailleurs, n'être pas touché de la modestie avec
laquelle cet auteur consciencieux essaie d'appuyer son opinion
sur celle de savants confrères ? « Nous croyons avoir envisagé
« cette question sous ses justes rapports et d'après les vérita-
« bles principes. Notre doctrine nous paraît d'autant plus sûre
« qu'elle est professée par nos savants professeurs *Toullier*,
« *Laubespin* et *Carré*, dans l'affaire du sieur Tirevert..., et
« consacrée dans la même affaire, par arrêt de la cour de
« Rennes, en date du 12 août 1822..... »

(1) *Quest. de droit maritime*, 2ᵉ série, préface.
(2) Jugement de M. Labbé sur l'auteur.

Voici le considérant de l'arrêt relatif à la question : « Con-
« sidérant que l'abandon ou le délaissement accepté par les
« assureurs les rend, soit à gain, soit à perte, propriétaires de
« l'objet assuré (art. 385 du Code de commerce) ; qu'au con-
« traire, l'abandon autorisé par l'art. 216 du même Code du
« navire et du fret *n'en transmet pas la propriété aux chargeurs*
« *à fret ;* il ne les rend que créanciers ayant droit de se pour-
« voir à l'effet d'être indemnisés par le navire de tout ce qui
« peut leur être dû, sans pouvoir jamais faire de bénéfice sur
« l'abandon ;..... »

Et, ce que pensait et jugeait la cour de Rennes, en 1822, elle
le pense et le décide encore aujourd'hui :

« Considérant, dit un de ses arrêts, du 28 mars 1873 (1),
« que l'abandon permis par l'art. 216 *ne comporte pas le trans-*
« *port de la propriété des objets abandonnés,* et ne suppose
« même pas d'une manière nécessaire leur existence entre les
« mains de celui qui déclare faire abandon de telle façon que
« le créancier doit poursuivre en justice la vente de l'objet qui
« lui est abandonné, et que le propriétaire d'un navire qui
« s'est perdu corps et biens peut, en faisant l'abandon de ce
« navire qui n'existe plus, dégager complètement sa responsa-
« bilité personnelle. »

Il est vrai qu'en 1824, le tribunal de Marseille professait une
doctrine contraire à celle de la cour de Rennes, et l'on peut
lire, dans un de ses jugements, en date du 21 mai 1824 (2),
que, « dans le sens de la loi, l'abandon *doit être* ESSENTIELLE-
« MENT TRANSLATIF *de propriété* de la chose abandonnée.... »

Mais à la différence de la cour de Rennes, il ne paraît pas
que le tribunal de Marseille ait persisté dans sa jurisprudence.

Il avait été frappé, en 1824, de l'injustice que contenait un
abandon purement libératoire. Il lui avait paru que cette doctrine
sacrifiait absolument à l'armateur le porteur du billet de grosse.
En 1830, une espèce tout à fait différente vint lui montrer
que la doctrine de l'abandon translatif de propriété n'était pas
non plus dépourvue de dangers pour ce même porteur. En
effet, plusieurs créanciers ayant des droits à prétendre contre
un armateur, et celui-ci ayant fait abandon de son navire et
du fret à l'un d'eux, les autres créanciers non payés se retour-

(1) *J. de Mars.*, 1874, 2, 128.
(2) *J. de Mars.*, t. VI, p. 171 et suiv.

nèrent contre ce dernier, et, le considérant, à son tour, *comme propriétaire du navire*, voulurent le rendre responsable des engagements pris envers eux par le capitaine.

L'abandonnataire pouvait-il, en effet, être poursuivi *comme propriétaire*? Était-il propriétaire du navire? Évidemment oui, si l'abandon est *essentiellement translatif*, comme l'avait jugé, six ans plus tôt, le tribunal de Marseille. Mais, cette fois, effrayé de voir cette doctrine se retourner contre ceux qu'elle semblait destinée à défendre, il n'hésita pas à revenir sur ses pas en déclarant, à la date du 20 septembre 1830, que l'abandon fait « au sieur Z... *ne l'a pas, cependant, investi de la pro-* « *priété du navire*, mais lui a seulement donné le droit de « poursuivre sur l'objet abandonné le paiement des créances « dont il est porteur... que le droit de S... (le poursuivant), « comme celui de tous les créanciers de l'armement, se borne, « en l'état, soit à poursuivre la vente du navire, soit à inter- « venir dans la distribution des deniers provenant de la « vente (1). »

Nous nous permettons de recommander ce document à M. de Courcy, il y verra que, si l'intérêt d'un plaideur a osé demander à un tribunal de se déjuger sur la question, ce plaideur n'était pas un armateur. Accusera-t-il le tribunal de Marseille de partialité ou d'étourderie? Nous aimons mieux, en ce qui nous concerne, voir, dans ces décisions qui paraissent contradictoires, la preuve des difficultés que présente la question et des hésitations auxquelles elle condamne les meilleurs esprits.

Et ce n'est pas seulement la jurisprudence qui tâtonne et revient sur ses pas. La doctrine elle-même est loin d'être fixée, et si elle semble incliner d'un côté, nous devons dire que ce n'est pas du côté où M. de Courcy a trouvé l'évidence.

Déjà nous connaissons l'opinion de M. Boulay-Paty. Son autorité, grave ou légère, n'est pas la seule dans ce sens.

Dageville, dans son excellent commentaire du Code de commerce, adopte pleinement l'opinion du savant professeur (2) : « Il faut, avec M. Boulay-Paty, dit cet auteur, distin- « guer la nature et les effets du délaissement, et la nature et les

(1) Jugement du 20 septembre 1830. *J. de Mars.*, 1830, 1, 277-279.
(2) Dageville, t. II, p. 127 et suiv.

« effets de l'abandon. Par le délaissement (art. 385), la pro-
« priété des objets assurés est acquise aux assureurs. L'ar-
« ticle 216 n'attache pas un pareil effet à l'abandon qu'il auto-
« rise. C'est une simple déclaration du propriétaire du navire,
« de ne prétendre à rien à cette propriété. Le chargeur ne
« peut exercer son droit que contre les choses seulement, et
« non contre la personne du propriétaire ; donc l'obligation
« est *réelle* et non *personnelle*, comme l'a très bien dit Éméri-
« gon.

« *L'abandon ne rend pas le chargeur propriétaire. Il ne peut*
« *se faire payer sur le navire qu'à concurrence, sans pouvoir*
« *faire bénéfice de l'abandon.* Le délaissement fait aux assu-
« reurs est, au contraire, un véritable transport, dont ils
« doivent payer le prix. Ce transport les rend propriétaires de
« la chose, et les soumet à toutes les charges qui résultent de
« la propriété, s'ils ne préfèrent l'abandonner à leur tour.

« Il y a, entre l'assureur et le chargeur (1), la différence
« qu'il y a entre le propriétaire et le créancier privilégié ou
« hypothécaire. L'abandon au chargeur n'est qu'une renonciation
« à la propriété de la chose, pour n'être pas tenu des dettes qui
« la grèvent, et non pour transmettre la propriété. C'est un
« abandon du même genre que celui de l'héritier qui renonce
« à la succesion pour n'être pas tenu d'en payer les charges ;
« abandon qui ne rend pas les créanciers propriétaires ; *du*
« *même genre que celui du tiers détenteur, acquéreur d'un im-*
« *meuble hypothéqué, qui peut délaisser cet immeuble pour n'être*
« *pas tenu des créances hypothécaires ;* du même genre *enfin*
« *que celui du débiteur qui fait cession...* »

L'opinion de Boulay-Paty et de Dageville n'a fait que s'ac-
créditer avec le temps. C'est celle qu'admet Dalloz, dans son
Répertoire de jurisprudence : « Le *délaissement*, dit-il au nu-
« méro 21 du *Traité de droit maritime*, transporte à l'assureur
« la propriété de la chose délaissée, il n'en est pas de même
« de l'abandon, *il n'est pas translatif de propriété ;* le créancier
« auquel il est fait n'a que le droit de se faire payer sa créance
« sur le navire qui y est affecté... A la différence du délaisse-
« ment qui est translatif de propriété, l'abandon donne uni-

(1) Ajoutons : ou les créanciers du navire quels qu'ils soient.

« quement au créancier auquel il est fait le droit d'être payé
« sur le navire *jusqu'à concurrence de ce qui lui est dû.* »

M. Bédarride se montre peut-être plus affirmatif encore (1).
« L'abandon, dit cet auteur, peut être réalisé même après le
« délaissement aux assureurs. Cette règle, aujourd'hui, una-
« nimement admise en doctrine et en jurisprudence, est fon-
« dée sur les caractères et les effets respectifs de l'abandon et
« du délaissement. *Le premier n'est* JAMAIS *translatif de pro-*
« *priété*; ce qui en résulte *pour le propriétaire* est la *libération* de
« toutes les obligations de tous les faits contractés par le capi-
« taine ou commis par lui; *pour les créanciers,* c'est le CAN-
« TONNEMENT DE LEURS DROITS, qui ne *changent pas de nature et*
« *qui restent, après comme avant l'abandon,* de SIMPLES DROITS
« DE CRÉANCE. »

La brève affirmation de M. Arthur Desjardins n'accuse pas
une conviction moins arrêtée : « L'abandon *est libératoire* ET
« NON TRANSLATIF (2). »

Mon but, en accumulant ces témoignages, n'est pas, qu'on
le croie bien, d'éviter la discussion, mais, au contraire, de la
préparer. Je n'ai pas la moindre intention de remplacer, en
matière aussi grave, des raisons par des autorités ; je tenais
seulement à restituer à la question sa physionomie de *vraie*
question, de question délicate même, et digne en tout de l'attention des esprits sérieux.

Venons maintenant aux arguments, et voyons, d'abord, ceux
qu'on a fait valoir en faveur de la translation de propriété.

On les trouve énumérés dans une note de Dufour (3) pour
des compagnies d'assurances maritimes. Cette note étant inédite, nous pensons être agréable au lecteur en reproduisant,
dans son entier, l'argumentation du savant avocat.

« L'abandon opère-t-il ou n'opère-t-il pas, pour l'armateur
« qui le fait, le dessaisissement de la propriété ? Pour le savoir

(1) T. I, n° 291.
(2) T. II, n° 297. Je dois cependant prévenir le lecteur qu'au numéro 295 du même ouvrage il trouvera le passage suivant : « D'une
« part, ainsi que l'a dit Valin, aussitôt que le délaissement est signé, les
« effets assurés sont dévolus et acquis aux assureurs qui par conséquent
« en peuvent disposer ; d'autre part, comme l'a dit Emérigon, la dette de
« l'armateur devient par l'abandon plus réelle que personnelle. *C'est pour-*
« *quoi M. Cauvet a pu, de nos jours, écrire que l'abandon et le délaissement*
« *sont en eux-mêmes deux transferts de propriété.* »
(3) Affaire du navire l'*Amiral-Casy.* Lecampion et Théroulde contre les
compagnies d'assurances maritimes.

« exactement, il faut d'abord mettre dans leur position respec-
« tive les droits qui doivent se trouver en présence. Un navire
« arrive grevé de plusieurs dettes de grosse contractées en
« cours de voyage. Ces dettes sont représentées par des billets.
« Les porteurs de ces billets ont un privilège sur le navire, les
« agrès et apparaux, l'armement et les victuailles et même le
« fret acquis. C'est l'art. 320 C. com. qui le dit textuellement.
« De plus, comme ces billets ont été souscrits par le capitaine
« comme mandataire de l'armateur responsable de ses enga-
« gements, ceux qui en sont porteurs *ont ce dernier pour
« obligé personnel.* Par conséquent, ils ont le droit d'en pour-
« suivre le recouvrement, *soit contre l'armateur et tous ses
« biens de terre et de mer*, soit contre le navire seul, s'il leur
« plaît de s'en contenter.

« En cet état, le créancier à la grosse se présente à l'arma-
« teur et lui dit : « Payez-moi. » L'armateur lui répond im-
« médiatement : « Je ne veux pas vous payer ; mais je vous
« fais abandon du navire et du fret. » Par ce coup de ba-
« guette magique, il se dégage, lui et ses biens, des étreintes
« de la dette. Il peut ne plus être poursuivi personnellement ;
« toute sa fortune, hormis le navire et le fret qu'il a offerts en
« holocauste, est à l'abri de toute atteinte.

« Voilà, certes, un beau résultat pour l'armateur. Il doit
« bénir l'art. 216 du Code de commerce qui le lui assure.
« Toutefois, de tels privilèges ne s'obtiennent pas ordinaire-
« ment sans compensation. Dites-nous donc un peu de quel
« prix l'armateur a payé celui-là. — De quel prix ? Mais il a
« abandonné le navire et le fret. — Très bien. Mais que com-
« porte cet abandon ? — Il signifie que l'armateur *a indiqué
« aux créanciers que le navire était leur gage, et les a autorisés
« à en poursuivre la vente.* » — Comment ! c'est là l'effet de
« cet abandon qui donne un si grand avantage à l'armateur ?
« Mais alors il n'est l'abandon de rien du tout ; car les créan-
« ciers savaient à merveille que le navire était leur gage, et ils
« n'avaient besoin de l'autorisation de personne pour en pour-
« suivre la vente.

« Telle est la théorie (des adversaires)... Nous n'invoquons
« pas encore le droit pour la faire tomber. Nous nous adres-
« sons au simple bon sens pour lui demander s'il peut l'ad-
« mettre. Quoi ! la loi a imposé à l'armateur, *pour prix de sa*

« *libération personnelle*, l'obligation de faire un « abandon »
« et l'on veut nous faire admettre que cet abandon consiste à
« souffrir ce qu'il n'a jamais pu empêcher. Allons donc! cela
« n'est pas sérieux. Il ne faut pas prêter à la loi des puérilités
« de cette force-là. En vain on objectera que M. Boulay-Paty
« a commencé à les lui prêter dès 1810 et qu'il a été suivi par
« quelques autres (1). Il n'y a pas de prescription contre le
« bon sens. Le juge n'est pas tenu d'humilier sa raison devant
« un non-sens plusieurs fois répercuté sans examen, et d'ac-
« cepter les yeux fermés que, désormais, abandon veut dire
« conservation.

« Revenons au vrai. L'armateur abandonne le navire. Qu'est-
« ce à dire? C'est-à-dire qu'il brise le lien qui existait entre le
« navire et lui. C'est à l'aide de ce lien que se glissaient jusqu'à
« lui les obligations souscrites dans l'intérêt du navire. En consé-
« quence, pour s'isoler de ces obligations et se les rendre étran-
« gères, il rompt le fil conducteur : « *Il ablique*, comme disait
« énergiquement Emérigon, ou bien « *il renonce à la propriété*, »
« comme s'exprime Boulay-Paty lui-même. Il y a ceci de re-
« marquable, en effet, que ce dernier auteur, si chaudement
« invoqué par (les adversaires), en dit assez pour faire crouler
« leur thèse. Écoutez ses paroles : « *L'abandon n'est qu'une
« renonciation à la propriété de la chose,* pour n'être pas tenu
« des dettes qui la grèvent et non pour transmettre la pro-
« priété à d'autres. » De là cette conséquence que, si les
« créanciers n'acquièrent pas la propriété, *il est du moins cer-
« tain que celui qui fait abandon la perd.....* »

(1) « Quelques autres » ne serait-il pas ici pour les besoins de la cause;
Cette expression comprend Dageville, Bédarride, Dalloz, Arthur Desjardins (cités au texte). On peut y ajouter Demangeat (IV, p. 158), Caumont,
(v° *Abandon mar.*, n°° 69 et suiv.) ; Laurin (I, p. 637) ; Ruben de Couder
(v° *Armateur*, n° 88), qui tous reconnaissent que l'abandon est admissible
après le délaissement aux assureurs, ce qui ne pourrait être si l'abandon
impliquait translation ou simplement perte de propriété du navire, puisqu'on ne saurait après avoir déjà transmis cette propriété aux assureurs
par le délaissement (art. 385), la transmettre encore aux créanciers, ou
même simplement l'abliquer à leur égard. Nous ne connaissons, en fait
d'auteurs qui se soient prononcés en sens contraire, que M. Cauvet (cité par
M. Desjardins et dont nous n'avons pu retrouver la citation) et Crep, qui
met au nombre des moyens d'acquérir la propriété des navires *l'abandon*
a x créanciers, et le *délaissement* aux assureurs, en remarquant que « ces
deux cas ont ceci de particulier qu'on y devient propriétaire malgré soi »
(I, p. 292 et 293). On verra plus bas que, tout en contestant, en principe, que
la transmission de la propriété soit de l'essence de l'abandon, nous ne
sommes pas éloignés d'admettre qu'il peut, par exception, produire cet effet.

L'auteur examine ensuite les diverses analogies invoquées plus haut par Boulay-Paty et Dageville : « On nous parle du « tiers détenteur d'un immeuble qui le délaisse aux créanciers « hypothécaires, du débiteur qui fait cession de ses biens, du « débiteur qui constitue un gage. Dans toutes ces circonstan- « ces, nous dit-on, il n'y a pas de déplacement de propriété. « Le tiers détenteur reste propriétaire de l'immeuble délaissé ; « le débiteur qui fait cession ou celui qui constitue un gage le « demeurent également de la chose. Tout cela est vrai..... la « loi s'en explique en termes formels. Mais comment ne « remarque-t-on pas qu'il n'y a pas une seule de ces situations « qui renferme l'élément caractéristique et exceptionnel qui « domine dans l'abandon maritime ? nous voulons parler *de la* « *libération d'une dette personnelle* qui s'opère au profit de l'ar- « mateur qui le consomme.

« Non ! le tiers détenteur qui délaisse l'immeuble hypothé- « qué n'en perd pas la propriété ; mais c'est qu'il ne s'agit pas « non plus pour lui de se libérer d'une dette personnelle...

« Non ! le débiteur qui fait cession ou celui qui remet un « gage à son créancier ne perdent pas la propriété des biens « cédés ou engagés ; mais aussi ils ne se libèrent pas par cette « opération (art. 1270 et 2078 C. civ.). Tant vaut le bien ou le « gage, pour autant ils s'acquittent. Le surplus de sa dette sub- « siste sans diminution. Pour l'armateur, au contraire, c'est « un *quitus* que son abandon lui procure. *Le navire est ici une* « *monnaie avec laquelle il paie sa dette.* S'il n'en perd pas la pro- « priété en s'acquittant, sur quoi donc reposera sa libération?...

« Si l'on voulait découvrir une analogie moins lointaine, « c'est dans la *dation en paiement* qu'il faudrait la chercher. « La dation en paiement, dit Pothier, est un acte par lequel « un débiteur donne une chose à son créancier, qui veut bien « la recevoir à la place et en paiement d'une somme d'argent « ou de quelque autre chose qui lui est due. » Sans doute, « il y a encore entre cet acte et l'abandon maritime cette « grave différence que, dans un cas, l'acceptation du créancier « est facultative, tandis que dans l'autre elle est forcée. Mais il « y a aussi entre eux cette ressemblance importante, que *tous* « *deux opèrent la libération d'une dette personnelle.* Or, il n'est « pas douteux que, *pour produire cet effet*, le débiteur se dé- « pouille de la propriété de l'objet qu'il donne en paiement.

« Mais il faut le répéter encore, toutes ces combinaisons du
« droit civil n'ont rien à faire dans la cause. Celle qui nous
« occupe est exclusivement propre au droit maritime, et ce
« droit lui-même nous en offre un autre exemple qui ne laisse
« aucun doute à l'interprétation. C'est dans l'art. 310 du Code
« de commerce, qui permet aux chargeurs « *d'abandonner*
« *pour le fret* » les futailles contenant vins, huiles, miel et
« autres liquides, qui ont tellement coulé qu'elles sont vides
« ou presque vides. Eh bien! dans cette hypothèse vulgaire et
« de tous les jours, a-t-on jamais songé à prétendre que le
« chargeur qui fait cet « abandon » en paiement conserve
« néanmoins un droit de propriété sur ce qu'il abandonne?
« A-t-on jamais imaginé de prétendre que cette futaille vide
« *abandonnée* comme le prix du fret, continuait cepen-
« dant de lui appartenir? Cela viendra peut-être, mais il n'y
« en a pas encore d'exemple. Alors, il en est de même lors-
« qu'il s'agit d'un navire. L'importance de l'objet est ici insi-
« gnifiante, *puisque la loi est conçue dans les mêmes termes.* »

On ne m'accusera pas, je l'espère, d'avoir affaibli la thèse
des partisans de l'abandon *acquisitif*. Pourquoi l'aurais-je fait?
Je ne suis chargé de soutenir les intérêts de personne. Dési-
reux d'éclaircir une question capitale dans la matière que j'ai
prise pour l'objet de mon étude, et pénétré des difficultés extrêmes qu'elle présente, j'ai cherché à la creuser, et pour être
plus sûr de ne me dissimuler aucun des arguments qu'on peut
faire valoir en faveur de l'opinion qui m'a paru la moins sûre,
j'ai tenu à reproduire en son entier, malgré la longueur de la
citation, la discussion du plus brillant de ses défenseurs.

Le lecteur ne m'en voudra certainement pas de lui avoir fait
connaître cette dissertation inédite du savant auteur du *Traité de
droit maritime*. Elle résume admirablement et avec une vigueur
singulière tout ce qu'on peut dire en faveur de la translation de
propriété, et si je puis y répondre d'une manière satisfaisante,
j'aurai par cela seul pleinement justifié la thèse contraire.

Un mot d'abord du dernier argument déjà invoqué par
M. de Courcy, l'argument relatif à l'*abandon des futailles vides*.

L'art. 216 du Code de commerce permet au propriétaire de
navire, suivant une formule reçue, de s'affranc ir de certaines
charges au moyen de l'abandon du navire et du fret, et l'article 310 du même Code permet au chargeur de s'exonérer du

fret relatif aux futailles d'huiles, de vins, etc., qui ont coulé jusqu'à faire le vide ou à peu près, par l'abandon des futailles vides. — Qu'on aperçoive certaine analogie entre les deux dispositions, je le veux bien. Qu'on cherche à les expliquer l'une par l'autre, soit encore.

Mais quel est, de ces deux articles, celui qui va nous servir de clef pour pénétrer le sens de l'autre? Sera-ce, comme on le dit, l'art. 310, et pourquoi? Est-il plus grave, plus important que l'art. 216? Bien loin de là. Le législateur s'est-il expliqué plus clairement sur le sens du premier article? Au contraire, il est au nombre des dispositions *adoptées sans observations* (1). Sur quoi donc se fonde-t-on pour trancher en faveur de l'armateur la question de la propriété des futailles vides? Uniquement sur ce fait que le chargeur *n'y a jamais prétendu.*

Mais pourquoi n'y a-t-il jamais prétendu? Parce qu'il n'y a jamais eu intérêt, *à cause du peu d'importance* de l'objet toujours et nécessairement inférieur à la créance née du fret. Dès lors, est-on bien venu à s'écrier : *L'importance de l'objet est insignifiante,* puisque *la loi est conçue dans les mêmes termes?*

Et cela même est bien loin d'être exact. Sans doute, la loi se sert dans les deux articles du même mot *abandon,* mais si, dans l'art. 310, le législateur ne s'est pas préoccupé de son acception, de ses effets, d'une translation de propriété qui n'intéressait personne, sera-t-il juste et vraiment juridique de venir demander précisément à cet article le vrai sens du mot abandon? Je ne le crois pas.

En dehors de ce mot d'*abandon,* je dis que les termes des deux articles et surtout les principes qui les ont inspirés sont loin d'être les mêmes. Il résulte au contraire de la simple lecture de l'art. 310 que la règle, en ce qui concerne le chargeur, est diamétralement opposée à celle qui régit l'armateur : « Le « chargeur *ne peut abandonner* pour le fret les marchandises « diminuées de prix, ou détériorées par leur vice propre ou par « cas fortuit. » Voilà le principe. Et pourquoi? parce qu'il ne s'agit pas pour lui, comme pour le propriétaire de navire, de la responsabilité de faits ou d'engagements *d'autrui,* mais *de son propre engagement.*

(1) Locré, *Législation civile, commerciale et criminelle de la France,* t. XVIII, p. 290.

Voilà donc le principe. Seulement, il y a une exception :
« *Si toutefois* les futailles contenant vin, huile, miel et autres
« liquides, ont *tellement coulé qu'elles soient vides*, ou presque
« vides, lesdites futailles pourront être abandonnées pour le
« fret. »

Sur quoi repose cette exception ? Je défie qu'on en trouve
une autre raison que le *peu d'importance de l'objet*, joint à un
sentiment de pitié pour ce chargeur, obligé de payer un fret
pour une marchandise qui n'existe plus, et de consacrer encore
à l'enlèvement de futailles vides (1) des frais dont leur vente
ne l'indemnisera pas.

Encore une fois, est-il juste, dans ces conditions, d'aller
demander au second paragraphe de l'art. 310, à cette disposition tout exceptionnelle et de circonstance, le sens de l'importante coutume maritime sanctionnée par l'art. 216 ?

En second lieu, je crois qu'on peut reprocher à Dufour, aussi
bien qu'à M. de Courcy, d'avoir fait de cette grave question de
droit une question purement grammaticale. *Abandon veut-il
dire conservation ?* s'écrie le premier. *L'abandon du navire est-il
un abandon du navire ?* reprend le second. Moyen infaillible
d'obtenir un effet d'audience et qui a pu servir au gain d'un
procès, mais d'ailleurs de nulle valeur pour l'interprétation de
formules empruntées à une pratique routinière et le plus souvent ignorante.

Veut-on en voir la preuve dans un sujet qui présente avec le
nôtre la plus frappante analogie ? Il suffit pour cela de se re-
porter aux dispositions qui régissent le délaissement de l'immeuble hypothéqué.

Le tiers détenteur, dit l'art. 2168 du Code civil, est tenu…
ou de payer tous les intérêts et capitaux exigibles, à quelque
somme qu'ils puissent monter, *ou* DE DÉLAISSER *l'immeuble
hypothéqué, sans aucune réserve.*

Appliquons à l'interprétation de cet article la méthode
adoptée par Dufour et M. de Courcy. *Délaisser*, qu'est-ce à dire ?
Ce mot ne signifie-t-il pas une translation ou tout au moins une
abdication complète de la propriété, alors surtout que la loi
parle d'un délaissement *sans aucune reserve ?*

---

(1) Ou *presque vides*, ce qui est la même chose, parce que le peu de
liquide (vin, huile, etc.) qui reste dans ces futailles en vidange est nécessairement altéré.

A ceux qui le contestent, ne pourrait-on pas, comme pour l'abandon, demander si le mot délaissement est synonyme du mot conservation? Ne pourrait-on pas dire que la question équivaut à celles-ci : Le délaissement est-il un délaissement? L'absence de toute réserve équivaut-elle à des réserves?

Et, en effet, qu'y a-t-il de plus près l'un de l'autre, dans notre langue, que ces deux mots : *délaisser*, *abandonner* ? Ne sont-ils pas synonymes? et serait-il bien facile de dire quel est de ces deux mots celui qui exprime avec le plus d'énergie l'idée du détachement parfait (1)?

La réponse de la grammaire est donc une affirmation des plus nettes en faveur de l'effet translatif du délaissement. Ne nous pressons pas cependant de conclure.

En dehors de la langue de la grammaire et du monde, il y a la langue du droit, et le vocabulaire du législateur. Dufour et M. de Courcy en ont tenu compte en rapprochant l'art. 310 de l'art. 216. En les suivant sur ce nouveau terrain, nous avons le droit d'espérer un résultat plus certain encore ; car, au lieu de l'art. 310 muet sur le sens du mot *abandon*, qu'on lui demandait, nous allons trouver une disposition qui indique, sans équivoque possible, la portée que le législateur attribue à l'expression *délaissement*.

Je veux parler de l'art. 385 du Code de commerce, relatif au délaissement que l'assuré peut faire aux assureurs, en cas de sinistre majeur. « Le délaissement signifié et accepté ou jugé « valable, dit cet article, *les effets assurés appartiennent à l'as- « sureur, à partir de l'époque du délaissement.* » Comme on le voit, le doute ne semble pas plus possible au point de vue des habitudes de langage du législateur qu'au point de vue grammatical.

Dira-t-on que je confonds deux lois différentes, promulguées à quelques années de distance, le Code civil et le Code de commerce? Il me serait facile de répondre en demandant si ces deux lois sont rédigées dans deux dialectes différents. Les deux Codes sont écrits en français, j'imagine, et la langue de 1807 ne différait pas sensiblement de celle qu'on parlait en 1804 (2).

(1) Le *Dictionnaire des synonymes* de M. Guizot, qui les porte comme synonymes, ne signale entre eux aucune nuance de ce genre.
(2) On sait que la loi qui forme le titre *Des privilèges et hypothèques*, au Code civil, a été décrétée et promulguée dans les mois de ventôse et de germinal an 11, en d'autres termes, en mars 1804.

D'ailleurs, on pourrait invoquer, en faveur du délaissement translatif de propriété, les textes mêmes qui, dans le Code civil, avoisinent l'art. 2168; par exemple, l'art. 2172, qui exige, chez celui qui demande à user de cette faculté, *la capacité d'aliéner*; ou encore l'art. 2177, aux termes duquel les servitudes et droits réels que le tiers détenteur avait sur l'immeuble avant sa possession, *renaissent après le délaissement*; ou, dans l'art. 2168 lui-même, ces mots « sans aucune réserve, » qui viennent fortifier le mot délaisser et lui donner, ce semble, son acception la plus énergique.

Ainsi, *tous* les arguments qu'on fait valoir pour prêter au mot *abandon* le sens d'une translation, ou tout au moins d'une abdication de propriété, tous ces arguments, et d'autres de même nature, mais plus sérieux encore, pourraient être invoqués pour donner la même interprétation au mot *délaissement* employé dans l'art. 2168.

Eh bien, ce serait là une erreur, et l'art. 2177 vient nous en préserver, en nous apprenant, dans son deuxième alinéa, que s'il reste un excédent sur le prix de l'immeuble après le paiement des hypothèques inscrites, *cet excédent appartient au délaissant* ou à ses créanciers.

Si l'excédent appartient au délaissant, il était donc resté propriétaire après même le délaissement, et, par conséquent, le délaissement *n'est pas translatif de propriété*.

La conséquence est évidente et personne aujourd'hui ne la conteste. Mais alors, que penser de la valeur des arguments qui nous portaient à conclure le contraire même de cette vérité?

Laissons donc les querelles de mots pour ce qu'elles valent, et tâchons de nous élever à l'intelligence des textes.

Quels sont, en dehors de la discussion grammaticale, les arguments invoqués par Dufour? Ils se bornent à un seul, dont la base, à mes yeux, est radicalement fausse. Le voici en substance : Le créancier a deux actions, l'une réelle, sur le navire, *et l'autre personnelle, contre l'armateur*. La loi permettant à ce dernier d'échapper à l'obligation *personnelle* qui pèse sur lui, moyennant l'abandon du navire et du fret, le bon sens indique que ce *privilège* de l'armateur implique une *compensation* et que l'abandon, qui est précisément cette compensation, doit être quelque chose. Or si l'abandon n'est pas translatif de propriété, il n'ajoute rien à l'action réelle que possédait déjà le créancier, et c'est, de la part du législateur, une puérilité que de l'avoir exigé.

Voilà l'argument dans toute sa force.

Il serait facile d'y répondre en se plaçant dans l'hypothèse de l'abandon translatif de propriété pour en montrer les conséquences.

La loi, dans ce système, trancherait d'une façon bizarre, arbitraire et vraiment inouïe le différend entre le créancier du navire et l'armateur. Elle obligerait l'un à *jouer* son navire, et l'autre à accepter, quel qu'il soit, le résultat de ce coup de dés. « Payez-moi, pourrait dire le premier, les 10,000 fr. que j'ai « prêtés au capitaine, ou abandonnez-moi votre navire qui en « vaut 300,000! »

Notez qu'il peut se faire qu'au moment de cette sommation, le propriétaire ignore s'il y a d'autres dettes qui grèvent le navire; que d'ailleurs, en en transférant la propriété, il s'interdirait de le délaisser plus tard aux assureurs, — un même propriétaire ne pouvant légitimement *aliéner* successivement le même objet à deux personnes différentes. Il n'importe, dit-on, cette perte à laquelle il s'expose, ce bénéfice que peut faire le créancier, c'est la *compensation du privilège qui affranchit l'armateur de son obligation personnelle.* Je ne veux pas m'arrêter à faire remarquer le danger de cette théorie dans le système de ceux qui admettent (avec la jurisprudence et la plupart des auteurs modernes) que le porteur d'une *lettre de change* tirée par le capitaine peut, sans attendre le retour du navire, forcer le propriétaire à payer ou à faire abandon du navire et du fret (1). Ce système n'est pas le mien.

Je ne m'arrêterai pas davantage à rechercher si cette obligation imposée à un armateur, de jouer son navire, ne constituerait pas un procédé à la fois plus puéril que la formule

(1) Qu'on suppose un navire obligé, à deux reprises, de relâcher et d'emprunter pour réparer ses avaries. La première réparation n'a motivé qu'une lettre de change de 25,000 francs, mais la seconde exige un emprunt à la grosse de 150,000 francs. La validité du billet de grosse dépendant de l'issue du voyage, le porteur ne se presse pas de le présenter, et l'armateur n'en est pas informé. La lettre de change, au contraire, est expédiée sans délai, et présentée à l'armateur. Si ce dernier est tenu, à la première sommation du porteur, de payer les 25,000 francs ou de *donner en paiement* son navire, et qu'il prenne ce dernier parti, le voilà désormais tenu personnellement des 150,000 francs du billet de grosse. La faculté d'abandon, achetée à ce prix, ne deviendrait-elle pas un avantage illusoire?

qu'on reproche au législateur, et surtout plus contraire aux intérêts du commerce et même à la morale.

J'aime mieux répondre directement en contestant aux adversaires le fondement même de leur argument.

Il repose tout entier, comme on vient de le voir, sur l'existence de l'obligation *personnelle* de l'armateur. C'est sur cette obligation personnelle que Dufour s'appuie pour faire de la faculté d'abandon un privilège unique dans l'histoire du droit, sans analogie possible, soit avec la faculté de délaissement, qui n'affranchit le tiers détenteur d'aucune obligation personnelle, soit avec la cession de biens qui laisse subsister la dette (1).

Eh bien, ce fondement de toute son argumentation n'a aucune solidité. Le but, et, nous l'espérons, le résultat de l'étude présente, sont précisément d'établir l'inexistence de cette obligation personnelle et le caractère purement réel de l'action du billet de grosse. C'est pour cela que nous avons tenu à connaître à fond les origines de notre coutume, et la discussion actuelle vient montrer jusqu'à l'évidence l'utilité de cette recherche.

Si, comme nous espérons l'avoir prouvé, le capitaine n'a jamais eu le pouvoir d'obliger *la personne* de l'armateur, toute l'argumentation de Dufour se trouve ruinée par la base. Dans ce cas, en effet, il devient inutile de chercher une *compensation* à l'affranchissement d'une obligation qui n'a jamais existé. Ce prétendu affranchissement n'est autre chose qu'une formule, et une formule inexacte. C'est un mot mis pour un autre et qui a pour but d'exprimer l'absence de toute obligation personnelle de l'armateur (*domini non sunt obligati*).

Et quant à l'abandon lui-même, si l'on insiste et qu'on persiste à demander en quoi il peut bien consister, je répondrai simplement : L'*abandon* imposé au propriétaire du navire n'est autre chose qu'une formalité conforme, de tous points, à la formalité du *délaissement* imposé au tiers détenteur.

Or en quoi consiste le délaissement et quelle peut bien être son utilité ? Ce n'est pas, il est vrai, chose facile à dire, et nous

____

(1) Dufour n'admet d'analogie qu'entre l'abandon et la *dation en paiement*. Il fait même de l'abandon une vraie dation en paiement. Nous avons montré plus haut (3e partie, ch. 1, § 1) le danger de cette théorie, et ses conséquences inadmissibles, en présence de la faillite de l'armateur.

allons retrouver, mais adressée au législateur cette fois, l'objection qu'on nous posait tout à l'heure. Elle a longtemps embarrassé les esprits les plus sérieux.

Dès lors, en effet, que le délaissement ne constituait, comme nous venons de le voir, ni aliénation ni abdication de la propriété, que devait-on y voir?

L'abandon *de la possession?* — MM. Aubry et Rau (1) ont paru le croire. Mais c'était lui donner une importance trop grande encore. On s'accorde aujourd'hui à reconnaître que le tiers détenteur conserve même la *possession* de l'immeuble délaissé, que les actions possessoires lui appartiennent toujours, et que, si la chose appartient à autrui, la prescription ne cesse pas de courir à son profit (2).

Qu'est-ce donc que le délaissement? C'est, disent tous les auteurs, *une abdication de la détention* (3) de l'immeuble. Eh bien, l'abandon du navire sera, si l'on veut, l'abdication de la détention du navire (4).

Et quelle est, réduite à ces termes si simples, l'utilité du délaissement? C'est, selon la définition de MM. Aubry et Rau (5), « un moyen donné au tiers détenteur pour éviter que la pour-« suite en expropriation ne soit dirigée ou continuée contre « lui-même. » Eh bien, je demande la permission d'en dire autant de l'abandon du navire. Et pour ceux qui seraient tentés, comme Dufour, de voir dans cet effet si minime une puérilité indigne du législateur, je me bornerai à les renvoyer aux art. 2166 et suivants du Code civil et à tous leurs commentateurs.

Je ne vois donc aucune raison pour que l'abandon soit translatif de propriété, et j'en vois une très sérieuse pour qu'elle ne le soit pas. Elle a été donnée par la cour de Rennes et suffit à é'ablir qu'en adoptant cette doctrine, les juges bretons n'entendaient pas *humilier leur raison devant un non-sens plusieurs fois répercuté sans examen.* La preuve, dit l'arrêt de 1873, que l'abandon ne comporte pas nécessairement le transport de

---

(1) T. II, § 287-3° (p. 851 de la troisième édition).
(2) Delsol-Lescœur, t. II, n° 1317; Mourlon, t. III, n° 1626.
(3) *Ibid.*
(4) Dans le cas où le propriétaire le détiendra, car on reconnaît qu'il peut faire abandon du navire *entièrement perdu,* et que par conséquent il ne détient même plus.
(5) T. II, § 287-3° (p. 879 de la troisième édition).

la propriété des objets abandonnés, c'est « que le propriétaire
« d'un navire qui s'est perdu corps et biens peut, en faisant
« l'abandon de ce navire *qui n'existe plus,* dégager complète-
« ment sa responsabilité personnelle. »

La preuve me paraît péremptoire.

Et d'abord l'admissibilité de l'abandon dans l'hypothèse de
la perte totale ne fait plus aujourd'hui doute pour personne.
On l'a contesté, paraît-il. Que n'a-t-on pas contesté ? Mais on doit
répondre avec M. Laurin : « Il n'est pas douteux qu'en cas de
« perte totale, l'abandon ne soit admissible, premièrement parce
« que la loi ne distingue pas ; en second lieu, parce que la so-
« lution contraire serait *au rebours de son esprit.* Il en résul-
« terait, en effet, que l'armateur serait d'autant plus tenu que la
« situation serait plus mauvaise et ses pertes plus considérables»
(Cpr. les art. 258 et 369 du Code de commerce).

L'opinion à laquelle s'attaque l'éminent professeur suppose
d'ailleurs une ignorance absolue de la coutume qui a donné
naissance à l'art. 216. C'est surtout ou plutôt c'est *uniquement*
au propriétaire dont le navire avait péri qu'a été primitivement
accordée la faculté d'abandon, et l'on se rappelle la naïve expression du vieux coutumier : « Aucun parsonnier n'est tenu de
« rien rendre à celui qui aura prêté, *puisque le navire est rompu
« et perdu. Le parsonnier y perd assez puisqu'il y perd sa part.* »

C'est par induction seulement qu'on a pu voir dans ces décisions coutumières le droit d'abandonner le navire et le fret
pour s'affranchir de toute contribution aux pertes quand le
navire arrive à bon port. On a fait le raisonnement suivant :
Si le propriétaire n'est point obligé quand le navire est en
pièces, à plus forte raison peut-il éviter de contribuer au paiement des dettes, en abandonnant aux créanciers, *jusqu'à parfait paiement,* le navire et le fret produit par son voyage. Mais
quant à la coutume, sa décision n'avait trait, comme on vient
de le voir, qu'à l'hypothèse même de la perte du navire.

Et c'est en cela surtout que l'argument de la cour de Rennes
me paraît excellent. C'est qu'au lieu de supposer, comme on
le fait trop souvent, quelque circonstance exceptionnelle et qui
ait pu échapper à l'esprit du législateur de l'abandon, il se place
dans l'hypothèse même qui s'est la première offerte à sa vue
et qui lui a donné l'idée de la faculté dont il s'agit.

C'est dans ce cas, dans le cas même prévu par la coutume et, après elle, par l'art. 216, que l'abandon serait *impossible* si la translation de propriété était de son essence. Et en effet, pour transmettre une propriété il faut l'avoir; pour avoir la propriété d'une chose il faut que cette chose existe; le néant n'appartient à personne. Eh bien, supposez qu'un navire ait péri, que le feu l'ait consumé en entier sous les yeux de tous; que la chose soit certaine. Le propriétaire peut-il en faire l'abandon? Oui. En a-t-il donc la propriété? Non, puisqu'elle n'existe plus. Et c'est l'hypothèse ordinaire, *en vue de laquelle* le législateur s'est décidé à consacrer la faculté d'abandon? J'ai le droit d'en conclure que la faculté d'abandon n'est pas *par sa nature* translative de propriété.

On peut prévoir une objection dont je suis loin de méconnaître la gravité. Le raisonnement de la cour de Rennes, dira-t-on, pourrait aussi bien s'appliquer au *délaissement* que l'assuré peut faire aux assureurs, car il implique, au même degré au moins que l'abandon, une *perte* ou une présomption de *perte tot c* de la chose assurée. Et cependant il est impossible, en présence des termes de l'art. 385, d'admettre que le délaissement ne soit pas translatif de propriété.

Quelque spécieux que soit l'argument, je crois qu'on peut y répondre en montrant que la cession comprise dans le *délaissement* s'explique par des raisons *spéciales à la matière*, et qu'on ne saurait, malgré la meilleure volonté du monde, appliquer à l'abandon.

Tout d'abord, il faut se garder de croire que la translation de propriété soit *de l'essence du délaissement*. Valin est, à ma connaissance, le seul jurisconsulte de quelque valeur qui ait osé le dire, et il s'appuyait, en le disant, bien moins sur la coutume maritime que sur le texte de l'art. 60 de l'ordonnance (1).

Les recueils coutumiers, les lois anciennes elles-mêmes, comme le statut de Gênes, ne parlent jamais que d'une *renonciation* de l'armateur à reprendre possession de la chose assurée, ou plutôt d'une renonciation à cet ensemble de droits, de titres, de recours, assez difficiles à définir et que, pour cette raison probablement, les juristes du moyen âge désignaient sous le nom expressif d'*implicita : Concedit assecuratis facultatem exigendi in quocumque casu sinistro securitates in totum, si voluc-*

---

(1) Valin, sur l'art. 60 du titre *Des Assurances*.

rint ; *et res securatas (seu ut vulgo dicitur* IMPLICITAM) *renunciare* (Casarégis, disc. 3, n° 6).

Quant aux auteurs anciens qui ont traité de la nature du délaissement, la difficulté, ou, pour mieux dire, l'impossibilité de transmettre ce qui n'existe plus, les a vivement préoccupés.

De l'aveu d'Émérigon, « il paraît *incongru* de délaisser aux « assureurs une chose dont la perte absolue est déjà constatée. « Cependant, suivant nos lois maritimes, on peut délaisser à ses « assureurs la chose entièrement périe (1). »

Et voici comment, à la suite de Roccus, il essaie d'expliquer cette anomalie : « L'objet de l'assurance est de procurer à l'assuré *l'indemnité* des pertes et des dommages qu'il souffre ; mais pour parvenir à cette indemnité, il n'est pas nécessaire, suivant le droit des gens, que l'assuré abdique le domaine de sa chose, quoique, si la chose assurée périt, *elle périsse pour le compte des assureurs* (2). »

C'est seulement à l'aide d'un *pacte spécial* mettant à la charge des assureurs la perte de la chose assurée (*nihil impediente pacto, quod si illæ pereant, non eorum domino, sed assecuratori pereunt.* Roccus, note 9) qu'on justifia d'abord le paiement de l'indemnité. De ce pacte on arriva à conclure qu'il fallait considérer les assureurs comme propriétaires, puisque *res perit domino.*

« Ce principe, dit M. Cauvet (3), fut appliqué au rebours, en ce sens que si, dans le droit commun, on va du droit de propriété à la responsabilité de la perte, dans le droit maritime et au cas de délaissement, on alla *de la responsabilité de la perte au droit de propriété.* On tira de là plusieurs conséquences qui constituent dans leur ensemble la théorie du délaissement... »

Signalons, entre autres conséquences, l'effet rétroactif du délaissement « qui le fait remonter au jour de la perte. Ce point est constant, malgré les termes de l'art. 385, qui... ne s'occupe que du moment où le lien de droit se forme (4). »

Suivant le même auteur, « la difficulté de fixer, au moyen des principes du droit commun, *la nature de la transmission qu'opère le délaissement* s'est toujours trahie par le vague et l'incertitude du langage... »

(1) *Traité des assurances,* ch. 17 pr.
(2) *Ibid..* section première.
(3) *Traité des assurances maritimes,* t. II, n° 378.
(4) *Ibid*

Et après s'être attaché à démontrer l'insuffisance de l'explication donnée par Emérigon (1), et le peu de lumière que l'art. 385 fournit dans la question (2), il conclut ainsi : « Tout est inexplicable dans cet ordre d'idées, si on se rattache aux principes du droit commun ; tout s'explique au contraire si on s'en tient à la théorie spéciale du délaissement, telle que la tradition l'a fixée. Ne l'oublions pas, d'après cette tradition, attestée par les docteurs qui ont été les promoteurs des principes qui régissent l'assurance, le délaissement n'est que la forme particulière d'une action par laquelle l'assuré demande à l'assureur l'entière somme assurée, avec cette condition qu'il devra au préalable (*antequam ille agat*) renoncer aux objets assurés (*renunciare implicitæ*), afin que l'assureur puisse, s'il le veut, en prendre possession. Dès lors, lorsque l'assuré dit *je délaisse*, cela veut dire : *payez la somme assurée et disposez des objets sauvés comme il vous conviendra.* — Lorsque l'assureur dit *j'accepte*, cela veut dire : *je m'oblige à payer la somme assurée, et je prends acte de votre renonciation au sujet de laquelle j'aviserai.* Il n'y a rien de plus dans le délaissement (3). »

Et en effet, la *fin* du délaissement, tous les auteurs le reconnaissent, n'est pas de transmettre à l'assureur la propriété de l'objet assuré (4), mais *de mettre la perte totale au compte de l'assureur*. Et comme, d'après la coutume, le délaissement est le *seul moyen* d'atteindre ce but, on est arrivé à le permettre, même au cas de perte totale, bien qu'il parût alors, aux yeux même de Casarégis, *une formalité inutile* (5).

Il se pouvait qu'on se fût trompé, que quelques-uns au moins des objets assurés fussent recouvrés, et comme d'une part il eût été immoral que l'assuré bénéficiât à la fois de l'indemnité intégrale et du sauvetage, et que, d'autre part, l'armateur, devenu peut-être insolvable, n'eût pu, en reprenant possession des

---

(1) « Emérigon a dit que *l'assuré subroge les assureurs en son lieu et place l...* Ce qui n'éclaircit rien, puisque la recherche de la nature de l'acquisition étant supprimée, il reste à déterminer la nature de la subrogation. »

(2) « L'art. 385 dit : *Le délaissement signifié et accepté ou jugé valable les effets appartiennent à l'assureur...* Étrange moyen de transmission, L'assuré stipule en ces termes : Je délaisse les effets assurés, j'y renonce, je m'en démets... L'assureur répond : J'accepte que vous les délaissiez. — Et par le seul effet de ce dialogue, l'assureur devient propriétaire. »

(³) *Ibid.*, n° 379.

(4) Et par conséquent cette transmission *n'est pas de son essence.*

(5) Disc. 3, n° 23 ; et disc. 70, n°ˢ 5 et 33.

objets sauvés, restituer une partie proportionnelle de l'indemnité qu'il avait touchée, les assureurs prirent la précaution d'exiger, *dans tous les cas, la renonciation de celui-ci au sauvetage.*

Ainsi la nature de la transmission de la propriété qui résulte du délaissement, et l'application de ce principe au cas où la chose n'existe plus, a donné lieu aux difficultés les plus graves. On ne peut en sortir qu'à l'aide d'un long exposé historique et de considérations tirées de la nature même du contrat d'assurances et des principes qui lui sont spéciaux.

En dehors de ces explications, ces difficultés suffiraient et au delà pour nous faire douter d'une transmission de propriété, si nous ne nous trouvions en présence d'un texte formel qui l'affirme.

Or, en ce qui touche l'abandon, ce texte n'existe pas. La tradition, si constante à affirmer l'effet translatif du *délaissement*, est muette au sujet de l'*abandon*. Le pacte qui a été comme l'embryon du délaissement, et qui mettait la perte à la charge des assureurs, ce pacte d'où est sorti précisément l'effet translatif du délaissement en vertu de la règle *res perit domino*, ne peut évidemment se supposer entre le créancier abandonnataire et l'assureur *que ne lie aucun contrat.* On doit reconnaître également que, s'il serait immoral que l'assuré, tout en gardant l'indemnité de l'assurance, reprît possession du navire, il n'est contraire à aucune règle du droit ou de l'équité que le propriétaire dont le navire est grevé de dettes touche ce qui peut rester du prix de ce navire, après que tous les créanciers ont été désintéressés. Enfin le prêteur à la grosse, bien qu'il ait fait l'avance des fonds, n'est pas désarmé, comme les assureurs, contre la reprise de la possession du navire par l'armateur. Il a sur le navire un *droit réel* qui lui garantit le remboursement de son prêt. Il n'a donc point, comme l'assureur, de précautions à prendre contre l'armateur, et n'a pas à lui demander le sacrifice d'un droit de propriété qui ne lui porte aucun tort.

Rien, en un mot, n'autorise à assimiler deux facultés aussi distinctes que l'abandon et le délaissement maritime, ni à suppléer dans l'art. 216 la disposition qui forme le premier alinéa de l'art. 385.

Bien au contraire, les principes de l'abandon ne souffrant aucune des explications que fait naître cette dernière disposition, l'impossibilité de transmettre ce qui n'existe plus garde ici toute sa valeur, et nous persistons à croire que l'abandon ne transmet pas la propriété.

Devons-nous en conclure que le créancier abandonnataire ne peut conserver le navire, et qu'il est obligé de faire procéder à une vente judiciaire?

En principe, je n'en doute pas. C'est une conclusion qui s'impose, et si le propriétaire croit la valeur du navire supérieure à la dette, il peut obliger le créancier à remplir cette formalité.

Cette opinion a contre elle une décision du tribunal de commerce de la Seine, dont la cour de Paris a purement et simplement adopté les motifs (1). Un de ces motifs consiste à remarquer « *que rien même dans l'art. 216, spécial à la matière, n'oblige à la vente du navire, objet de l'abandon.* »

La loi est muette, je le reconnais, et l'objection ne manque pas de gravité. On peut répondre cependant que la loi est faite pour les cas ordinaires, qu'elle prévoit le *plerumque fit*; que, quatre-vingt-dix-neuf fois sur cent, l'abandon se fera dans des conditions où l'adjudication du navire serait ou impossible (s'il a péri dans un naufrage) ou inutile (si la créance est notoirement supérieure à la valeur du navire).

En ce cas, je crois en effet que l'abandonnataire est dispensé de faire vendre le navire et peut le conserver. Le silence de la loi est un argument sérieux en sa faveur. Peut-être même, pourrait-on aller, dans ce même cas, jusqu'à voir dans l'abandon du propriétaire fait évidemment *sans réserve* et sans aucun espoir de rien en recouvrer, un moyen pour l'abandonnataire d'acquérir la propriété du navire, comme l'a vu M. Cresp (2).

Il serait bien dur, en effet, et bien contraire à l'esprit de la législation maritime de forcer un malheureux créancier auquel on abandonne un gage déjà très inférieur à ce qui lui est dû, à diminuer encore et peut-être à détruire de ses propres mains la valeur de ce gage en le condamnant à des procédures coûteuses, *sans profit pour personne.*

(1) Jugement du 4 mars 1861 et arrêt du 29 mars 1862, intervenus dans l'affaire Lecampion et Théroulde, la même qui a donné occasion à la note de Dufour citée plus haut.

(2) T. I, p. 292. Je m'expliquerais ainsi que M. Desjardins qui enseigne au n° 297 de son excellent ouvrage que l'abandon n'est pas translatif, le range cependant au n° 91, parmi les modes de transmission du droit commercial.

Mais, toutes les fois que le propriétaire armateur pourra justifier de l'intérêt qu'il a à ce que le navire soit mis en vente, je suis convaincu qu'il a le droit de contraindre l'abandonnataire à poursuivre l'adjudication (1).

Le silence de la loi sur lequel on s'appuie pour lui contester ce droit ne saurait constituer un argument décisif. Tout ce qu'on peut dire dans ce sens, c'est que, la loi ne pouvant obliger le créancier à vendre le navire dans l'hypothèse où l'abandon l'aurait rendu propriétaire, le silence du législateur trouve dans ce système une explication toute naturelle.

Mais si l'abandon, comme je le crois, ne l'a pas rendu propriétaire, il reste simple créancier, obligé par conséquent, s'il veut réaliser le gage, de procéder à la vente en justice. Etait-il besoin que le législateur s'en expliquât expressément? Evidemment non ; cela résulte de sa simple situation de créancier.

La question de savoir s'il est obligé de vendre est donc une question accessoire dont la solution dépend nécessairement de celle qu'on doit donner à la question *préalable* du caractère acquisitif ou non acquisitif de l'abandon. Si le législateur avait tranché expressément l'une de ces questions, l'autre se trouverait par là même implicitement résolue. Mais la loi est muette sur l'une et sur l'autre, et vouloir tirer *de son silence* sur la question accessoire un argument décisif sur la question principale me paraît une légèreté, tout au moins une imprudence, alors surtout que rien n'indique que l'une ou l'autre question n'ait été un instant présente à l'esprit du législateur.

Laissons donc de côté les textes qui ne disent rien. Ne forçons pas le législateur à parler malgré lui. Cherchons la solution des questions principales avant d'aborder celles qui en dépendent.

C'est ce que nous avons essayé de faire, en demandant cette solution aux principes mêmes de la matière. Nous avons donné les motifs de notre opinion. Il nous reste à la résumer : En principe et au point de vue du droit, l'abandon du navire ne contient *par lui-même* ni aliénation, ni abdication de propriété. Mais il peut devenir translatif de propriété par la volonté du propriétaire qui fait l'abandon. Et cette volonté se présumera

(1) Et dans ce cas, la propriété demeure sur sa tête jusqu'à l'adjudication.

toutes les fois qu'il n'apparaîtra pas qu'il eût intérêt à conserver cette propriété (1).

CHAPITRE IV

DE LA RENONCIATION A LA FACULTÉ D'ABANDON ET DE DIVERSES PRÉTENDUES CAUSES DE DÉCHÉANCE

§ 1er. — *Saisie et vente judiciaire du navire poursuivies contradictoirement contre l'armateur.*

L'abandon du navire est-il astreint à une forme spéciale? Y a-t-il des délais dont l'expiration entraîne une fin de non-recevoir opposable à l'armateur? La négative a en sa faveur une tradition constante et unanime. « La loi, dit Emérigon, « n'établit aucune forme pour faire ce délaissement. Il suffit « qu'on le fasse *de quelque manière que ce soit*. Elle ne pres-« crit aucun temps ; on est donc reçu à faire l'abandon *en tout* « *état de cause* (2). »

La faculté d'abandon n'est point une *exception* qui doive, sous peine de déchéance, être opposée *in limine litis*. La jurisprudence et la doctrine tendent plutôt à y voir un *mode de libération*.

Il y aurait bien encore quelques réserves à faire contre cette dénomination qui semble impliquer, de la part de l'armateur, une obligation personnelle dont nous n'avons cessé de contes-

(1) Entre l'opinion que nous avons soutenue et celle de MM. Dufour et de Courcy, qui attribuent à l'abandonnataire la propriété du navire abandonné, il y aurait bien un moyen terme consistant à dire que *l'armateur-propriétaire abdique et perd la propriété du navire, sans que, pour cela, elle soit acquise au créancier abandonnataire*. On pourrait même expliquer ainsi les deux décisions de Marseille, critiquées par nous comme contradictoires, mais qui se sont bornées à consacrer successivement les deux termes de cette proposition. On peut voir, dans le passage de Dufour cité plus haut, une allusion à cette opinion que l'auteur eût probablement admise à titre subsidiaire.

Mais d'abord ce système se heurterait au principal argument de Dufour lui-même, qui voit, dans l'aléa de l'abandon *acquisitif pour le prêteur*, la juste et nécessaire *compensation* du *privilège* fait à l'armateur par l'art. 216.

Et puis si l'abandon constituait une simple abdication de la propriété, sans aliénation au profit de personne, s'il mettait fin à la propriété de l'armateur sans être acquisitif pour les créanciers, le navire deviendrait donc *res nullius*, ou tout au moins *bien vacant et sans maître*, et après le paiement des créances auxquelles il était affecté, l'excédent, s'il y en avait un, appartiendrait à *l'État* ou même *au premier occupant!!* A vrai dire, le droit de l'armateur nous paraît préférable.

(2) *Contrats à la grosse*, ch. 4, sect. 11, § 6.

ter l'existence. On doit reconnaître cependant que si l'armateur se refusait à faire l'abandon, il s'exposerait en définitive à une condamnation personnelle. En ce sens, l'abandon libère l'armateur, si l'on veut, comme le délaissement libère le tiers détenteur, exposé au même danger.

Sous le bénéfice de ces réserves, l'expression peut être admise sans difficulté. Elle a le grand avantage d'écarter l'idée d'une *exception*, et de montrer clairement la recevabilité de l'abandon en tout état de cause.

J'en conclus que la faculté d'abandon ne se perd *que par la renonciation de l'armateur* (1).

Cette vérité a été contestée : « On a voulu voir dans d'autres « cas, dit M. Laurin (2), soit *une déchéance proprement* dite, soit « une renonciation ; ainsi, en cas de perte du navire, ainsi au « cas où le propriétaire aurait laissé engager le procès en res- « ponsabilité, sans user préalablement de la faculté d'abandon, « ou bien aurait fait délaissement aux assureurs. Mais rien de « tout cela n'est fondé... »

C'est bien notre opinion, et nous croyons que la faculté d'abandon ne comporte pas plus de déchéances que la faculté de payer ce qu'on doit. Elle pourra être exercée, suivant l'énergique expression de M. Laurin, *tant que la dette ne sera pas éteinte par le paiement direct et intégral qui en serait fait.*

Le même auteur ajoute, il est vrai : « Et il n'y aura de *déchéance* que tout autant qu'on se trouvera en présence *d'un résultat irrévocablement acquis, comme une saisie dûment faite et consommée.* » Mais cette réserve, qui s'appuie sur un arrêt de la cour d'Aix, du 26 mars 1825, soulève une grave question dont l'étude va précisément faire l'objet principal de ce chapitre.

La faculté d'abandon, avons-nous dit, ne peut se perdre que par la volonté de l'armateur qui consent à y renoncer. Mais, pas plus que l'abandon lui-même, la renonciation n'a de forme sacramentelle. Il n'est même pas nécessaire qu'elle soit formellement exprimée ; elle peut être *tacite*, et l'on devine que l'incertitude qui résulte de cette dernière forme, ou plutôt de cette absence de forme, a donné lieu à de nombreuses contestations.

Il est cependant, au sujet de la renonciation tacite, un prin-

(1) Arthur Desjardins, t. II, n° 295 ; Laurin sur Cresp, t. ', p. 635.
(2) T. II, p. 636.

cipe sur lequel on s'accorde, à savoir : que la renonciation ne
se présume pas.

« L'abandon peut être admis, a dit la chambre des requêtes,
« dans un arrêt de rejet du 31 décembre 1856, tant qu'il n'est
« intervenu aucun fait *duquel on puisse induire que le proprié-*
« *taire du navire a renoncé à faire usage de son droit.* »

Et, suivant la cour de Rennes (1), dont M. Desjardins ap-
prouve la jurisprudence, il faut que le fait en question établisse
d'une manière *claire* et *précise* que celui qui veut faire abandon
a renoncé à cette faculté. « Il suffit, mais *il faut*, ajoute l'éminent auteur, que la renonciation résulte d'actes impliquant, de
la part du propriétaire, *l'intention d'acquitter* PERSONNELLEMENT
la dette (2). »

Ainsi, la *ratification* des engagements pris par le capitaine
est un mode de renonciation tacite ; mais il ne faut pas confondre la ratification et la simple connaissance des engagements
pris par le capitaine. La cour de Rennes, et après elle M. Desjardins, insistent à bon droit sur cette distinction nécessaire.
La cour de Bordeaux s'y est conformée, jusqu'à l'exagérer,
peut-être, lorsqu'elle a décidé que la *promesse* d'un armateur
de se libérer à l'arrivée du navire ne peut faire supposer la volonté de renoncer à la faculté d'abandon, parce que cette faculté n'est qu'un moyen de libération, et qu'en ajournant sa
libération jusqu'à l'arrivée du navire, il paraissait n'avoir pas
entendu se lier d'une manière absolue, quels que pussent être
les événements de la navigation (3).

Quels actes impliqueront la volonté d'acquitter personnellement la dette ?

Ce « ne peut être, dit M. Laurin (4), qu'une question de fait
entièrement subordonnée aux circonstances. »

« On n'en saurait essayer l'énumération, ajoute M. Desjar-
« dins (5), et le juge du fait se déterminera le plus souvent
« d'après les circonstances. Une cour a pu décider (6) que la
« renonciation ne saurait s'induire de nouvelles expéditions

(1) 27 mars 1873 (*J. de M.*, 1874, 2, 128).
(2) T. II, n° 295.
(3) Bordeaux, 9 août 1859 (*J. de M.*, 1859, 2, 167). Le navire avait été
vendu par suite de fortune de mer.
(4) T. I. p. 635.
(5) T. II, n° 295.
(6) C. du Sénégal, 5 mai 1854 ; le pourvoi formé contre cet arrêt a été
rejeté le 31 décembre 1856.

« auxquelles l'armateur a employé son navire, et d'autres cir-
« constances de fait ont pu permettre à d'autres juges de ré-
« soudre autrement une question analogue (1). La cour de
« Rennes a pu juger que la vente judiciaire du navire n'ex-
« cluait pas la faculté d'abandon, alors et parce qu'elle était
« *opérée sans participation* de l'armateur (2). Mais la cour
« d'Aix a pu très bien juger qu'un armateur avait renoncé à
« l'abandon en laissant sciemment poursuivre *contre lui* cette
« vente judiciaire (3). »

Ce dernier arrêt est précisément celui qu'invoquait tout à
l'heure M. Laurin, pour admettre une cause de *déchéance* de la
faculté d'abandon, en présence d'un résultat irrévocablement
acquis, comme une saisie dûment faite et constatée.

On vient de voir que la cour de Rennes est d'un avis contraire, et M. Desjardins croit pouvoir concilier ces deux décisions en les expliquant par la différence des espèces soumises
aux deux cours souveraines. Etudiez les faits, semble-t-il dire,
et vous aurez la clef de cette apparente contrariété. Voyez les
différences : Dans l'espèce soumise à la cour de Rennes, la saisie
du navire avait été opérée *sans la participation de l'armateur*;
dans celle qu'avait à juger la cour d'Aix, il avait au contraire
laissé *sciemment* poursuivre *contre lui* la vente judiciaire.

J'ai suivi ce conseil, j'ai étudié les faits, autant du moins que
le permet le laconisme parfois regrettable des recueils de jurisprudence, et j'ai retiré de cette étude la conviction que la
divergence de jurisprudence ne tenait pas à la variété des
espèces, mais à une contrariété de doctrine. J'ajoute que les
deux arrêts sont parfaitement logiques, étant donnés leurs points
de départ différents, et qu'ils indiquent manifestement deux courants contraires de jurisprudence entre lesquels il faut choisir.

Voyons d'abord les faits soumis à la cour d'Aix.

Le sieur J. G., porteur d'un billet de grosse souscrit par le
capitaine du dogre *les Bonnes Sœurs*, obtient, à la date du 14 février 1823, un jugement qui condamne *le capitaine* au paiement
du billet. — En vertu de ce jugement, il fait saisir le dogre et
en poursuit la vente judiciaire.

Je n'ai pas à énumérer ici toutes les formalités nécessaires

(1) Marseille, 28 décembre 1864.
(2) Rennes, 28 mars 1873 (*J. de M.*, 1874, 2, 127).
(3) Aix, 26 mars 1825 (*J. de M.*, t. VI, 1, 60).

pour atteindre ce but. Le poursuivant s'est conformé naturellement à la loi.

Je me borne à faire remarquer que les significations et citations nécessitées par cette procédure ont été données à l'armateur, Bernaërt, *en la personne du capitaine Durand*, conformément à l'art. 201 du Code de commerce, et que le commandement lui-même n'a été donné que de cette façon, ainsi que le permet l'art. 190, *si la créance est du nombre de celles qui sont susceptibles de privilège sur le navire, aux termes de l'art. 191.*

C'est seulement après que tout est fini, alors que le navire est vendu et adjugé définitivement, que sommation est faite au sieur Bernaërt *à son domicile*, à Dunkerque, de s'entendre, dans le mois, avec les créanciers sur la distribution du prix de son navire, et que citation lui est faite au même domicile, pour entendre le tribunal de Marseille *déclarer exécutoire contre lui, en qualité de propriétaire* et armateur du dogre *les Bonnes Sœurs*, la condamnation prononcée au début *contre le capitaine*.

A la date du 26 janvier 1821, intervient un jugement par défaut qui prononce cette commune exécution. Bernaërt y forme opposition en temps utile, et c'est sur cette opposition qu'on plaide et que Bernaërt fait abandon du navire affecté à la grosse.

Voilà les faits, du moins si l'on nous permet de négliger un incident relatif à un règlement d'avaries communes, qui n'a exercé aucune influence sur la solution de la question.

Et de ces faits le tribunal de commerce de Marseille et après lui la cour d'Aix ont conclu à la non-recevabilité de l'abandon, parce que l'armateur avait laissé consommer la vente judiciaire de son navire.

Sciemment, remarque M. Desjardins.

On pourrait très bien le contester, et en fait Bernaërt prétendait avoir tout ignoré. En effet, le capitaine, *en la personne duquel* l'armateur avait reçu toutes les significations et citations *jusqu'à la consommation de la vente inclusivement*, avait très bien pu les mettre dans sa poche, sans en prévenir ce dernier. Or le propriétaire ne répond que moyennant la faculté d'abandon des faits du capitaine.

En insistant sur ce point, je n'ai pas la prétention d'apprécier les faits d'une manière plus exacte que la cour qui les avait sous les yeux. Je tiens seulement à faire remarquer qu'ils se présentaient d'une manière plutôt favorable que défavorable pour l'armateur, et qu'il n'y avait, dans l'espèce soumise à la cour d'Aix, rien de particulier, rien qui ne se retrouve dans toutes les saisies de navire.

Cette observation est d'autant plus utile que, si nous passons à l'arrêt de la cour de Rennes, pour comparer les deux es-pèces, le silence de l'arrêtiste sur les circonstances de la cause aurait pu nous gêner beaucoup. L'arrêtiste est muet sur les circonstances du fait qui a motivé la décision de la cour de Rennes.

Un fait seulement r essort de l'arrêt lui-même, c'est que le navire avait été saisi et vendu judiciairement à la requête d'un séquestre judiciaire qui, postérieurement à la consommation de cette saisie, poursuivait personnellement l'armateur, et se fondant sur la saisie même qu'il avait provoquée, prétendait le faire déclarer déchu de la faculté d'abandon.

Mais cela même nous suffit pour affirmer la parfaite ressem-blance des faits dans les deux affaires.

Dès lors, en effet, qu'il s'agit de deux demandeurs, ayant poursuivi la vente judiciaire de deux navires, opposant la saisie et la vente de. ces navires, comme fin de non-recevoir, à l'a-bandon qu'en offre le propriétaire, et que la première de ces espèces n'a rien offert à nos yeux que la marche régulière d'une saisie de navire conforme à la loi, cette même loi nous est garante que nous retrouverons dans la seconde espèce tout ce que nous avons vu dans la première ; que toutes les signifi-cations et citations où la cour d'Aix a su trouver une fin de non-recevoir se sont nécessairement retrouvées devant la cour de Rennes.

Comment donc celle-ci a-t-elle pu déclarer que la saisie et la vente du navire avaient été opérées *sans la participation* de l'armateur saisi?

Probablement parce qu'elle a apprécié les citations données à ce dernier *en la personne du capitaine*, comme nous étions tentés d'apprécier nous-mêmes les citations ainsi données au sieur Bernaërt. Elle n'y a vu qu'une participation, qu'un fait *du capitaine*, qui ne pouvait mettre aucun obstacle à l'abandon.

Quoi qu'il en soit, il n'y a pas là seulement, comme l'en-seignent la plupart des auteurs, une question *de fait*, mais bien une question *de droit* qui peut se formuler ainsi : *L'armateur*

est-il déchu de la faculté d'abandon par la saisie et la vente ju-
diciaire de son navire ?

C'est à cette question nettement posée que la cour d'Aix a répondu affirmativement et la cour de Rennes négativement. Examinons les arguments de l'une et de l'autre.

Tout d'abord le jugement du tribunal de commerce de Marseille, confirmé par la première, fait valoir une raison d'équité et de morale : « Si les propriétaires, dit l'arrêt, pouvaient à « leur gré, en tout état de cause et même après la vente, se « libérer par l'abandon du navire et du fret, cette latitude in- « définie, outre qu'elle serait contraire à la morale de la légis- « lation (?), aurait pour résultat inévitable de livrer le sort des « créanciers à leur entier arbitre. Ces propriétaires pourraient « attendre impunément que des dépenses et des frais considé- « rables eussent absorbé la valeur du navire pour faire un « abandon tardif ; ils pourraient aussi attendre impunément « les chances et le résultat de la vente, ne pas abandonner si « cette vente était avantageuse, et abandonner si elle était rui- « neuse. Mais une pareille alternative ne peut leur être laissée « et l'action ne peut plus exister, alors que le sort des créan- « ciers a été aggravé par une masse plus ou moins importante « de frais, alors surtout que la position de toutes les parties a été « connue et fixée par des jugements, comme dans l'espèce de « la cause. »

Un mot suffit, a-t-on dit, au nom de l'appelant, pour répondre à cette objection. Il dépend du créancier de forcer le propriétaire à s'expliquer ; il n'a pour cela *qu'à l'attaquer per- sonnellement* et de suite, avant même la discussion du gage. Il faudra bien alors que le propriétaire opte et se décide.

L'observation est très juste. Le créancier se plaint que la faculté, pour l'armateur, d'attendre pour faire l'abandon le résultat de la vente, permet des abus, et le met, lui créancier, à la merci du propriétaire qui profitera de la vente si elle donne un bon résultat, et dans le cas contraire s'en désintéressera en abandonnant le navire.

L'armateur lui répond : Vous avez un moyen des plus faciles de parer au danger dont vous vous plaignez. Il suffit pour cela de m'attaquer *personnellement* avant de vous en prendre au navire, ou même durant le cours de la poursuite. Vous négligez à dessein le moyen que la loi vous donne, afin de tourner la

disposition de l'art. 216, de me faire perdre la faculté qu'elle
m'accorde, et de vous réserver l'action personnelle contre moi,
après avoir épuisé l'action réelle contre mon navire qui naît
de votre contrat de grosse. La justice ne peut favoriser le succès
du piège que vous m'avez tendu.

Au reste, le motif du jugement auquel nous faisons allusion
n'a pas été reproduit par l'arrêt.

Je comprends beaucoup mieux, je l'avoue, la fin de non-recevoir opposée par la cour de Rennes à l'auteur de la poursuite
judiciaire. « Considérant, dit l'arrêt, que dans ces conditions
« la vente du navire opérée sans aucune participation de la
« part de l'armateur ne peut, pas plus que la perte de ce na-
« vire par un événement de mer, le priver du droit de sauver
« sa fortune terrestre en faisant abandon du navire et du fret,
« *et que Losach* (l'auteur de la poursuite) *est d'autant moins*
« *fondé à soutenir le contraire que c'est lui qui a poursuivi la*
« *vente du navire et* CRÉÉ AINSI LA SITUATION DONT IL ENTEND
« AUJOURD'HUI PROFITER; que jusqu'à preuve du contraire, l'on
« doit supposer que ce navire a été vendu dans les meilleures
« conditions possibles; que le prix en est détenu par Losach (1);
« qu'il représente encore le navire, et que dans ces circonstances
« *aucun préjudice ne peut résulter* de ce que, au jour où l'aban-
« don est offert par Michel, le *Louis XIV* ne se trouve plus en
« la possession de celui-ci. »

Le tribunal de commerce de Marseille répond, il est vrai,
à l'argument tiré de ce que le prix du navire existe et représente le navire :

« Considérant, à cet égard, lisons-nous dans le jugement,
« que, d'après le texte *formel* de l'art. 216 du Code de com-
« merce, la responsabilité des propriétaires du navire ne peut
« cesser *que par l'abandon* MATÉRIEL du navire et du fret; *d'où*
« *il suit que toutes les fois que le navire est sorti des mains du*
« *propriétaire, l'abandon devient non recevable, parce qu'il est*
« *impossible*; que d'ailleurs, l'abandon étant limité au navire,
« il ne peut s'étendre au prix; que la représentation de l'un
« par l'autre serait en opposition directe avec le sens littéral de
« l'art. 216, qui exige impérieusement l'abandon du navire *et*
« *repousse par cela même l'abandon du prix représentatif de ce*

____

(1) Nous avons déjà dit que Losach avait été nommé séquestre judiciaire.

« *navire* ; qu'on ne peut d'ailleurs admettre une pareille repré-
« sentation sans ajouter au texte de la loi... »

L'arrêt de la cour d'Aix, avec plus de laconisme et d'élé-
gance dans la forme, reproduit, à peu de chose près, l'objection des premiers juges : « Attendu, y est-il dit, qu'après avoir
« laissé consommer la vente du navire *et la distribution de son*
« *prix*, l'appelant ne peut plus user de la faculté d'abandon
« que donne aux propriétaires du navire l'art. 216 Code de
« commerce, *puisqu'il ne peut plus effectuer l'abandon d'une*
« *chose qu'il ne possède plus.* »

Il est fait mention, dans ce *considérant*, d'une circonstance
spéciale qui manquait dans l'espèce jugée par la cour de
Rennes, à savoir : la distribution du prix du navire aux créanciers. Mais nous pouvons réserver ce point, qui fera tout à
l'heure l'objet d'un examen particulier.

En dehors de cette mention, je dis que la cour d'Aix consacre la théorie relative à la *matérialité de l'abandon*. Cela ressort des derniers mots de l'arrêt précité, et, mieux encore,
d'un autre arrêt de la même cour, qui reproduit *mot pour mot*
le motif du jugement, auquel nous faisons allusion (1).

Et maintenant d'où vient donc cette théorie, et comment le
tribunal de commerce de Marseille n'a-t-il pas craint le reproche qu'il adresse à ses adversaires *d'ajouter à la loi?* C'est,
ainsi qu'il le dit dans le même jugement, que, «dans le sens de
« la loi, *l'abandon doit être essentiellement* TRANSLATIF DE PRO-
« PRIÉTÉ de la chose abandonnée. » Or, comme pour transmettre il faut d'abord posséder soi-même, l'abandon est matériellement impossible à qui ne possède plus.

Et pourquoi la cour de Rennes a-t-elle repoussé la théorie de
l'abandon matériel ? Précisément parce qu'elle a sur cette dernière question, du caractère de l'abandon, une opinion absolument contraire à celle de la justice provençale : Parce que,
suivant elle, « l'abandon permis par l'art. 216 NE COMPORTE PAS
« LE TRANSPORT DE LA PROPRIÉTÉ des objets abandonnés, *et ne*
« *suppose même pas d'une manière nécessaire leur existence entre*
« *les mains de celui qui déclare faire abandon*, de telle façon
« que le créancier doit poursuivre en justice la vente de l'objet
« qui lui est abandonné, et que le propriétaire d'un navire qui

(1) Aix, 25 janvier 1832 (*J. de M.*, t. XIII, 1, 65).

« s'est perdu corps et biens peut, en faisant l'abandon de ce
« navire *qui n'existe plus*, dégager complètement sa respon-
« sabilité personnelle. »

Voilà le point de doctrine qui, en divisant les deux cours,
devait fatalement les conduire à deux décisions contradictoires. Il est certain, en effet, que la solution de la question
relative au caractère *acquisitif* ou simplement *libératoire* de l'a-
bandon, doit exercer une influence décisive sur la question qui
nous occupe. Si l'abandon est essentiellement translatif de
propriété, les juges de Provence ont eu raison de déclarer
déchu de l'abandon l'armateur qui s'est laissé dépouiller de la
propriété de son navire. Que si, au contraire, l'abandon ne
comporte pas le transport de propriété des objets abandonnés,
et ne suppose même pas d'une manière nécessaire leur existence entre les mains de celui qui déclare faire abandon, c'est
la décision des juges bretons que nous devons approuver.

D'accord avec ces derniers sur le caractère de l'abandon,
nous ne pouvons qu'approuver leur doctrine sur l'innocuité de
la saisie et de la vente du navire au regard de la faculté d'abandon.

Et puisqu'il s'agit de *saisie* de navire, nous nous permettrons
d'appuyer leur thèse d'un nouvel argument tiré des dispositions spéciales qui régissent la matière.

Je fais surtout allusion à l'art. 199 du Code de commerce.
Aux termes de cet article, « le commandement (préalable à la
« saisie du navire) devra être fait *à la personne* du propriétaire
« *ou à son domicile*, s'il s'agit d'une action *générale* à exercer
« contre lui. Le commandement pourra être fait au *capitaine*
« du navire, si la créance est du nombre de celles *qui sont sus-
« ceptibles de privilège sur le navire*, aux termes de l'art. 191. »

Il y a dans cet article une distinction très nettement établie
entre les actions *réelles* qui donnent ouverture aux privilèges
sur le navire, et l'action *personnelle*, dite action *générale*, en ce
sens qu'elle atteint, outre la personne, la généralité des biens
de l'armateur.

Tant qu'il ne s'agit que des premières, il n'est pas nécessaire
que le commandement soit fait à la personne ou au domicile
de l'armateur, il suffit de le faire *au capitaine*. Pourquoi? Parce
que la *fin* de ces actions ne sera jamais d'atteindre la personne
ni la fortune de terre de l'armateur; leur effet s'arrêtera né-

cessairement à la fortune de mer, *au navire* dont le capitaine est le gérant légal, et qu'!.. ..it le droit d'engager.

Il en est tout autrement ..e l'action personnelle. Celle-ci, au contraire, doit être précédée d'un commandement à la personne ou au domicile du défendeur. Et pourquoi encore? Parce que cette action est *générale*, parce qu'elle atteint la personne et généralement tous les biens de l'armateur, y compris sa fortune de terre, *au regard desquels le capitaine n'a aucun mandat juridique* (1).

La loi maritime, on le sait, a voulu faire à l'armateur, dans un intérêt public, une situation très favorable. N'eût-elle pas singulièrement manqué son but si elle eût mis sa personne et ses biens à la merci du mauvais vouloir ou simplement de la négligence du capitaine? Et c'est cependant ce qu'elle aurait fait, si elle eût permis de condamner personnellement et définitivement l'armateur, après des commandements et des citations adressés au capitaine.

Appliquons ces principes au porteur du billet de grosse. Il a deux actions contre l'armateur, l'une purement réelle *contre le navire*, l'autre réelle encore (en abandon) contre l'armateur, mais qui, *au cas de refus d'abandon*, va se transformer *en action personnelle*.

Pour la première, il lui suffit évidemment de s'adresser *au capitaine*, et cela *jusqu'à la fin*, jusqu'à la vente du navire inclusivement.

Pour la seconde, il lui faudra au contraire s'adresser *à l'armateur* lui-même, *à personne* ou *à domicile*. Cela n'est pas moins évident.

Mais s'il peut, dans cette seconde instance, invoquer le résultat de la première, et l'opposer *comme une fin de non-recevoir insurmontable* à l'armateur, que devient la distinction de l'article 199? Quelle est son utilité? A quoi a-t-elle servi, sinon à tromper l'armateur et à le priver d'un droit que lui donne la loi?

Ou l'art. 199 est un piège dangereux, ou une telle manière de faire le viole ouvertement.

____

(1) « Il ne doit contracter aucune obligation qui ne soit *inhérente au navire* même, et qui ne dépende du succès de l'expédition maritime ; *c'est à quoi se borne l'autorité que sa qualité de maître lui défère* » (Emérigon, *Contrats à la grosse*, ch. 4, sect. 11, § 5).

Nous nous refusons donc à voir, avec la cour d'Aix, dans la saisie même *consommée* du navire, soit une preuve de renonciation à la faculté d'abandon, soit une cause de déchéance de cette faculté.

L'arrêt dont nous nous permettons la critique ajoute, il est vrai, que l'armateur avait laissé consommer *la distribution du prix*, et nous arrivons ainsi à la seconde question : *La distribution du prix du navire sans opposition de l'armateur est-elle une cause de déchéance de la faculté d'abandon ?*

Eh bien ! ici encore, je crois pouvoir répondre négativement.

En faveur de mon sentiment, je ne puis invoquer, je l'avoue, aucune autorité. La cour d'Aix l'a résolue en sens contraire, à plusieurs reprises, et sa décision a été approuvée par la plupart des auteurs. Je ne puis même pas, comme tout à l'heure, en appeler à la cour de Rennes, car le prix du navire, dans l'espèce qui lui était soumise, se retrouvant intact entre les mains du séquestre judiciaire, la question ne se posait pas devant elle, et l'arrêt n'avait pas à la résoudre. Il a cependant posé, sur la matière, des principes excellents qui vont m'être d'un précieux secours dans la tâche que j'entreprends.

Examinons d'abord les raisons de nos adversaires. Les uns voient dans le silence de l'armateur une *renonciation* volontaire ; les autres croient pouvoir y puiser une cause de *déchéance.*

Parmi les premiers, M. Arthur Desjardins est le plus convaincu. Il lui « semblerait *impossible de nier* que l'armateur « eût *renoncé* à la faculté d'abandon s'il avait laissé opérer « contradictoirement et sans contestation la distribution du « prix du navire, et l'on ne conçoit même pas qu'une question « de ce genre ait pu être déférée à un tribunal d'appel (1). »

Pour ma part, je le conçois fort bien, et je trouve possible et même très vraisemblable la dénégation de l'armateur.

Remarquons, en effet, que nous ne parlons, en ce moment, que d'une renonciation *volontaire.* Et nous sommes tombés d'accord qu'elle ne pouvait se présumer ; que le fait dont on veut la faire résulter doit indiquer d'une manière claire et

(1) T. II, n° 295.

précise la volonté de renoncer; qu'il doit être en conséquence incompatible avec l'intention d'user de la faculté d'abandon. Eh bien ! voici ce qu'on peut dire et ce qui a été dit devant la cour d'Aix au nom de l'armateur.

« On objecte qu'une signification a été faite au domicile du sieur Bernaërt, celle portant sommation de s'entendre *sur la distribution du prix du navire*. Mais par cette sommation le sieur Bernaërt *n'était pas attaqué personnellement*. On lui disait que le prix d'une chose *dont il était décidé à faire le sacrifice* allait être distribué : il n'a rien répondu ; *il n'avait rien à répondre*. La loi dit-elle qu'il faille, en pareil cas, que le propriétaire fasse l'abandon, *sous peine de déchéance ?* »

Cette réponse me paraît péremptoire. Mettons les points sur les *i* : Prétendre *conserver* un navire et le laisser vendre, et en laisser distribuer le prix, voilà, si je ne me trompe, deux idées qui s'excluent absolument. Mais dès lors, si l'on est décidé à *l'abandonner*, cette conduite s'explique très bien. Ainsi non seulement l'inaction et le silence de l'armateur sont compatibles avec la pensée de l'abandon, mais ce seraient au contraire l'action et la contradiction de sa part qu'on aurait grand'peine à concilier avec l'intention de l'abandon.

Dira-t-on que j'équivoque, et qu'on ne lui demande ni action ni contradiction, mais un seul mot : *j'abandonne?* Je réponds simplement que ce mot constitue sa défense à l'action *personnelle*(1), que la distribution du prix fait partie, comme la vente judiciaire elle-même, de *l'action réelle*, et qu'à défaut d'une disposition spéciale qui prononce sa déchéance, il peut réserver cette défense pour le moment où il sera *personnellement* attaqué.

Voilà pour ce qui est de l'*intention*, et par conséquent de la renonciation.

Et maintenant, en dehors de la renonciation tacite, intentionnelle, *volontaire*, y aurait-il des causes de *déchéance* proprement dite, ou des causes de déchéance *légale ?*

Non, tout le monde en convient, et l'on s'accorde aussi sur ce point, que les fins de non-recevoir ne peuvent se suppléer, *qu'elles doivent être écrites dans la loi.*

____

(1) Dans toute cette discussion, j'appelle, pour plus de clarté, action *personnelle* celle qui, *à défaut d'abandon*, aboutirait à une condamnation personnelle.

Seulement, le jugement du tribunal de commerce de Marseille, après avoir reconnu ce principe, déclare qu'il ne peut s'appliquer aux cas où ces fins de non-recevoir *dérivent de la nature même des choses;* et telle est aussi probablement la pensée de M. Laurin, quand, après avoir expliqué que, en dehors d'engagements personnels par l'armateur ou de ratification de ceux de son capitaine, il n'y a pas de déchéance *proprement dite,* il ajoute : «Il n'y aura de déchéance qu'autant qu'on se trouvera *« en présence d'un résultat irrévocablement acquis,* comme une « saisie dûment faite et consommée (1). »

Mais que veut-on dire par cette nature des choses et ce résultat irrévocablement acquis? En quoi la saisie, la vente du navire et même la distribution de son prix s'opposent-elles à l'exercice de la faculté d'abandon?

Evidemment en vertu du principe proclamé par la cour d'Aix, *qu'on ne saurait abandonner ce qu'on ne possède plus,* principe qui suppose un abandon translatif de propriété, et qui est en opposition formelle, nous l'avons vu, avec l'esprit aussi bien qu'avec l'origine de la coutume.

Cette objection nous ramenant à la première question, sans que la circonstance de la distribution du prix ait donné lieu à aucun argument nouveau, il suffit de nous en référer à la discussion de tout à l'heure. Lorsqu'un navire périt en pleine mer, y a-t-il un prix qui le représente? Que reste-t-il de lui qu'on puisse posséder? Rien. La loi permet cependant l'abandon. On peut donc abandonner ce qu'on ne possède plus (2).

Je pourrais m'en tenir là. Les déchéances ne se présumant pas et devant être *écrites dans la loi,* j'aurais le droit d'attendre qu'on m'indique le texte où est écrite celle qu'on invoque.

Pour moi, je l'avoue, je lis très clairement dans le silence de la loi la recevabilité de l'abandon, et je crois pouvoir reprendre ici l'argument tiré des dispositions qui régissent la saisie des navires.

---

(1) T. I, p. 636. M. Desjardins dit aussi : « La faculté d'abandon est un mode de libération dont le propriétaire armateur peut toujours user à sa guise, à son heure, *tant qu'un résultat contraire n'est pas irrévocablement acquis* » (t. II, n° 293, p. 98).

(2) A condition, bien entendu, que la dépossession ne vienne pas du fait de l'armateur et surtout qu'elle n'ait pas été consentie par lui *en fraude de ses créanciers.* Nous examinerons tout à l'heure les conséquences de la dépossession provenant à la fois de la fortune de mer et du fait de l'armateur qui lui a fait reprendre la mer.

Dans l'affaire Bernaört, on avait cru devoir faire *au domicile* de cet armateur la sommation relative *à la distribution du prix,* mais où est l'article de loi qui en fasse une obligation?

Après le règlement provisoire du juge-commissaire, la loi maritime ne s'occupe même plus du prix, et l'on est obligé, pour suppléer à son silence, de s'en référer aux règles générales tracées par le Code de procédure dans le titre : *De la distribution par contribution.* Bien qu'aux termes de l'art. 663 de ce dernier Code, il suffise que le poursuivant dénonce *par acte d'avoué* la clôture du procès-verbal... à la partie saisie, avec sommation d'en prendre communication et de contredire, peut-être a-t-on pensé que, l'armateur n'ayant pas ici d'avoué qui le représente personnellement, il était *plus prudent* de faire cette sommation *à domicile.* Mais encore une fois, il n'y a aucune disposition de loi qui oblige le poursuivant à adresser soit *à la personne,* soit *au domicile* de l'armateur, la sommation préalable à la distribution du prix du navire.

Eh bien, je le demande, est-ce à des inductions, plus ou moins justes, tirées d'une disposition *du Code de procédure civile,* qu'il faut aller demander les causes de déchéance de la *faculté d'abandon?* Et ne voit-on pas que, si la loi maritime avait attaché à la distribution du prix du navire la perte d'une faculté aussi précieuse pour l'armateur qu'utile à l'intérêt du commerce, elle eût impérieusement exigé qu'il fût averti *personnellement* d'un acte aussi grave pour ses intérêts.

Eh! vraiment, peut-on s'étonner qu'en ne le faisant pas, elle ait mis sur le même pied la vente du navire et la distribution de son prix ? N'y eût-il pas eu au contraire quelque chose de puéril, de la part du législateur, à mettre entre deux choses aussi intimement liées l'une à l'autre une distinction aussi marquée ?

Quoi! on aurait pu arriver jusqu'à l'adjudication *définitive* du navire, simple moyen employé par les créanciers pour arriver à s'en partager le prix, sans avertir l'armateur, et on ne pouvait sans lui procéder à cette distribution? Mais ce qui importe à l'armateur, c'est que son navire ne soit pas vendu ; c'est d'être averti à temps pour empêcher sa vente à vil prix, soit en contestant la demande des créanciers, soit en payant toutes les dettes. Mais quand le navire est vendu, que lui importe la distribution du prix? Le juge-commissaire est là pour veiller à ce que les choses se passent honnêtement, et sa présence a perdu la plus grande partie de son utilité.

Et l'on viendrait dire que la faculté d'abandon qu'il conserve *après la vente du navire*, il la perd s'il ne l'exerce *avant la dis-tribution du prix!*

Pourquoi? je le demande. Est-ce que le prix ne sera pas, qu'il fasse ou non l'abandon, régulièrement distribué aux ayants droit, *à ceux-là même qui vont tout à l'heure vouloir le faire dé-clarer déchu?*

Quel tort, *quel préjudice* leur a donc causé son silence? C'est sur ce terrain de l'absence de tout préjudice que la cour de Rennes (1), avec grande raison, selon moi, a posé la question. Dès lors, en effet, qu'on ne s'arrête plus à ce préjugé que la faculté d'abandon suppose nécessairement la possession, il n'y a plus qu'une question : celle du préjudice causé au créancier par la morosité de l'abandon et de la réparation de ce préju-dice (2).

Tel est, ou je me trompe fort, le vrai principe de la ma-tière.

Ainsi, comme le dit très bien Emérigon, « si les propriétaires plaident mal à propos au sujet des faits du capitaine, ils doivent être condamnés à la garantie et aux dépens *jusqu'à ce qu'ils aient abandonné le navire et le fret...* » Mais il ajoute aussitôt : « Il est juste qu'ils soient admis à cet abandon, par le jugement même qui prononce les adjudications contre eux demandées. Ainsi décidé par sentence du 4 avril 1770 dans la cause du ca-pitaine P***, commandant le vaisseau *le Prince de Lamballe,* accusé de vol et de baraterie : « Les adjudications prononcées « contre ce capitaine furent déclarées communes et solidaire-« ment exécutoires en principal, intérêts et dépens, contre « ceux des intéressés au vaisseau qui n'avaient pas déclaré « faire abandon; *si mieux* (est-il dit) *ils n'aiment faire abandon* « *de leur intérêt,* ce qu'ils déclareront dans les deux mois de « notre sentence; et en ce cas ils seront déchargés de la com-« mune exécution prononcée contre eux, et condamnés tant

---

(1) « Que dans ces circonstances aucun préjudice ne peut résulter de ce que au jour où l'abandon est offert par Michel, le *Louis XIV* ne se trouve plus en la possession de celui-ci » (arrêt précité).

(2) La question de savoir si ce préjudice entraîne pour l'armateur la simple obligation de le réparer ou la déchéance même du droit d'abandon, sera examinée dans le paragraphe suivant.

« seulement aux dépens des qualités les concernant ; et faute
« par eux de faire la déclaration dans ledit temps et icelui
« passé, dès maintenant comme pour lors, et sans autre juge-
« ment, ils seront déchus de l'option ; et attendu que les au-
« tres intéressés audit vaisseau ont déclaré faire abandon de leur
« intérêt, nous les avons mis, sur les demandes des propriétaires
« des piastres rondes, hors de cour et de procès ; les condam-
« nant néanmoins aux dépens des qualités les concernant, *jus-
« qu'au jour de l'abandon* (1). »

Dans ce jugement, si bien choisi par Emérigon comme un
modèle de la procédure à suivre en pareil cas, on peut observer une particularité remarquable. Un certain nombre des copropriétaires du navire, assignés en déclaration commune des
condamnations prononcées contre le capitaine, ne déclarent
pas, même à ce moment, faire abandon du navire. Va-t-on les
condamner purement et simplement? Non, ce serait violer les
dispositions de l'ordonnance. Aussi l'Amirauté, dans sa sentence, n'hésite-t-elle pas à suppléer *d'office* la formule : *si
mieux ils n'aiment faire abandon*. Elle fait plus : elle leur accorde encore un délai pour se décider dans cette option. A
plus forte raison cette sentence suppose-t-elle qu'on est à
temps de faire l'abandon, au début de l'instance en commune
exécution.

D'ailleurs le nom même de cette procédure de *commune exécution*, spéciale à la matière, ne nous indique-t-il pas qu'il doit
en être ainsi? Pourquoi est-on obligé de faire déclarer la condamnation encourue par le capitaine commune au propriétaire,
sinon parce que jusque-là cette condamnation *ne lui était pas
encore commune*, parce qu'elle ne l'atteignait pas personnellement, qu'elle ne touchait encore que son navire dont le capitaine a les actions (2).

Et n'est-ce pas précisément au moment où le créancier demande que cette condamnation devienne *personnelle* à l'armateur que celui-ci doit avoir le droit d'abriter sa personne et la
généralité de ses biens derrière la faculté d'abandon ?

Il y a mieux encore dans l'exemple cité par Emérigon. Nous
y voyons que dans le cas même où le propriétaire poursuivi

____

(1) Emérigon, *Contrat à la grosse*, ch. 4, sect. 11, § 6.
(2) « La décision rendue contre le capitaine est, *en ce qui concerne le
gage*, opposable à l'armateur » (art. 761 du Code de commerce allemand).

personnellement se tait et néglige l'arme défensive que lui donne la loi, le juge doit la lui réserver d'office : « *Si mieux il n'aime faire abandon.* » C'est la formule régulière et légale. Ou plutôt ce n'est encore là qu'une formule corrompue, amoindrie, et nous avons vu qu'une sentence condamnant le propriétaire *à faire abandon si mieux il n'aime payer* serait plus conforme, sinon au texte de l'art. 216, du moins à l'esprit de la disposition coutumière que cet article est venu consacrer.

Ce principe peut jeter quelque clarté sur une question intéressante, résolue en sens contraire par les tribunaux de commerce de Nantes et de Marseille.

L'abandon peut-il encore être proposé après une condamnation définitive ?

Oui, dit le tribunal de Nantes, puisque c'est un mode de libération, seulement il ne libérera l'armateur que de la condamnation principale et non des frais d'instance et de condamnation (1).

Suivant le tribunal de Marseille, au contraire, l'armateur qui, après plaidoiries, a été *personnellement* condamné par un jugement définitif, à une indemnité, à raison d'un abordage, ne peut se libérer par l'abandon, et il importe peu que dans ses conclusions il ait fait réserve du droit d'abandon, si la condamnation est pure et simple (2).

« Il ne faudrait pas, dit à ce sujet M. Desjardins, ériger cette solution en règle doctrinale. Est-ce que l'armateur, quand il conteste non seulement le chiffre mais l'existence de la dette, peut faire abandon avant d'avoir été condamné ? *Il ne peut pas abandonner en connaissance de cause avant de savoir s'il est réellement débiteur et ce dont il est débiteur.* « Il ne peut être « contraint, dit très bien un arrêt de la cour de Paris du 9 juil- « let 1872, d'invoquer ce moyen libératoire tant que l'étendue « de son obligation n'a pas été déterminée (3). »

Ces considérations suffisent à réfuter l'argumentation du tribunal de commerce de Marseille, s'il a cru trouver dans la morosité de l'abandon une *renonciation intentionnelle* à l'exercice de cette faculté. Mais en présence de conclusions contenant la

---

(1) Nantes, 4 novembre 1865 (*J. de M.*, 1866, 2, 83).
(2) Marseille, 15 juin 1869 (*J. de M.*, 1869, 1, 209).
(3) T. II, no 293.

réserve formelle du droit d'abandon, il est bien difficile de lui prêter cette pensée.

Dès lors, il semble bien que l'armateur, se trouvant en présence d'une condamnation pure et simple et définitive, n'a plus la ressource de l'abandon. Car l'abandon n'est pas, à mes yeux du moins, un *mode de libération* proprement dit. Il ne sert qu'à *préserver* l'armateur d'une condamnation personnelle, non à l'en *décharger*.

Seulement, et ceci est fort important, on peut dire que le jugement ou l'arrêt qui a substitué une condamnation pure et simple à la condamnation conditionnelle qui seule était dans ses pouvoirs, est essentiellement critiquable.

Non seulement en présence de conclusions formelles, réservant le droit d'abandon, mais *au défaut d'aucune réserve ou d'aucune conclusion de ce genre*, au cas même où il ne comparaîtrait pas, le juge ne doit *et ne peut* le condamner *qu'à l'option*. S'il le condamne purement et simplement, sa décision, prise en violation de l'art. 216, doit être réformée, et si l'on est encore dans les délais, l'armateur a le droit de se pourvoir en cassation.

J'insiste sur ce point qui ne me paraît pas avoir appelé jusqu'ici l'attention des auteurs ou de la jurisprudence, à savoir que non seulement la faculté d'abandon est recevable en tout état de cause, mais que *l'oubli ou la méconnaissance de ce droit par une sentence constitue un moyen formel de cassation*.

§ 2. — *Perte du navire à la suite d'un nouveau voyage.*

La question de *déchéance* de la faculté d'abandon se pose encore, au cas où le navire s'est perdu dans un nouveau voyage, entrepris soit avant, soit pendant l'instance engagée entre le créancier et l'armateur.

Nous nous sommes refusé tout à l'heure à la voir résulter de la vente judiciaire du navire poursuivi par le porteur du billet de grosse, nous fondant sur ce que l'abandon ne comporte pas le transport de propriété des objets abandonnés, et ne suppose même pas nécessairement leur existence entre les mains de celui qui déclare faire abandon.

Mais, bien entendu, nous nous placions dans l'hypothèse

où la dépossession ne résultait pas du fait ou de la volonté de l'armateur.

Le porteur du billet de grosse a sur le navire un droit de quasi-propriété. Et l'armateur lui doit, jusqu'à parfait paiement, ou l'abandon dudit navire, ou le paiement de la créance. Bien que, suivant nous, le droit de propriété reste sur sa tête, même après l'abandon, il devra cependant laisser dormir ce droit et en abdiquer tout au moins *l'exercice*, jusqu'au moment où le créancier sera désintéressé.

Pendant ce sommeil de son droit, l'armateur doit se regarder moins comme un propriétaire possédant le *jus utendi et abutendi*, que comme un gardien chargé de veiller à l'administration et à la conservation du navire, et qui en doit compte à un autre. Il ne peut plus en disposer librement, sans porter atteinte aux droits d'autrui. C'est un gage qu'il détient et dont il est responsable envers le gagiste.

Dans cette situation il sera prudent de sa part de s'abstenir jusqu'au règlement des créances privilégiées, de toute mesure à laquelle on pourrait contester le caractère d'un simple acte d'administration. Ce sera facile, et le temps d'arrêt ne sera pas long, si l'on est d'accord sur l'existence de la dette et sur son étendue. Mais il peut y avoir contestation. Le procès peut durer longtemps.

Il devient alors très utile de rechercher quelle est l'étendue des droits de l'armateur, et cette étude donne lieu à deux questions intéressantes :

1° L'armateur a-t-il le droit de faire reprendre la mer à son navire, ou se voit-il obligé de le laisser au repos?

2° A supposer qu'en lui faisant faire un nouveau voyage, il ait dépassé son droit, sera-t-il, par ce fait seul, déchu de la faculté d'abandon, et devenu personnellement responsable de l'intégralité de la dette, ou devra-t-il simplement la réparation du préjudice qui aura pu résulter de ce voyage pour le créancier?

La cour de Poitiers s'est prononcée pour la déchéance de l'abandon dans un arrêt devenu, à des points de vue très différents, l'objet de critiques sérieuses, et dont l'examen sera une excellente préparation à l'étude que nous nous proposons.

Deux bateaux à vapeur consacrés à la pêche, *le Rochelais* et *le Normand*, appartenant au même armateur de la Rochelle,

M. d'Orbigny, s'étant abordés dans la nuit du 10 au 11 février 1875, le *Normand* sombra et fut entièrement perdu. Le *Rochelais*, fort avarié, put cependant regagner le port.

Un matelot du *Normand*, nommé Guérin, ayant perdu la vie dans la collision, sa veuve, en son nom personnel aussi bien qu'au nom de ses enfants, plaida pour obtenir une indemnité. Après avoir fait établir judiciairement que l'accident devait être attribué à une faute du capitaine du *Rochelais*, elle assigna l'armateur comme civilement responsable des faits de son capitaine.

L'armateur déclara faire l'abandon du *Rochelais*, mais à l'heure où il faisait cette déclaration, ce navire qui avait repris la mer venait de périr dans un naufrage.

La veuve Guérin prétendit que cette perte, imputable à l'armateur qui lui avait fait reprendre la mer sans attendre l'issue de l'instance, le rendait non recevable à en faire l'abandon. Le tribunal civil de la Rochelle et plus tard la cour de Poitiers (1) lui ont donné raison.

On remarquera que c'est la juridiction *civile* qui s'est prononcée dans cette affaire.

Il s'agissait en effet d'un quasi-délit du capitaine, d'une faute imputable à son *impéritie*, en sa qualité de commandant du navire.

La responsabilité de l'armateur, à ce point de vue, soulevait une première question qui a fourni à M. Regnault le sujet d'une étude des p'us intéressantes (2).

L'auteur est porté à croire que c'est une erreur de rendre l'armateur responsable même civilement des fautes commises par le capitaine *en sa seule qualité de commandant du navire*, et par exemple des suites funestes d'une fausse manœuvre.

Voici en substance le raisonnement sur lequel il fonde ses doutes.

Il s'agit d'un fait *civil*, d'une responsabilité *civile*. L'armateur ne peut être responsable que civilement, c'est-à-dire en vertu des principes du droit commun, consacrés par les art. 1382 et suivants du Code civil. Mais il y a au sujet de l'esprit de ces dispositions un point capital sur lequel la jurisprudence est

____

(1) Arrêt du 3 juillet 1876.
(2) *De la responsabilité civile des propriétaires de navires*, par M. A. Regnault, juge au tribunal civil de la Rochelle (*Revue critique*, 1876).

aujourd'hui xée, notamment par un arrêt de la Cour de cassation du 19 juillet 1870, à savoir, que *l'existence d'une* FAUTE *légalement imputable constitue l'une des conditions* ESSENTIELLES *de l'action en responsabilité;* que celui qui se prétend lésé par un *délit* ou un *quasi-délit* est, en conséquence, en sa qualité de demandeur, *tenu d'en justifier*.

Il y a, il est vrai, des présomptions légales qui dispensent de toute preuve celui au profit de qui elles existent; telles par exemple que la présomption établie par l'art. 1384 contre les commettants à l'égard de leur mandataire. Mais ces présomptions sont de *droit étroit,* car, ainsi que l'a très bien jugé la cour de Paris, la disposition de l'art. 1384 a le caractère véritable d'une *disposition pénale,* et doit à ce titre être considérée comme une *exception* qu'il y a lieu de restreindre dans des limites parfaitement définies. Il suit de là que l'application de cet article doit être écartée pour tous les cas qui ne rentrent pas dans son esprit (1).

Quel est donc l'esprit de l'art. 1384, et sur quelle faute fait-il reposer la responsabilité du commettant?

Cet esprit n'est pas douteux, et le commettant du mandataire en faute a deux torts à se reprocher : 1° le choix qu'il a fait d'un incapable; 2° un défaut de surveillance.

Peut-on appliquer cette présomption à l'armateur? Est-il le commettant du capitaine dans le sens où la loi prend ce mot? Le capitaine est-il un mandataire ordinaire? En ce qui touche notamment sa qualité de commandant de navire, il en diffère du tout au tout. Ce n'est pas l'armateur qui le choisit, c'est l'autorité publique, et la Cour de cassation a reconnu en lui ce *caractère public,* en déclarant qu'un capitaine de navire ne peut céder par une convention privée ce pouvoir extraordinaire, qui est *une délégation de l'autorité publique* (2). Le choix de l'armateur n'est donc pas libre, et dès qu'il tombe sur un homme reconnu par la loi capable d'être capitaine, son *choix* ne peut constituer une faute.

Peut-il au moins surveiller son commandement, lui donner des conseils, lui interdire telle ou telle manœuvre réputée dangereuse? Non. Aux termes de l'art. 8 de l'ordonnance du

---

(1) S. V. 1875, 2, 36.
(2) Cass., 4 juin 1834, affaire Viard

18 octobre 1840, « sur son bord, à la mer, le capitaine est
« pourvu des droits du commandement. Tout ce qu'il ordonne
« pour le service intérieur ou extérieur doit être exécuté. Ceux
« qui montent le navire sont tenus de le seconder dans les
« mesures qu'il prescrit. *Il est investi d'un pouvoir absolu* pour
« *la direction des manœuvres.* » L'armateur lui-même, fût-il à
son bord, ne pourrait rien contre la volonté du capitaine. Il
ne pourrait qu'assister silencieux et impuissant à la manœuvre
la plus désastreuse.

Il suit de là qu'au point de vue des deux faits sur lesquels
l'art. 1384 fonde la responsabilité du commettant, je veux dire
la légèreté dans le choix et le défaut de surveillance, l'armateur ne peut être en faute. Il a les mains liées par la loi, il n'a
aucune liberté ni dans le choix, ni dans la surveillance, et, toute
faute supposant une liberté quelconque, il est nécessairement
innocent.

M. Regnault constate donc l'existence d'une présomption
légale de capacité et de toute-puissance du capitaine qui, détruisant la présomption de l'art. 1384, rend son application
impossible à l'espèce.

Reste l'art. 216 du Code de commerce. Mais la responsabilité
édictée par cet article est une responsabilité *purement commerciale.* Elle prend sa source dans la seule qualité de propriétaire
du navire, en dehors de toute idée de faute. Et la preuve, c'est
la faculté d'abandon laissée à l'armateur, même au cas où le
navire a péri, même au cas où par l'assurance il en a recouvré
la valeur. La faculté de s'affranchir ainsi gratuitement des suites
d'une *faute* serait inique et vraiment incompréhensible.

Ainsi l'art. 216, loin de reproduire le principe de l'art. 1384,
répond à un ordre d'idées tout à fait opposé.

La pensée qui l'a inspiré, Valin nous l'a indiquée : « *Omnia*
« *enim facta magistri debet præstare qui eum præposuit, alioquin*
« *contrahentes deciperentur.* — Le propriétaire répond de tous
« les faits de son capitaine, parce que le propriétaire, en don-
« nant au capitaine le commandement de son navire, est censé
« l'avoir autorisé à faire, en son absence, tout ce qu'il jugera
« convenable pour le salut du bâtiment et le succès de l'expé-
« dition, et avoir accédé d'avance à toutes les obligations qu'il
« contractera à ce sujet. » — Il répond civilement de ses délits, parce qu'il fallait donner une sûreté au public à l'occasion

des abus, malversations ou déprédations des capitaines ou des gens de l'équipage.

Mais à l'égard de la réparation civile, demandée à propos d'un fait civil (abordage) devant une juridiction civile, la responsabilité qui incomberait à l'armateur, à l'égard d'un fait arrivé par l'*impéritie* d'un capitaine ou d'un pilote, gens dont le choix est imposé à l'armateur, sur lesquels il ne peut exercer aucune surveillance, auxquels il n'aurait pas le droit de commander la moindre modification dans les manœuvres, cette responsabilité serait contraire aux principes du droit civil, aux règles les plus élémentaires de la justice et de l'équité.

Cette thèse neuve et dont la hardiesse semble avoir effrayé la modestie de l'auteur (1), ne pouvait être présentée avec quelques chances de succès sans de fermes appuis. Les développements que lui a donnés M. Regnault, l'analyse exacte de la jurisprudence à laquelle il s'est livré, et l'étude approfondie qu'il a faite des principes admis aujourd'hui sur ce point délicat de la responsabilité civile, en même temps qu'ils assurent à son œuvre l'attention des jurisconsultes (2), nous dispensent de rien ajouter.

Contentons-nous de conclure, avec l'érudit magistrat, que les dispositions qui forment les art. 1382 et 1384 du Code civil d'une part, et l'art. 216 du Code de commerce d'autre part, sont la consécration de principes tout à fait différents ; que leur conciliation est fort difficile, pour ne pas dire impossible ; et que l'application, soit de l'une, soit de l'autre, soit surtou

---

(1) M. Regnault est très formel sur l'inapplicabilité à l'armateur de l'art. 1384 et de la présomption qu'édicte cet article. Son opinion sur ce point est très tranchée et très fortement motivée. La question était beaucoup plus délicate en ce qui concerne l'art 216 du Code de commerce, qui déclare l'armateur *civilement responsable des faits du capitaine,* aussi les conclusions de l'auteur sont-elles moins nettes sur ce point, et, après avoir soutenu que l'application de cet article aux suites civiles de l'abordage serait *tout à fait contraire aux règles du droit civil, aux règles les plus élémentaires de la justice et de l'équité,* il semble moins sûr de ce résultat et conclut par un point d'interrogation : « Si l'on pense que l'art. 216 du « Code de commerce régit les rapports de l'armateur et du capitaine *dans* « *tous les cas, quels que soient les faits accomplis par le capitaine,* il nous « semble que, dans l'intérêt de l'industrie des transports par mer, il y aurait « lieu d'introduire dans la loi une disposition qui subordonnerait la res- « ponsabilité de l'armateur à l'existence d'une faute quelconque. Mais, « d'un autre côté, il faudrait que la responsabilité fût efficace et sérieuse, « que l'armateur ne pût échapper en abandonnant une épave sans valeur. »
(*Revue critique* de 1876, p. 651.)

( ) M. Demolombe, au n° 527 de son XXIe volume, a déjà signal à l'attention de ses lecteurs l'étude de M. Regnault.

de ces deux dispositions à l'action en responsabilité civile intentée à l'armateur au sujet des suites d'un abordage dû à l'impéritie de son capitaine, bouleverserait toutes les notions sur lesquelles on croit pouvoir aujourd'hui fonder en droit et en équité la responsabilité civile.

M. Regnault n'est pas le seul qui se soit ému de la jurisprudence inaugurée par le tribunal de la Rochelle et la cour de Poitiers. Plusieurs chambres de commerce crurent devoir protester contre l'interprétation donnée aux art. 1384 et 216 par ces deux décisions.

« Si cette interprétation était maintenue, disait la chambre « de commerce de Brest (séance du 26 octobre 1875), *la navi-* « *gation ne serait plus possible;* on ne trouverait plus ni capi- « taines ni armateurs disposés à risquer, à tout moment, leur « fortune dans une profession aussi dangereuse. » Et le rapport de la chambre de commerce de Dunkerque n'était pas moins alarmant : « Le maintien de cette jurisprudence, disait ce « rapport, serait le *dernier coup* porté à cette grande indus- « trie qui souffre et languit déjà de l'abandon où elle est « laissée » (séance du 20 septembre 1875).

L'arrêt auquel nous faisons allusion ne pouvait échapper à la vigilante attention qu'apporte M. de Courcy à tout ce qui intéresse la marine. Effrayé à son tour des suites d'une jurisprudence qui menaçait de paralyser les navires dans les mains des armateurs, il prit en quelque sorte à partie la cour de Poitiers, et, sous le titre d'*une nouvelle violation de l'article* 216, il fit de la critique de son arrêt le sujet d'une de ses meilleures *Questions maritimes.*

M. de Courcy se place à un tout autre point de vue que M. Regnault. Négligeant les difficultés soulevées par le caractère *civil* de l'instance engagée, il porte toute son attention sur la situation légale de l'armateur qui veut se réserver la faculté d'abandonner son navire, et sur l'étendue de ses droits à l'égard dudit navire.

La question, envisagée ainsi, se rapproche beaucoup, comme on le voit, de celle qui fait l'objet actuel de nos recherches. Elle consiste, comme cette dernière, à rechercher si le propriétaire est déchu du droit de faire abandon, par cela seul qu'il a laissé repartir son navire et que le navire a péri dans ce nouveau voyage. Mais elle a cela de particulier qu'elle se pose à

l'égard d'un créancier (la veuve Guérin) qui n'avait ni hypothèque ni privilège, dont la créance même était incertaine au
moment du départ du navire, et ne s'était annoncée que par
une assignation en responsabilité civile d'un accident.

Il ne pouvait donc, dans l'espèce, être question de la quasi-
propriété dont nous avons parlé au sujet du porteur du billet
de grosse.

Malgré cette absence de quasi-propriété, malgré même cette
clandestinité et, dans tous les cas, cette incertitude du droit
de la veuve Guérin, au moment du second départ du navire,
la cour de Poitiers déclare que l'armateur, averti par l'assignation de la *prétention* de la veuve Guérin, devait, s'il tenait à se
réserver vis-à-vis d'elle la faculté d'abandon, s'abstenir de tout
acte de propriétaire.

Elle reconnaît bien, dans son arrêt, *que certains actes de bon
père de famille autorisés par l'intérêt commun ne font pas obstacle à l'abandon du navire*, mais elle voit dans le nouveau
voyage où le navire a péri un fait nouveau imputable au maître
et qui le rend non recevable à en faire l'abandon.

Cette appréciation, qui révolte M. de Courcy et jette l'épouvante chez tous les armateurs, peut paraître cependant assez
naturelle aux esprits moins familiarisés avec les besoins et les
habitudes du commerce maritime.

Il importe donc, avant de la critiquer, de faire remarquer la
nature toute spéciale du navire fait pour naviguer et qui,
avarié surtout comme l'était le *Rochelais*, ne peut dans un
port que se détériorer et pourrir sans profit pour personne.

Il n'en est pas de lui comme d'un immeuble qui peut rester
longtemps et même fructueusement pour tous les intéressés
aux mains d'un séquestre autorisé à ne faire à son sujet que
de simples actes d'administration. Le navire est fait *pour naviguer;* la mer est son élément; elle est pour lui le milieu nécessaire où il puise à la fois la fécondité et les ressources nécessaires à ces réparations qui le rajeunissent, le renouvellent
et prolongent ainsi sa vie toujours si courte.

« L'activité de la navigation, a dit avec raison M. Cresp, n'est
pas seulement d'intérêt privé, mais encore d'*intérêt public et
national*. » Cela est si vrai que, suivant Cleirac (1) : « Si de

____

(1) Sur l'art. 69 de l'ordonnance de la Hanse teutonique.

« deux bourgeois auxquels appartient un navire, l'un d'iceux
« veut qu'il navige et l'autre s'y oppose et le défend, celui qui
« le veut faire naviger doit prévaloir, » par dérogation aux
règles du droit commun résumées dans le vieil adage : *In pari
causa melior est causa prohibentis.*

Et cette opinion n'est pas spéciale à Cleirac. Elle ne fait pas
le moindre doute pour Kuricke (1) : *Certe eum prævalere de-
bere qui navim navigare, quam otiosam domi manere mavult ;* ni
pour Straccha (2), qui en donne la raison, *navis enim ad hoc
paratur ut naviget ;* ni pour Emérigon (3), qui la reproduit,
ni pour Valin (4), au moins au cas où il n'est question que de
deux associés par égales portions. Même après le Code, de nombreux auteurs (5) ont continué à suivre ces graves autorités.

M. Arthur Desjardins (6) croit qu'ils se sont trompés.

« L'ordonnance, dit cet auteur, semblait n'autoriser la licitation qu'au seul cas où il y avait partage égal *sur l'entreprise du
voyage.* Le Code, au contraire, permet dans tous les cas, et
quoiqu'on ne soit en contestation sur aucune entreprise, à
ceux qui réunissent la moitié de l'intérêt total de demander la
licitation. Donc on pourrait y recourir même dans notre hypothèse. D'ailleurs, il s'en faut que « l'activité de la navigation »
soit toujours et nécessairement, comme l'a dit Cresp, d'intérêt
public et d'intérêt privé. Dans certaines conjonctures, l'intérêt
public et l'intérêt privé peuvent au contraire exiger le désar-
mement du navire. Il peut être utile de le laisser momentanément oisif, par exemple s'il faut braver certains périls, ou si
le fret offert est manifestement inférieur aux dépenses présu-
mées. »

Je me garderai bien d'entrer dans la discussion de cette question étrangère au sujet que je traite.

Soit, dirai-je, il se peut que les raisons indiquées par M. Desjardins permettent aux propriétaires qui trouvent opportun le
repos du navire, de l'emporter sur ceux qui veulent l'armer à
nouveau. Mais quand ces raisons manquent, quand il ne peut

(1) *Sur le droit hanséatique,* t. V, art. 7, p. 759.
(2) *De navibus,* part. 2, n° 6.
(3) *Contrat à la grosse,* ch. 4, sect. 4.
(4) Sur l'art. 5 du t. VIII du livre II de l'ordonnance.
(5) Boulay-Paty, p. 346 et 347 ; Delaporte, t. I, p. 436 ; Cresp, t. I, p. 355.
(6) T. II, n° 325.

être question, comme dans l'espèce, d'une licitation. puisqu'il n'y a pas *copropriété*, mais d'un côté un propriétaire unique et de l'autre simple prétention à une créance qui n'est *ni liquide ni même certaine;* quand le propriétaire, seul chargé de veiller à la garde du navire et de l'administrer, juge utile de lui faire continuer ses voyages, ne résulte-t-il pas au moins des autorités énumérées tout à l'heure et de la tradition qu'elles attestent, que la nature même du navire et l'intérêt public autorisent l'armateur à lui faire reprendre la mer?

Ainsi, le fait d'entretenir un navire en activité de service n'est pas un acte *de disposition*, mais plutôt un acte d'administration. On doit en conclure *qu'il n'implique pas nécessairement, de la part de l'armateur, la renonciation à la faculté d'abandon.*

Il en sera ainsi tout au moins lorsque la seconde expédition du navire, postérieure aux faits qui donnent lieu à l'abandon, sera *antérieure à la demande du créancier.* La Cour de cassation l'a jugé dans un arrêt de rejet, du 31 décembre 1856.

Le créancier ne peut cependant être livré à la merci de l'armateur. Non seulement il peut faire assurer ce gage, mais il doit même pouvoir s'opposer à un voyage qui va retarder sa réalisation et même l'exposer aux dangers d'un naufrage.

Il a, pour arriver à ce résultat, un moyen fort simple et que personne ne lui conteste : c'est de *mettre opposition à la sortie du navire.* Et si le propriétaire conteste ce droit, obtient la mainlevée de cette opposition et fait naviguer le navire, il accepte la responsabilité du voyage, de la perte du navire qui peut s'ensuivre, et du préjudice que cette perte causerait au créancier (1).

Cette *opposition* à la sortie du navire est-elle nécessaire? La demande seule du créancier ou de celui qui se prétend tel n'est-elle pas un avertissement suffisant à l'armateur qu'il aura peut être l'occasion de recourir à la faculté d'abandon?

En d'autres termes : *toute demande tendant à rendre l'armateur responsable des faits du capitaine vaut-elle opposition à la sortie du navire?*

---

(1) Marseille, 28 décembre 1864. Le jugement déclare l'armateur non recevable à faire l'abandon. On va voir un peu plus bas pourquoi j'évite cette formule.

On pourrait être tenté de croire que l'affirmative a pour elle l'autorité de la Cour de cassation. On lit en effet, dans l'arrêt de 1856, déjà cité, qu'une renonciation à la faculté d'abandon « ne peut s'induire de la circonstance que le navire aurait été « employé à d'autres voyages, postérieurement aux faits qui « ont donné lieu à l'abandon, *puisque R... ne pouvait le pro-* « *poser avant d'être actionné par Belloin ou son syndic à raison* « *desdits faits* et qu'il y a conclu dès l'origine... »

Ces derniers mots ne semblent-ils pas indiquer que, si Belloin avait actionné R... avant le second départ du navire, la décision de la Cour suprême eût été contraire ?

Bien que cette conclusion puisse paraître, au premier abord, assez naturelle, nous nous refusons à la tirer du considérant précité, dont elle exagère évidemment la portée.

Nul n'ignore que la Cour de cassation, et particulièrement la chambre des requêtes, dans les arrêts de rejet, apporte la plus grande attention à ne rien juger au delà des questions qui lui sont immédiatement soumises, laissant au temps et à la pratique le soin de préparer et en quelque sorte de mûrir celles qui ne résultent pas nécessairement des faits de la cause.

Il est donc très dangereux de tirer de ses décisions des arguments *à contrario*, et je crois beaucoup plus sûr de ne voir dans le motif indiqué par l'arrêt de 1856, tout au plus, qu'un argument *à fortiori*. Dans l'espèce soumise à la chambre des requêtes, l'armateur avait employé son navire à d'autres voyages *avant qu'aucune instance n'eût été engagée contre lui.* La Cour, prenant acte de cette circonstance, en conclut qu'il ne pouvait proposer l'abandon, ni par conséquent y renoncer, avant d'être actionné. Mais de là à décider que la seule instance contre l'armateur vaut opposition à la sortie du navire, il y a loin, et ce serait, à mon sens, méconnaître absolument l'esprit qui anime la Cour souveraine, que d'essayer de faire sortir cette conclusion si grave de la sage et légitime réserve qu'elle a mise à se renfermer expressément dans les limites de l'espèce qu'elle avait à apprécier.

La cour de Poitiers n'avait pas les mêmes raisons pour se tenir sur la réserve. Dans l'affaire qui lui était soumise, la question s'imposait au contraire. La veuve Guérin, ayant intenté sa demande avant le dernier voyage où avait péri le *Rochelais*, et n'ayant pas d'ailleurs cru devoir mettre opposition à la sortie du navire, la cour était bien obligée de dire si cette demande équivalait à une opposition.

Le jugement, confirmé par elle, se borne cependant à reproduire la doctrine de l'arrêt de rejet de 1856, à savoir, « que la « perte même du navire ne fait pas obstacle à ce que l'abandon « soit utilement consenti, quand cette perte s'est produite « dans le sinistre qui donne ouverture à l'action, *ou quand elle* « *est survenue* AVANT TOUTE DEMANDE *de la part des intéressés...* »

Mais ici, l'argument *à contrario* que nous nous sommes refusés à tirer de l'arrêt de 1856, s'impose au contraire, en raison même de l'espèce à laquelle on l'applique.

Comme l'a remarqué M. de Courcy, « on voit poindre dans les derniers mots la thèse qui va séduire le tribunal : c'est qu'*une demande*, une simple demande contestée et qui, comme toutes les demandes, peut-être mal fondée, suffira pour arrêter à ce moment le droit d'option, aura la vertu propre de frapper de paralysie le navire, et de constituer une saisie conservatoire du gage. Thèse juridique véritablement exorbitante, et qui me paraît se réfuter par son seul énoncé. A quoi servirait, en effet, une procédure de saisie, si une simple demande d'un plaideur téméraire en tenait lieu, et produisait le même effet ? »

La Cour, tout en employant des expressions un peu différentes, accentue davantage la thèse abordée assez timidement par les premiers juges : « Attendu, dit l'arrêt, qu'en fait, il « n'est pas contestable que les dégradations et détériorations « survenues et opérées ne viennent de leur fait (des armateurs) « ou de leur faute, ou de ceux des personnes dont ils sont res- « ponsables, et *qu'avant ces détériorations, ils n'eussent été* MIS « EN DEMEURE *et judiciairement interpellés.* »

« Mis en demeure de quoi ? dit encore M. de Courcy. De ne pas faire naviguer son navire et de le retenir au port, comme gage de l'action ? Nullement. On a vu que la veuve Guérin, ou n'y avait pas songé, ou n'avait pas voulu pratiquer une saisie ni signifier une défense de naviguer. L'armateur avait été assigné en jugement d'une somme qu'il soutenait ne pas devoir, rien de plus. C'est tout et c'est peu. »

Oui, c'est peu, beaucoup trop peu pour remplacer une saisie. La saisie, tout en gênant beaucoup l'armateur, aura, du moins, l'avantage de lui permettre de demander reconventionnellement de forts dommages-intérêts, si son adversaire succombe dans une instance témérairement engagée. Elle a encore l'avantage de le couvrir vis-à-vis des tiers auxquels il aurait consenti, par exemple, des contrats d'affrètement. En outre, l'inaction du navire amenée par une saisie, étant *imposée* à l'armateur, ne préjuge rien sur la solution de la demande intentée par le créancier, tandis qu'une inaction volontaire de la part de l'armateur semblerait annoncer, chez lui, bien peu de confiance dans l'issue du procès.

Toutes ces différences et d'autres encore que M. de Courcy a su grouper et mettre en relief avec un art extrême, s'opposent à ce qu'on assimile une simple demande à une saisie.

Cela paraît évident surtout quand il s'agit, comme dans l'espèce, d'un créancier *civil*, dont la créance a pris naissance, non pas dans un engagement, mais dans un *fait* ou dans un accident, et qui n'avait sur le navire aucune mainmise, aucune *affectation réelle*. Dans ces conditions, je ne comprends même guère que la question ait pu se poser, encore moins être résolue contre l'armateur. Autant presque vaudrait soutenir qu'une personne assignée en paiement d'une somme quelconque ne peut plus disposer de rien, sans se rendre coupable d'un détournement de gage, tous ses biens constituant, d'après la loi, le gage de ses créanciers (1).

Mais sortons de cet exemple, et revenons au navire grevé d'un prêt à la grosse. Durant l'instance engagée entre le donneur et l'armateur, ce dernier peut-il, sans pour cela renoncer à l'abandon, remettre le navire à la mer, ou bien l'affectation réelle au profit du donneur s'y oppose-t-elle, *vaut-elle opposition à la sortie du navire?*

La question, posée en ces termes, devient sérieuse et assez délicate.

Eh bien même dans ces termes si favorables pour le créancier, je n'hésiterais pas à la résoudre contre lui.

Cette solution me paraît d'abord s'imposer dans le cas où l'instance engagée roule sur *l'existence* même de la créance. Nous rentrons, en effet, dans un cas analogue à celui de tout à l'heure. Il n'y a pas droit réel, mais *simple prétention* à ce droit.

(1) Art. 2093 Code civil.

Enfin, dans le cas même où la contestation ne roule que sur l'étendue de la dette, au moins si l'écart est considérable, je suis porté à croire que le créancier qui craint les risques d'un second voyage devra recourir à la mesure de *l'opposition.*

Après tout, cette nécessité est conforme aux règles du droit commun, et je ne vois ni dans la loi, ni dans la coutume, aucune trace d'exception à ces règles.

Sans doute, l'affectation réelle qui résulte du prêt à la grosse a la plus grande analogie avec celle qui résulte de l'hypothèque. Aussi, peut-on dire que cette affectation fait opposition au paiement du prix du navire, en cas de vente, à ce que l'acquéreur se dessaisisse du prix, au préjudice du prêteur à la grosse, en un mot : *à la sortie des deniers.* Mais fait-elle opposition *à la sortie du navire,* c'est-à-dire à ce qu'il remplisse sa destination naturelle? C'est une tout autre question.

Pour arriver à ce résultat, le créancier a la saisie conservatoire. Il peut aussi demander qu'avant de réexpédier le navire, l'armateur fournisse caution. Mais je n'ai vu nulle part que son seul titre de créancier privilégié suffît à paralyser le navire jusqu'à ce qu'il soit désintéressé.

Bien au contraire, si nous interrogeons les commentateurs de la coutume anglaise, qui accorde au porteur du billet de grosse un *lien maritime,* c'est-à-dire un droit des plus énergiques, destiné à durer autant que le navire lui-même, et à permettre au prêteur de faire vendre, pour se payer, jusqu'à sa dernière planche, ils nous répondront que ce droit ne transfère pas la propriété même du navire, qu'il donne seulement sur lui un droit, ou mieux une prétention (*à claim*), lequel ne pourra produire d'effet qu'au moyen d'une procédure légale (*to be carried into effect by legal process*). Quelle sorte de procédure? Une procédure *in rem.* Et si nous leur demandons de préciser davantage, leur réponse ne permet plus aucun doute :

« La procédure en recouvrement (du billet de grosse) est la
« suivante : à l'arrivée du navire au lieu de la demeure, à
« défaut de paiement de l'argent prêté, le créancier, sur une
« attestation sous serment des faits de la cause, *peut obtenir de*
« *la cour de l'Amirauté une autorisation d'arrêter le navire*
« (*a warrant to arrest the ship*) (1). »

(1) *Insurance cyclopædia,* v° *Bottomery,* t. I, p. 351.

Ainsi, dans l'esprit de la loi anglaise, l'existence d'un *lien maritime* ne dispense pas le porteur du billet de grosse de la procédure de la saisie-arrêt. Nous ne voyons aucune raison pour que le privilège réel accordé par la loi française ait un effet plus étendu.

Le Code de commerce allemand paraît, il est vrai, plus favorable au créancier : « Quand l'armateur, dit l'art. 777, « *après avoir eu connaissance de l'existence d'un créancier de* « *navire*, envers lequel il répond sur le navire et le fret, *fait* « *partir le navire en mer pour un nouveau voyage* (art. 760), « sans que l'intérêt du créancier de navire l'exige; il devient, « en outre, responsable personnellement de la créance, *jusqu'à* « *concurrence* DE LA SOMME QUI SERAIT REVENUE AU CRÉANCIER, *si* « *la valeur que présentait le navire au commencement du voyage* « *avait été distribuée entre les créanciers du navire, suivant leurs* « *rangs*. Il est présumé, jusqu'à preuve du contraire, que le « créancier aurait été entièrement désintéressé par cette distri- « bution. »

Nous n'avons rien à dire contre cette disposition qui nous paraît aussi conforme à l'équité qu'aux principes du droit commun, mais il ne faudrait pas en exagérer la portée.

Ainsi, d'abord, nous nous permettrons de remarquer que l'article en question visant uniquement le cas où l'armateur *a eu connaissance* DE L'EXISTENCE *d'un créancier de navire*, ne s'applique pas nécessairement à l'armateur qui se croit fondé à *contester l'existence* de la créance.

Dans le doute qui naît de cette contestation, le créancier a bien le droit de se faire autoriser à arrêter le navire. Mais s'il néglige cette précaution, l'armateur est-il obligé soit de laisser son navire au port, soit de se faire autoriser à le faire partir (1)? Outre qu'en agissant ainsi il ferait naître des doutes sur la confiance qu'il peut avoir dans son droit de contestation, cette obligation ne ressort nullement des termes de l'art. 777.

Ces termes semblent se rapporter assez, bien au contraire,

-----

(1) Et cette autorisation même sauverait-elle son droit d'abandon? Cela est fort douteux, puisque le tribunal de commerce de Marseille, dans un jugement approuvé de tous les auteurs, a vu une renonciation expresse à ce droit, dans le fait par un armateur d'avoir fait naviguer son navire, *après avoir obtenu mainlevée de l'opposition à la sortie du navire* (Marseille, 28 décembre 1844).

à l'armateur qui, sans nier l'existence même de la dette, se borne à en discuter *l'étendue.*

Mais, ici encore, on nous permettra d'observer que la disposition de la loi allemande est beaucoup moins grave pour l'armateur et surtout beaucoup plus équitable que la décision de la cour de Poitiers.

D'après cette dernière, l'armateur, ayant fait naviguer le navire, et se trouvant ainsi la cause involontaire de sa perte, est *déchu de la faculté d'abandon.* Qu'est-ce à dire? Qu'il doit *personnellement* le remboursement de la créance, à quelque chiffre qu'elle s'élève, ce chiffre égalât-il dix fois la valeur du navire!!

Aux termes de l'article précité, au contraire, l'armateur ne doit que la *somme qui serait revenue au créancier si la valeur que présentait le navire, au commencement du voyage, avait été distribuée entre les créanciers du navire,* — ce qui est bien différent et aussi bien plus juste, puisque l'armateur est obligé *exactement dans la mesure du préjudice qu'il a causé.*

D'où vient donc cette différence d'appréciation entre la loi allemande et la jurisprudence française?

J'ai presque honte de le répéter, mais on ne saurait trop le redire, cette différence tient au vice de la formule que le législateur français a eu la malheureuse idée d'emprunter à la pratique.

Obligation de l'armateur, mais faculté de se dégager par l'abandon du navire : cette formule inexacte et dont l'application littérale renversait toutes les notions du droit, ne pouvait que jeter le trouble dans les esprits et leur cacher la vérité des choses et des principes. Les *civilistes,* et parmi eux les plus distingués, n'y virent (1), comme M. Persil, qu'*une loi inique, une loi obscure, une loi qui serait une véritable source de procès,* ou même, comme M. Portalis, qu'UN PERFECTIONNEMENT DANS L'ART DE FAIRE BANQUEROUTE A L'ÉTRANGER!!!

Ce dernier y voyait encore *un retour aux doctrines du moyen âge, aux usages timides du commerce maritime sortant de la barbarie.* En quoi il se trompait absolument. Le véritable retour aux doctrines du moyen âge est l'œuvre du législateur allemand de 1867; et, loin d'avoir à rougir de ce retour, il y a

____

(1) Dans la discussion à la Chambre des pairs.

gagné une doctrine simple, de l'application la plus facile et conforme, en presque toutes ses parties, sinon aux règles du droit commun, du moins aux principes qui régissent les sociétés anonymes.

Nous l'avons montré au début de cette étude, et la comparaison de la disposition qui forme l'art. 777 du Code de commerce allemand avec notre jurisprudence, va nous en fournir une nouvelle preuve.

La formule de l'abandon étant admise et prise à la lettre par nos tribunaux, ils devaient y voir, comme Dufour, un privilège exorbitant qu'il fallait restreindre, à tout prix, aux seuls cas prévus par la loi. Ce privilège ne pouvant se justifier sans une compensation pour le créancier, ils devaient voir, dans l'abandon, une abdication radicale de la propriété du navire. Dès lors, toute mesure pouvant affecter le caractère d'un acte de propriété de la part de l'armateur devait être une renonciation formelle au privilège dont il n'offrait pas sur-le-champ la compensation; en d'autres termes, une renonciation à la faculté d'abandon. Et l'armateur étant, suivant la formule légale, *obligé*, c'est-à-dire obligé personnellement et sur tous ses biens, dès qu'il n'avait plus la ressource de la faculté d'abandon, il devait l'intégralité de la créance. Le point de départ étant admis, il ne pouvait en être autrement. La logique le voulait ainsi.

Mais si, négligeant le texte même de la loi, nous revenons, comme le législateur allemand a osé le faire, comme Emérigon et toute la tradition provençale nous y autorisent, à la formule du moyen âge : *les armateurs ne sont pas tenus, le navire seul est obligé*, tout s'éclaire alors, et il n'y a plus qu'à appliquer les principes du droit commun, simple expression de l'équité.

L'armateur n'est pas tenu, disons-nous, mais le navire est obligé. C'est le gage, c'est la sûreté du créancier. Que si, reconnaissant d'ailleurs l'existence de la créance, l'armateur fait repartir le navire, et que le navire périsse dans ce nouveau voyage, il a causé au créancier, en le privant de son gage, un préjudice dont il lui doit la réparation.

Quelle devra être l'étendue de cette réparation? Devra-t-il le montant intégral de la créance? Non! Pourquoi en serait-il ainsi? Pourquoi le créancier gagnerait-il à cette imprudence de son débiteur? Le principe de l'indemnité, c'est, comme l'in-

dique son nom (*sine damnum*), l'absence de dommage, la réin-
tégration dans l'état où l'on se trouvait avant le fait qui vous
a porté préjudice.

En conséquence, l'armateur ne devra que la somme qu'aurait touchée le créancier dans la distribution du prix du navire,
si on n'avait fait faire à ce dernier un nouveau voyage. Peut-
être, cette somme égalera-t-elle le montant de la créance, et,
bien que cette hypothèse se présente rarement, il est juste
que la loi la présume, afin de mettre le fardeau de la preuve
à la charge de celui dont la faute l'a rendue nécessaire. Mais
cette preuve lui est réservée, et peut-être, par ce moyen, sa
dette sera-t-elle réduite à une somme insignifiante.

Est-il rien de plus juste, rien de plus conforme aux principes
du droit naturel que cette disposition? L'armateur, que le capitaine n'avait pas le pouvoir d'obliger, ne va pas, comme on le
prétend chez nous, se trouver tout à coup tenu de *l'engagement
de ce capitaine*, par suite d'une *imprudence personnelle*. Il ne sera
obligé *que par sa faute*, par une faute dommageable à autrui,
et *seulement dans la mesure du dommage* causé par cette faute.

Serions-nous condamnés par l'art. 216 du Code de commerce à rejeter une solution si sage et si évidemment juste? La
cour de Rennes ne l'a pas pensé. Elle la consacre, au contraire,
implicitement dans l'arrêt déjà cité du 28 mars 1873 : « At-
« tendu, y est-il dit, que, pour refuser aux propriétaires la
« faculté de l'abandon, il faut prouver... *qu'un fait quelconque
« de leur part les a* ENGAGÉS PERSONNELLEMENT, et que, si cet
« engagement n'est pas établi, il n'est pas permis aux tribu-
« naux de trouver dans des présomptions un principe de for-
« clusion pour priver un propriétaire de navire d'une faculté
« qui lui est accordée d'une manière absolue dans un intérêt
« public. »

Voilà la vérité sur laquelle on ne saurait trop insister, car
elle est la clef de la matière. Aussi, après avoir, à chaque page
de cet écrit, constaté l'inanité de la formule contenue dans *la
lettre* de l'art. 216 et la volonté incontestable du législateur
de consacrer la coutume antique adoptée dans la Méditerranée,
n'hésitons-nous pas à conclure *qu'il n'y a pas à proprement
parler de déchéance de la faculté d'abandon.*

Le propriétaire du navire, suivant nous, sera toujours recevable à faire ce qu'on est convenu d'appeler l'abandon. Seule-

ment, si, par un fait qui lui soit imputable, il a rendu cet abandon sans valeur ou seulement plus désavantageux pour le créancier, il y aura là, pour ce dernier, un préjudice dont l'armateur lui devra réparation. Et cette réparation, dont l'étendue ne dépassera pas la mesure du préjudice causé, constituera, bien entendu, une *obligation personnelle*.

En terminant sur ce point, montrons, par un exemple, les avantages de cette solution et sa supériorité sur les diverses solutions adoptées jusqu'ici par la jurisprudence.

Supposons un navire à vapeur d'une valeur, au départ, de quinze cent mille francs, et un prêt à la grosse dont le capital joint au profit maritime atteigne la somme de un million. Un procès s'engage au sujet de ce contrat et menace de durer longtemps. Que va faire le propriétaire? Laisser le navire au port jusqu'à l'issue du procès, c'est-à-dire pendant de longs mois, peut-être des années? On sait combien l'inaction est mortelle pour ces sortes de navires. Peut-être, d'ailleurs, ne le peut-il pas, obligé qu'il est, soit par des contrats d'affrètement, soit par des services publics, comme les Messageries maritimes? Il va donc le faire repartir, mais alors, suivant la cour de Poitiers, il renonce par cela seul à la faculté d'abandon, grave détermination qui peut être pour lui une cause de ruine!

Et le prêteur à la grosse, que va-t-il faire de son côté? Il peut, nous l'avons vu, faire opposition à la sortie du navire. Mais pour lui encore, quelle mesure grave, et quel danger elle présente!

Il est bien évident, en effet, que si, après avoir paralysé un paquebot pendant plus d'un an, il échoue plus tard dans son instance en paiement du billet de grosse, il sera passible d'énormes dommages-intérêts envers l'armateur.

Il y a là, des deux parts, des responsabilités terribles et une situation inextricable. Et la difficulté vient précisément de ce que les uns, comme la cour de Poitiers, veulent voir, dans le fait par l'armateur de réexpédier le navire, une *cause de déchéance de la faculté d'abandon*, et de ce que les autres, comme M. de Courcy, ne voient, au contraire, dans ce fait qu'un simple acte d'administration, qui n'empêchera pas l'abandon, et *n'engagera en rien, même au cas de perte du navire, la responsabilité de l'armateur.*

Nous avons combattu la première de ces opinions, mais la

seconde n'est pas plus admissible. Il est facile de s'en convaincre en se plaçant un instant dans l'hypothèse où le procès entre le prêteur à la grosse et le propriétaire du navire se serait terminé en faveur du premier.

N'est-il pas certain, à ce moment, que ce prêteur avait le droit, *dès le début*, de se faire payer sur le navire (1). L'armateur le contestait. Il était, si l'on veut, de très bonne foi; mais il s'est trompé et, en définitive, il a été condamné. Est-il juste, est-il admissible qu'il s'acquitte aujourd'hui de sa dette, en abandonnant un navire qui est au fond de l'eau par sa faute, *et qu'il ne doive au prêteur aucun dédommagement pour la destruction de son gage ?*

Je comprends que la cour de Poitiers, se croyant, à tort suivant moi, dans l'obligation de choisir entre ce résultat et la déchéance de la faculté d'abandon, n'ait pas hésité à sacrifier l'armateur.

La solution que nous proposons a le grand avantage de ne sacrifier personne. L'armateur pourra continuer à utiliser son navire, sans avoir à craindre de perdre la précieuse faculté que la loi lui a accordée dans un intérêt public, à la charge bien entendu de réparer personnellement le préjudice qui pourrait en résulter pour le prêteur. Et, de son côté, le créancier se trouvera dispensé de recourir à cette mesure, si dangereuse pour lui, de l'opposition à la sortie du navire.

Elle n'aurait d'utilité que dans le cas où sa confiance dans la solvabilité de l'armateur serait ébranlée, hypothèse dans laquelle la faculté d'abandon ne peut lui porter aucun préjudice.

CHAPITRE V

DE LA COMBINAISON DE L'ABANDON AUX CRÉANCIERS ET DU DÉLAISSEMENT AUX ASSUREURS

Comme on a pu s'en apercevoir, je ne prétends point écrire un traité complet de la matière, mais une simple étude. Le but

---

(1) M. de Courcy le reconnaît si bien, qu'il en conclut que le ou les frets gagnés par le navire, postérieurement au fait qui a donné lieu à l'abandou, n'entraient pas dans la fortune de terre de l'armateur, et doivent être mis en réserve au profit du créancier, ce qui est, en effet, parfaitement exact.

que je me suis proposé dans cette étude étant de rendre à la disposition qui forme l'art. 216 du Code de commerce son véritable caractère, j'ai dû choisir, pour m'y arrêter, les questions qui, directement ou indirectement, avaient trait à ce caractère et me paraissaient le plus propres à le faire ressortir.

A ce titre, il en est au moins une encore qui a droit à notre attention : la question de la combinaison ou de l'incompatibilité de l'abandon aux créanciers permis par l'art. 216 et du délaissement aux assureurs régi par les art. 369 à 396 du Code de commerce.

A vrai dire, il n'y a guère là de question proprement dite, et loin de voir dans l'exercice simultané de ces deux droits distincts, et en apparence opposés l'un à l'autre, une difficulté insoluble, on s'accorde aujourd'hui à les combiner et à les faire vivre côte à côte.

On ne se divise même pas, et c'est là le point important, sur le résultat *pratique* de cette combinaison. De l'aveu de tous, les assureurs auxquels l'armateur aura *délaissé* un navire dont il aura déjà fait *l'abandon* au créancier seront obligés de respecter les droits de ce dernier. Et, en ce qui touche leurs rapports avec l'assuré, de deux choses l'une : ou le sinistre qui a donné lieu à *l'abandon* fait partie des risques qu'ils ont pris à leur charge, auquel cas ils devront payer intégralement à l'assuré l'indemnité qui lui revient, ou bien ce sinistre est en dehors des risques qu'ils ont acceptés, et dès lors ils auront le droit, dans le règlement de l'indemnité, d'en déduire une somme proportionnelle à la valeur dont les prive l'abandon. Les assureurs eux-mêmes le reconnaissent.

Mais comment arriver à justifier ce résultat? Sur quelles bases repose-t-il? Devons-nous y voir l'application régulière des principes de *l'abandon* et du *délaissement*, ou bien une simple *transaction* entre des intérêts contraires?

C'est cette dernière opinion qu'adopte M. de Courcy. Pour lui, *l'incompatibilité* de ces deux droits ne fait aucun doute, et, bien qu'il consente à chercher des *solutions d'expédient,* il l'estime *inattaquable devant la raison pure.*

« Tout d'abord, dit-il, il est manifeste que l'abandon aux créanciers, de l'art. 216, doit être effectif et leur abandonner réellement ce qui est resté du navire et du fret. Puisqu'il est reconnu qu'ils sont étrangers à l'assurance, opération facultative faite en dehors d'eux par l'armateur, et qu'ils n'ont aucun droit aux produits de l'assurance, ils ne peuvent pas être lésés par cette opération étrangère. Ils ont incontestablement droit, sans partage avec les assureurs, à la totalité des produits du navire et du fret.

« Mais les assureurs, seront fondés à dire de leur côté : L'abandon aux créanciers est un acte *d'option*, un acte libre et facultatif de l'armateur qui ne consulte que son intérêt. Cet acte d'option ne peut pas préjudicier aux assureurs, qui sont des tiers étrangers, et la condition même du délaissement est de remettre sans partage aux assureurs la totalité des produits du navire et du fret.

« La logique voudrait donc que l'abandon aux créanciers entraînât virtuellement renonciation au délaissement aux assureurs et réciproquement. Or, cette logique à outrance déconcerterait les armateurs et jetterait dans leurs opérations une perturbation énorme. Quoique je l'estime inattaquable devant la raison pure, elle n'a jamais été invoquée devant les tribunaux (1). »

L'auteur cherche alors des solutions d'expédient, qu'il demande à l'équité, à la pondération des intérêts du commerce. Je n'ai rien à redire à ces solutions acceptées de tous jusqu'ici, Mais il est intéressant, au point de vue des principes, d'examiner si le raisonnement de tout à l'heure est bien inattaquable.

La première partie de l'argumentation relative aux créanciers et à l'innocuité à leur égard du délaissement touche à l'évidence. Comme le dit autre part M. de Courcy (2), « le législateur de 1841 a voulu *concéder aux armateurs un droit nouveau*, SANS LEUR ENLEVER AUCUN *de leurs anciens droits.* »

D'un autre côté, il est certain que l'assurance étant non pas le prix du navire, mais la contre-partie de primes payées volontairement par l'armateur sur sa fortune de terre, aux termes d'un contrat distinct, lequel est pour les créanciers *res inter alios acta*, ne confère à ces derniers aucun droit quelconque sur l'indemnité due par les assureurs (3).

---

(1) *Questions historiques*, 2ᵉ série, p. 198 et 199.
(2) *L'abandon et le délaissement*, brochure parue en 1860.
(3) « Le recours du propriétaire ou des copropriétaires contre leurs as-
« sureurs ne sera pas compris dans l'abandon » (Loi belge du 21 août 1879,
art. 7). « Lors de la vive discussion qui eut lieu en 1841 à la Chambre des
pairs sur la modification de l'art. 216, les magistrats de la Cour de cassa-

Mais, que les assureurs soient fondés à refuser le délaissement et par conséquent à faire un simple règlement d'avaries, sous le prétexte que cet abandon est un acte *d'option* qui ne peut leur préjudicier, et que l'abandon purement volontaire, de la part de l'armateur, ne lui permet plus cette délivrance pleine et entière du navire avec le fret, *sans partage avec personne*, condition nécessaire du délaissement, voilà ce que je conteste formellement.

C'est encore là une erreur. Ou plutôt, c'est toujours la même erreur, se renouvelant sous toutes les formes, mais provenant toujours de la même cause : de la malencontreuse formule employée par le législateur.

D'une part, en effet, s'il y a option, il n'y a pas, nous l'avons établi, obligation *alternative*, mais obligation simple d'abandonner le navire, avec faculté d'échapper à cette obligation en payant le montant de la créance.

Et d'autre part, l'abandon n'implique en aucune façon translation, ni même abdication proprement dite de la propriété de la part de l'armateur. Il constitue simplement pour les créanciers, suivant l'expression de Bédarride, « le *canton-* « *nement de leurs droits* qui ne changent pas de nature et qui « *restent, après comme avant* l'abandon, *de simples droits de* « *créances.* » Il ne peut, en conséquence, être question, entre les créanciers abandonnataires et les assureurs auxquels on aurait délaissé le navire, d'*un partage de propriété*, que ces derniers auraient le droit de refuser.

La vérité, c'est que les créanciers du navire ont sur lui un droit réel, une sorte d'hypothèque, un lien maritime, comme dit la coutume anglaise, et que « la propriété du navire n'a été « transmise à l'assureur par le délaissement qu'avec les

tion, qui s'opposaient ardemment à l'extension de la faculté d'abandon, demandèrent subsidiairement qu'au moins l'abandon comprît le produit des assurances. C'était de l'étourderie et c'était de la passion. Il s'agissait de protéger les armateurs, l'abandon ainsi étendu aux assurances eût été le contraire d'un bienfait. Combattu par le garde des sceaux, l'amendement fut repoussé, il servit en quelque sorte à mettre hors de contestation que le produit des assurances n'est pas le gage des créanciers du navire » (*Questions maritimes*, 2ᵉ série, p. 195). On sait que la loi du 10 décembre 1874 sur l'hypothèque maritime, désireuse d'augmenter le crédit des armateurs auprès des prêteurs hypothécaires, n'a pas craint de rompre avec la tradition et de concéder à ces derniers un droit de suite sur le produit des assurances, mais il est permis de voir, dans cette disposition arbitraire et contraire à tous les principes, la cause principale des répugnances qui ont accueilli cette loi et du peu d'application pratique qu'elle a eue.

« charges réelles dont il était grevé entre les mains de l'as-
« suré (1). »

Cette propriété n'étant transférée que dans l'état où elle se
trouve au moment du délaissement, les assureurs, substitués
au droit du propriétaire, se trouvent également substitués à
toutes ses obligations.

La raison juridique de cette substitution a été très exactement indiquée par M. Bédarride (2) : « Par la réalisation du
« sinistre faisant l'objet de l'assurance, dit le savant commenta-
« teur du Code de commerce, *les assureurs prennent la place de*
« *l'assuré dès le commencement du voyage.* C'est pour leur
« compte et à leurs risques et périls que le voyage est présumé
« s'être accompli, que le navire a navigué, ils doivent donc
« satisfaire à toutes les charges dont cette navigation et ce
« voyage sont devenus l'origine. Ils répondent des faits du
« capitaine, *devenu le leur*, et ils ne peuvent à leur tour se li-
« bérer des effets de cette responsabilité *que comme l'assuré*
« *aurait pu le faire lui-même, c'est-à-dire par l'abandon du na-*
« *vire et du fret.* »

Telle est, ramenée à son caractère d'origine, à son sens vrai,
la signification et par suite la portée de l'institution appelée si
improprement *faculté d'abandon*. Il en a été de celle-ci comme
de la faculté de délaisser l'immeuble hypothéqué, dont l'expression, nous l'avons vu, a été viciée, *prépostérée* ; et si l'on
voulait donner de ces deux coutumes sœurs une formule
exacte, correcte, *élégante*, au sens que les Latins attachaient à
ce mot, on devrait plutôt lui faire exprimer la faculté *d'éviter*,
par le paiement de la créance, *le délaissement* de l'immeuble
et *l'abandon* du navire.

Cette faculté ou cette option n'a rien créé, ni rien modifié
au préjudice des assureurs, et l'armateur, en ne payant
pas ce qu'il ne doit pas, n'a fait qu'user d'un droit écrit dans la
loi et dont les assureurs ont dû tenir compte. « Les chances
« de l'abandon, dit très bien M. Desjardins, sont prévues par
« la loi, et font à ce titre partie de celles qu'acceptent les
« assureurs, en vertu de leur contrat aléatoire (3). »

De quoi donc pourraient-ils se plaindre ? « Ils restent subro-

<hr>

(1) Dalloz, v° *Droit maritime*, n° 221.
(2) Sur les art. 216 et 217, n° 291.
(3) T. II, n° 293.

gés aux droits de l'assuré, et, suivant une juste remarque du
même auteur, « cette subrogation les autorise à *révoquer l'aban-*
« *don non accepté,* à la charge d'acquitter toutes les dettes...
« à contester les prétentions des créanciers et à faire abandon
« s'il n'est pas fait. »

J'irais même plus loin que l'éminent magistrat, et je les au-
toriserais à révoquer l'abandon *même accepté.* Et, en effet, si,
comme nous le croyons, l'abandon n'est pas *acquisitif,* quel
intérêt pourrait avoir le créancier à refuser d'y renoncer vis-à-
vis d'un assureur qui lui rembourse l'intégralité de sa
créance?

Il n'en est pas de l'abandon comme du délaissement qui,
une fois accepté ou jugé valable, établit entre les parties un
contrat inviolable. S'il en est ainsi du délaissement, c'est parce
qu'aux termes de l'art. 385 « le délaissement signifié et ac-
« cepté ou jugé valable, *les effets assurés appartiennent à l'as-*
« *sureur à partir de l'époque du délaissement.* » Cette raison
n'existant pas pour l'abandon, et la loi n'exigeant ici ni signification ni forme quelconque, je comprends bien l'intérêt que
peut avoir l'armateur, menacé d'être poursuivi personnellement, de faire constater l'acceptation de l'abandon par le
créancier. Cette acceptation est pour lui un *quitus,* une garantie contre toute poursuite ultérieure. Mais j'ai beau chercher,
je ne puis apercevoir aucune raison pour le créancier, aucun
intérêt à s'abriter derrière cette acceptation, pour se garantir...
du paiement intégral de sa créance!

Les assureurs pourront donc, je crois, révoquer l'abandon
en tout état de cause, ou plutôt en tout temps, et quels qu'aient
été, au point de vue de l'abandon, les agissements de l'armateur (1).

Encore une fois de quoi pourraient-ils se plaindre?

D'une seule chose, peut-être, et en cela je suis pleinement
d'accord avec M. de Courcy et M. Arthur Desjardins. Ils auraient incontestablement le droit de se plaindre, si l'armateur,
dénaturant le sens et la portée de l'abandon, cherchait, directement ou d'une manière détournée, à trouver, dans l'exer-

(1) A la condition, bien entendu, de payer *sans contestation* le montant
de la créance, car l'abandon fait par l'armateur équivaut à un *aveu* du bien
fondé de la demande, et cet aveu est opposable aux assureurs, ses ayants
droit.

cice de ce droit, *un cas de délaissement* à ajouter aux cas de délaissement expressément et limitativement prévus par l'article 369 du Code de commerce.

Comme le dit très justement le dernier de ces auteurs, « l'abandon, n'étant pas une cause de délaissement, ne doit pas « aggraver la situation des assureurs. Ce qui leur importe, « c'est de n'en être pas lésés. »

Mais j'avoue ne pas très bien comprendre comment il en serait autrement? comment surtout l'abandon pourrait devenir une cause de délaissement? Et je ne sache pas qu'on l'ait jamais prétendu?

On va peut-être se récrier.

Non seulement on l'a prétendu, va-t-on dire, mais une cour souveraine l'a jugé (1) et son arrêt déféré à la Cour de cassation a été l'objet d'un arrêt de rejet (2). Et M. de Courcy, qui s'essayait alors dans le genre où il est passé maître aujourd'hui, a consacré à la critique de cet arrêt une *question de droit maritime*, a laquelle il a donné ce titre : L'ABANDON ET LE DÉLAISSEMENT (3).

Dans cet article, écrit avec cette légèreté de plume, cette animation, cette vie, ces appels répétés au bon sens et à l'équité qu'affectionne l'auteur et qui le rendent si sympathique, M. de Courcy dénonce la nouvelle jurisprudence inaugurée par l'arrêt de Bordeaux, en vertu de laquelle, « aux cas de délaissement « strictement définis et limités par la loi, l'armateur, par son « libre choix, en ajoutera un autre, *l'abandon volontaire* qu'il « aura fait aux créanciers. » La démarcation si nette entre les cas qui donnent lieu à un simple règlement d'avaries et ceux qui donnent ouverture au délaissement, serait outrageusement violée, puisque, à la seule condition que le navire ne rentre en France qu'après une relâche et un emprunt, l'armateur n'aurait qu'à faire *l'abandon* aux créanciers, pour s'ouvrir à lui-même et sans le secours de la loi la porte du délaissement aux assureurs !

Certes, on ne saurait trop protester en effet contre une ju-

(1) Cour de Bordeaux, 16 janvier 1860, affaire du *Gaston et Félicie.*
(2) 9 août 1869.
(3) Paris, imprimerie administrative de Paul Dupont, 1860. Peut-être les idées de l'auteur se sont-elles modifiées sur certains points, car il n'a pas cru devoir rééditer cette question avec les autres.

risprudence qui aboutirait à un pareil résultat, mais alors il serait bien difficile de comprendre comment l'arrêt a pu sortir à son honneur de l'épreuve d'un pourvoi.

Ce que dit l'auteur de l'autorité *peu imposante* (!) des arrêts de rejet et des éminents magistrats de la Cour de cassation, *rarement versés dans la pratique d'un droit tout spécial* (1), n'étant pas admissible pour ceux qui connaissent les traditions de science et de conscience de la chambre .. requêtes, nous avons voulu nous expliquer ce mystère.

Mais la lecture la plus attentive de l'arrêt de Bordeaux ne nous a apporté aucune lumière, et nous n'avons pu y découvrir, ne fût-ce qu'en germe, l'étrange théorie destinée à bouleverser les principes les plus certains du droit maritime.

Pour plus de clarté, donnons-en d'abord le texte intégral.

« Attendu que le navire *Gaston et Félicie,* assuré pour la somme de 100,000 francs, fut pendant le cours de l'assurance assailli dans les parages de l'île de la Réunion par une tempête qui lui fit éprouver de graves avaries ; que le capitaine, l'ayant conduit à Maurice afin de le faire réparer, fut obligé de con·tracter un emprunt à la grosse pour faire face au coût des réparations; que le navire, revenu en France, a été vendu dans le port de Nantes à la requête des porteurs du contrat à la grosse, sans que les assureurs, avertis des poursuites, se soient mis en mesure de prévenir la vente en désintéressant le porteur du contrat;

« Attendu que l'assurance sur corps couvre le navire et le garantit contre toutes les pertes qui sont une suite des événements de la navigation jusqu'au moment où, rentré au port, il est mis à la libre disposition de l'assuré;

« Attendu qu'aux termes de l'art. 369 du Code de commerce, la perte de l'objet assuré est une cause de délaissement ;

« Qu'à la vérité, cette disposition a particulièrement en vue le cas le plus ordinaire, celui où la perte est le résultat immédiat et direct de l'événement de mer, mais que ce n'est pas

(1) L'arrêt critiqué par M. de Courcy a été rendu conformément au rapport de M. le conseiller d'Oms, magistrat éminent, qui avait fait à Bordeaux la plus grande partie de sa carrière. Ce rapport, très remarquable, aussi bien que celui qui a précédé l'arrêt du *Mussa-Pacha,* dénote une connaissance approfondie du droit maritime.

ajouter à la loi que donner aux expressions dont elle se sert toute l'étendue qu'elles comportent et qui est en rapport avec son esprit;

« Que, dans l'esprit de la loi, il y a essentiellement lieu au délaissement toutes les fois qu'il y a perte entière de l'objet assuré par suite d'une fortune de mer;

« Que lorsqu'un emprunt à la grosse est contracté en cours de voyage pour réparer le navire, et qu'arrivé au port de destination il est vendu pour faire face à cet emprunt, la perte est aussi complète pour les assurés que si le navire eût péri en mer ou que le capitaine l'eût fait vendre au port de relâche, faute de fonds pour le réparer;

« Que la perte est matérielle, parce que, bien que le navire subsiste et change seulement de propriétaire, il est matériellement perdu pour l'assuré;

« Qu'il ne s'agit pas, quant à lui, d'un simple dommage ou de frais nécessaires absorbant tout ou partie de la valeur de la chose sans toucher à la substance, mais de la chose elle-même dont il est irrévocablement dépossédé;

« Que la translation de propriété opérée par la vente du navire n'empêche pas que l'assuré n'en puisse faire le délaissement; car le délaissement a moins pour objet de rendre l'assureur propriétaire de la chose que de l'obliger à compter à l'assuré la somme qui la représente, l'assureur étant mis simplement au lieu et place de l'assuré, qui lui cède des droits s'il en a;

« Qu'ainsi le délaissement a lieu encore que la chose ait complètement péri, ou qu'elle ait passé en d'autres mains, comme le cas de prise;

« Attendu que le règlement d'avaries suppose un ou plusieurs dommages partiels qu'il s'agit d'évaluer pour déterminer l'indemnité due à l'assuré, mais que les dommages partiels disparaissent quand le navire a été vendu par suite de la fortune de mer;

« Qu'alors l'indemnité est de la valeur totale de la chose, selon l'estimation portée au contrat d'assurance, et c'est le cas du délaissement;

« Attendu que c'était aux assureurs, tenus de toutes les suites des événements de mer, de dégager le navire des contrats de grosse afin de prévenir la vente et le délaissement;

« Que ce n'était pas assez d'offrir, ainsi qu'ils l'ont fait, de contribuer au paiement du prêt à la grosse, à la concurrence du montant des avaries qui pouvaient être à leur charge, sauf à l'assuré de fournir le complément ;

« Que celui-ci pouvait ne pas avoir les fonds nécessaires, et n'était pas d'ailleurs obligé de les prendre sur sa fortune de terre, et qu'en mettant à la disposition des assureurs le fret gagné par le navire il a complètement satisfait à ses obligations ;

« Par ces motifs, Confirme. »

Tel est l'arrêt à la critique duquel M. de Courcy a cru devoir consacrer l'article dont nous parlions. Que la lecture de cet arrêt ait déplu aux assureurs, il n'y a là rien que de fort naturel, mais on a quelque peine à comprendre l'étonnement dont ils ont fait montre à cette occasion.

Que la cour de Bordeaux ait eu tort ou raison, il est certain, du moins, que sa décision ne constitue pas *une erreur isolée*, car les précédents ne manquaient pas.

Qu'a-t-elle jugé, en définitive ?

Que la vente judiciaire du navire, faite à la requête du porteur d'un billet de grosse consenti au cours du voyage pour cause de réparations nécessaires, constituait un cas *d'innavigabilité par fortune de mer*, et donnait lieu au délaissement.

Il ne pouvait s'agir, bien entendu, de cette innavigabilité matérielle et *absolue* qui résulte d'un naufrage, mais de l'innavigabilité dite *relative*, en ce sens que le navire est perdu et, par conséquent, *innavigable pour l'assuré*.

L'admission de cette innavigabilité relative comme l'équivalent de l'innavigabilité absolue est un point de jurisprudence constant. « Les décisions, dit à ce propos M. Laurin, sont trop multiples et en même temps trop unanimes pour être citées (1)... » et il leur donne son assentiment en ces termes :
« La terminologie n'est sans doute pas dans la loi, mais l'idée
« que cette terminologie exprime y est (C. proc. art. 350) et
« ne peut pas ne pas y être, sans quoi le but même de l'assu-
« rance serait manqué (2). »

Je ne veux cependant pas équivoquer. On entend en général

----

(1) Note 2 de la page 115 du tome IV, l'ouvrage le plus récent paru sur la matière.
(2) T. IV, p. 116 *in principio*.

par innavigabilité relative une innavigabilité *matérielle*, en elle-même facilement réparable, mais que les circonstances, l'isolement du lieu où le navire est échoué, l'absence de ressources ou le manque de crédit du capitaine rendent irrémédiable.

Mais depuis longtemps aussi il a paru juste de regarder comme innavigabilité relative « celle qui, sans affecter la sub- « stance du navire, et, en lui laissant même l'intégralité de ses « facultés, le présente grevé de dettes contractées par suite « des fortunes de mer, de telle sorte qu'il ne puisse être libéré « que par la vente; dans ce cas, le navire (a-t-on dit) est perdu « pour l'assuré; il cesse de pouvoir remplir sa fonction *au res-* « *pect de l'assuré;* à ce point de vue il est innavigable (1). »

Déjà, en 1827, le tribunal de commerce de Marseille (2), dans un jugement confirmé par la cour d'Aix, voyait un cas d'innavigabilité relative dans la dépossession de l'armateur par la vente faite *au port de destination,* pour éteindre un emprunt à la grosse consenti au cours du voyage.

Ce jugement affirmait que le propriétaire du navire avait été privé de sa propriété, *comme il aurait pu l'être par tout autre événement constituant un sinistre majeur,* et que si le navire n'avait été vendu qu'au port de destination, *la cause de cette perte existait depuis l'entrée du navire au port de relâche.*

En 1850, la même question, ou à peu près, fut posée à la cour de Rouen (3), au sujet de la *Bonne Clémence.* Elle en différait seulement en ce sens que la vente de ce dernier navire ayant produit un prix qui, déduction faite de l'emprunt à la grosse, se réduisait à 5,000 francs environ, l'armateur, au lieu d'invoquer *l'innavigabilité par fortune de mer,* fondait son action en délaissement sur la *perte des trois quarts.*

La cour lui a donné raison, mais il est facile de voir que, dans sa pensée, *l'innavigabilité,* dont les réparations faites à l'aide de l'emprunt n'ont fait *que suspendre l'effet,* est la vraie cause du délaissement.

En réponse à la prétention de l'appelant que la vente du navire n'avait pas eu lieu par fortune de mer, mais *pour payer les*

(1) Rapport de M. le conseiller d'Oms, dans l'affaire du *Gaston et Félicie.*
(2) Marseille, 20 juillet 1827, affaire de la *Marie-Zoé.*
(3) Rouen, 7 décembre 1850, affaire Riedmann (D. P. 51, 2, 213).

dettes du capitaine, hors du lieu de relâche, l'arrêt s'en explique très clairement :

« Il est constant, y est-il dit, que, si à défaut de l'emprunt le capitaine n'avait pu reprendre la mer, le délaissement *pour cause d'innavigabilité* n'aurait pu être contesté ; or l'emprunt à la grosse qui a servi à faire les réparations au moyen desquelles on a pu faire le voyage, *n'a fait que suspendre*, jusqu'à paiement, dans l'intérêt de l'assuré et des assureurs, *les conséquences de la fortune de mer...* »

Enfin la Cour de cassation elle-même s'était prononcée sur la question.

Une première fois, elle avait, en rejetant le pourvoi contre l'arrêt de Rouen précité, déclaré que la vente avait été la conséquence de l'emprunt, et que, dès lors, *la perte du navire se liait à la fortune de mer comme l'effet à la cause* (1).

Mais c'est en 1859, dans l'affaire du *Mussa-Pacha* (2), que s'affirme avec le plus de netteté la doctrine de l'innavigabilité relative à la suite d'une vente judiciaire du navire ayant pour cause les dettes nées du voyage.

Cette doctrine, on vient de le voir, était loin d'être nouvelle, et le seul point particulier à l'arrêt du *Gaston et Félicie* consiste en ce que la vente du navire avait eu lieu, non plus à l'étranger, au *port de destination*, mais à l'arrivée du navire *dans un port de France*.

Au surplus, les circonstances de la cause étaient des plus favorables. Il suffit, pour le démontrer, de dire que le navire, assuré pour la somme de 100,000 francs, avait dû, pour être remis à flot, contracter un emprunt, qui, avec le profit maritime, s'élevait à 104,836 fr. 75 c. (3).

La circonstance que la vente avait eu lieu *au port du reste*, ne changeant rien au résultat, qui équivalait, dans les deux cas, *à la perte du navire pour l'armateur*, ne parut pas à la Cour suprême de nature à modifier sa décision.

Tout en reconnaissant que la situation du *Gaston et Félicie* n'était *pas identique* à celle du *Mussa-Pacha*, le rapport déclare qu'elle *se résout par les mêmes principes*, et le pourvoi fut rejeté.

(1) D. P. 52, 1, 147.
(2) Req., 9 et 17 août 1859 (D. P. 60, 1, 459).
(3) On aurait pu encore ici fonder le délaissement sur la perte des trois quarts, à moins qu'une clause de la police ne s'y opposât.

Tel n'était pas l'avis des assureurs : « Comme des parvenus qui cherchent des ancêtres, dit M. de Courcy, on s'évertue à rattacher le débat actuel à d'autres procès, et notamment à l'affaire du navire *le Mussa-Pacha*. La *filiation est illégitime*, et les questions soulevées sont absolument *dissemblables*... » Et, après avoir rappelé la différence mentionnée plus haut du lieu de la vente, il ajoute, en parlant de la situation du *Mussa-Pacha* : « *L'art.* 216 *n'avait là rien à faire*... On soutenait que le droit au délaissement, par la réalisation d'un des cas définis dans la loi ou la convention, avait préexisté à l'abandon volontaire qu'on avait pu faire du navire aux créanciers. *On ne prétendait pas se créer un droit et un titre en vertu de cet abandon même*. La distinction est aussi sensible que capitale. »

J'en demande bien pardon à l'auteur, mais, pour que cette distinction fût sensible, il faudrait que l'arrêt du *Gaston et Félicie* eût puisé *dans l'abandon de l'armateur* son droit au délaissement; or, je ne vois pas qu'il se soit le moins du monde préoccupé de l'*abandon*. Le mot même n'y est pas prononcé. Comment donc cette décision eût-elle pu, sans même y faire allusion, transformer ce droit et en exagérer l'effet au point d'y voir un nouveau cas de délaissement?

La cour de Bordeaux et la chambre des requêtes sont à mes yeux très innocentes de cette dangereuse innovation. C'est aussi de très bonne foi que M. de Courcy a cru la voir dans leurs arrêts, et, avec la doctrine qu'il professe au sujet de l'abandon, il ne pouvait manquer de s'y tromper. Si, comme il le soutient en effet, l'abandon est *translatif de propriété*, ce n'est pas en vertu de la vente judiciaire, de la vente forcée qui suit cet abandon, que l'armateur est dépossédé, que le navire est *perdu* ou *innavigable* en ce qui le concerne, c'est en vertu de *l'abandon lui-même*, et ce fait de l'abandon étant, aux yeux de l'auteur, une faculté laissée à l'arbitraire de l'armateur, il a pu voir ce dernier forgeant lui-même, à sa guise et de sa propre main, la prétendue perte qui va donner ouverture au délaissement et lui permettre de toucher l'entière indemnité de l'assurance.

Mais, si, comme nous le croyons au contraire, l'abandon ne change rien à la question de la propriété, s'il ne la transfère pas, il n'est pour rien dans l'appréciation de la perte, et ne peut jamais, directement ou indirectement, devenir une cause de délaissement.

Jr, 'arrêt de Bordeaux ne parlant pas de l'abandon, il ne paraît pas possible de croire qu'il y voie la perte ou l'innavigabilité dù navire et par suite une cause de délaissement. Bien plus, il y est parlé en termes formels de la *translation de propriété opérée* PAR LA VENTE *du navire.* C'est donc bien la *vente* et non l'abandon qui constitue aux yeux de la Cour la perte du navire et l'ouverture au délaissement (1). Et l'énormité qu'on lui reproche n'a pas été un instant dans sa pensée.

En veut-on une preuve?

Qu'on suppose que l'emprunt à la grosse ait été fait en vertu d'une procuration spéciale de l'armateur. La coutume consacrée par l'art. 216 ne régit pas cette hypothèse : *lepatron, dit le Consulat, n'ayant pas eu le pouvoir d'obliger les biens de terre desdits parsonniers,* S'IL N'AVAIT PROCURATION OU AUTRE PLEIN POUVOIR ÉCRIT; et le statut de Gênes ne parle non plus que du patron *non habens speciale mandatum.*

L'armateur va donc se trouver *personnellement* obligé, et il ne saurait être question ici de faculté d'abandon.

Mais le prêteur à la grosse n'en aura pas moins privilège sur le navire, et pourra, s'il y trouve son intérêt, en poursuivre la vente. Si, par suite de cette vente, que l'armateur n'a aucun droit d'empêcher, le navire étant perdu ou devenu innavigable en ce qui le concerne, l'armateur prétend que cette innavigabilité relative donne ouverture au 'délaissement, qu'est-ce qui empêcherait la cour de Bordeaux ou toute autre cour de lui donner raison? Quel est donc le considérant de l'arrêt du *Gaston et Félicie* dont l'application à cette seconde espèce deviendrait difficile ou impossible? Je n'en vois pas un seul, pour ma part.

L'argumentation de l'arrêt de 1860, aussi bien que celle de l'arrêt de rejet, porte tout entière sur les obligations contractées en cours de voyage *et la vente qui en a été la suite* : « Attendu, dit la Cour de cassation, que ces obligations qui ont « eu pour cause une fortune de mer opèrent la dépossession

---

(1) Dans l'affaire de l'*Amiral Cazy* à laquelle j'ai déjà fait allusion, l'armateur prétendait aussi avoir droit au délaissement par suite de l'innavigabilité relative résultant de la vente judiciaire du navire dont il avait fait abandon. Et c'était au contraire les assureurs qui, se plaçant, je dois le dire, au point de vue de leur adversaire, à titre de simple hypothèse, prétendaient que la *perte* du navire donnant lieu au délaissement remontait au moment de l'abandon. Il est vrai que, dans ce cas, le délaissement n'eût pas été possible, par suite de l'expiration des délais.

« légale de l'armateur et produisent à son égard le même effet
« que le naufrage ou la perte matérielle du navire ; attendu
« que, privé dans l'un et l'autre cas et *par une cause identique*
« de la possession de l'objet assuré, l'armateur doit pouvoir
« exercer, dans les deux situations, les mêmes actions contre
« les assureurs *qui ont pris à leur charge tous les risques de la*
« *navigation...* »

Où voit-on dans cette argumentation un mot relatif à la faculté d'abandon ?

Il est dit, il est vrai, dans l'arrêt de Bordeaux, que c'était aux assureurs tenus de toutes les suites des événements de mer de dégager le navire des contrats de grosse, afin de prévenir la vente et le délaissement ; que l'armateur pouvait ne pas avoir les fonds nécessaires, et *n'était pas d'ailleurs obligé de les prendre* SUR SA FORTUNE DE TERRE. Faut-il voir dans ces derniers mots une allusion à la faculté d'abandon, et à la distinction qu'elle implique entre la fortune de terre et la fortune de mer ?

Ce serait à nos yeux une grave erreur, et rien n'autorise à croire que la cour de Bordeaux y soit tombée. La loi, en consacrant la faculté d'abandon, n'a eu en vue que les créanciers du navire ; elle ne s'est point occupée des assureurs. Mais en dehors de l'art. 216 et même dans les cas qui échappent à son empire, les assureurs ont un *contrat*, en vertu duquel ils se chargent, comme le dit la Cour de cassation, *de tous les risques de la navigation*. Sans doute il y a deux manières de régler ces risques, suivant qu'ils entraînent une simple détérioration ou une perte totale : l'une très avantageuse aux assureurs, le *règlement en avaries*, l'autre très avantageuse à l'assuré, *le délaissement*.

Si, comme le croit la Cour de cassation, la vente forcée, qui est la suite d'emprunts à la grosse destinés à réparer les détériorations causées par la fortune de mer, constitue la perte ou l'innavigabilité qui, aux termes de l'art. 369, donne ouverture au délaissement, il y a là un danger qui menace surtout les assureurs, et c'est à eux à y parer. Ce n'est pas la disposition de l'art. 216 qui protège l'assureur et met sa fortune de terre à l'abri, c'est *le contrat même que les assureurs ont consenti*. Comme le dit si justement M. d'Oms, dans son rapport :
« Le navire étant vendu en exécution d'un contrat de grosse

« régulièrement contracté, cette vente, qui devient alors une
« conséquence de la fortune de mer, est *à la charge des assu-*
« *reurs.* S'ils veulent échapper au délaissement, ils doivent
« prévenir la cause qui va entraîner la perte du navire
« pour l'assuré, c'est-à-dire rembourser la lettre de grosse ;
« si, au contraire, ils laissent ce contrat suivre son cours jus-
« qu'à son exécution, ils se trouvent vis-à-vis de l'assuré dans
« cette situation d'un navire couvert par une assurance *com-*
« *plètement perdu* pour le propriétaire. C'était donc le cas
« d'admettre le délaissement (1). »

Cette vigoureuse argumentation résume à merveille le débat
qui ne sort pas un instant des termes mêmes de la convention
intervenue entre les assureurs et l'assuré. Les assureurs ont garanti les risques de mer. L'armateur, qui a payé pour obtenir
ce résultat, n'a plus à s'en soucier. S'ils craignent que quelque
cause qu'on peut prévenir amène la perte du navire et le délaissement, c'est à eux à employer les moyens nécessaires en
la prévenant. S'ils ne le font pas, qu'ils en acceptent les conséquences; mais, en dehors même du principe de l'abandon, et
dans les cas où il ne saurait être invoqué, je ne sache aucune
loi qui oblige l'armateur à faire des sacrifices, souvent considérables, pour éviter à ses assureurs le désagrément du délaissement (2).

C'est donc bien à tort que le principe de l'abandon est devenu le bouc émissaire de cette discussion. La vieille coutume
née au bord de la Méditerranée, mais qui est devenue aujour-
d'hui presque universelle, n'était pour rien dans la jurisprudence qui a si fort ému les assureurs.

Cette institution, si utile au commerce maritime, ne mérite
pas plus les accusations violentes dont l'arrêt du *Gaston et Fé-*
licie a été l'occasion, qu'elle ne légitimait les véhémentes apos-
trophes par lesquelles on s'est efforcé, en 1841, d'en repousser
la consécration légale. C'est pour répondre à ces accusations et

---

(1) Dalloz, 1860, 1, 129.
(2) Il en serait autrement dans l'hypothèse où l'événement de mer qui
a donné lieu à l'emprunt ne serait pas aux risques des assureurs : si par
exemple il était survenu en dehors du temps ou du lieu des risques. Dans
ce cas évidemment, les assureurs seraient parfaitement fondés à repous-er
le délaissement. Et c'est là une nouvelle preuve que le délaissement, dans
l'affaire du *Gaston et Félicie*, prenait sa source dans le contrat d'assurance
même, et non dans la faculté d'abandon.

justifier la loi française que nous avons entrepris ce travail, et le désir d'épargner à cet égard un dernier reproche à la jurisprudence nous fera pardonner une digression qui, en dehors de cette pensée, pourrait passer pour un hors-d'œuvre.

FIN

TABLE DES MATIÈRES.

Pg

PREMIÈRE PARTIE.

NATURE DE LA RESPONSABILITÉ DES PROPRIÉTAIRES DE NAVIRES

DEUXIÈME PARTIE.

DES ENGAGEMENTS AUXQUELS S'APPLIQUE LA FACULTÉ D'ABANDON

TROISIÈME PARTIE

DE L'ACTION QUI NAIT DU PRÊT FAIT AU CAPITAINE DU NAVIRE

ERRATA

Page 72, 6e ligne; au lieu de *peu de mots*, lisez : *jeu de mots*.
— 138, 18e ligne; au lieu de *premier*, lisez : *dernier*.
— 201, 22e ligne; au lieu de *l'assureur*, lisez : *l'armateur.*

Paris. — Imprimerie de Ch. Noblet, 13, rue Cujas. — 1883.

A LA MÊME LIBRAIRIE

BÉDARRIDE (J.). — **Du commerce maritime.** 5 vol. in-8 .

LE MÊME. — **Commentaire de la loi du 10 décembre 1874 sur l'hypothèque maritime.** 1 vol. in-8 . . . .

CAUMONT (ALD.). — **Dictionnaire universel de droit maritime,** au point de vue commercial, administratif et pénal, ou résumé méthodique et alphabétique de législation, doctrine et jurisprudence nautiques, avec de nombreuses tables spéciales et une table finale, générale et raisonnée de toutes les matières. Nouvelle édition, entièrement refondue et considérablement augmentée. 1 vol. grand in-8, de 900 pages, à deux colonnes. . 20 »

CRESP. — **Cours de droit maritime,** annoté, complété et mis au courant de la jurisprudence la plus récente, par AUGUSTE LAURIN, professeur de droit commercial à la Faculté de droit d'Aix. 4 volumes in-8 . . . . . 34 »

ÉMÉRIGON. — **Traité des assurances et des contrats à la grosse,** conféré et mis en rapport avec le nouveau Code de commerce et la jurisprudence, par M. BOULAY-PATY. 2 volumes in-4 . . . . 12 »

GODET (A.). — **Des courtiers interprètes et conducteurs de navires.** In-8 . . . . 3 »

GUICHON DE GRANDPONT (A.). — **Freitas contre Grotius sur la question de la liberté des mers.** — Justification de la domination portugaise en Asie, par le Dr FR SÉRAPHIN DE FREITAS, Portugais, de l'ordre de N.-D. de Merci, professeur de la chaire de droit canon à l'Académie de Valladolid. (*Traduction.*) 1 volume in-32. . . . . 3 »

HŒCHSTER et SACRÉ. — **Manuel de droit commercial français et étranger.** — Droit maritime à l'usage des jurisconsultes et des commerçants, contenant la législation des pays suivants : France. — Belgique. — Italie. — Roumanie. — Espagne. — Portugal. — Pays-Bas. — Allemagne. — Alsace-Lorraine. — Autriche. — Hongrie. — Cantons suisses. — Danemark. — Suède. — Norvège. — Russie — Pologne. — Angleterre. — Grèce et Iles Ioniennes. — Ile de Malte. — Haïti. — États-Unis. — Brésil. — Pérou. — Chili. — Confédération Argentine. — Amérique centrale. — Mexique. — Pays musulmans. — Chine, etc., etc., etc. 2 vol. in-8. . . 18 »

LEBEAU. — **Code des prises maritimes,** an VII. 4 volumes in-8 . 20 »

MOREL (LOUIS). — **Des avaries, du jet et de la contribution** dans leurs rapports avec le texte du Code de commerce et les règles observées dans la pratique. 1 beau volume in-8. . . . . 7 50

NÉGRIN. — **Du droit d'appel,** limité à 1,500 fr., surtout en matière d'assurances maritimes. In-8 . . . . 7 50

PAULMIER (FERNAND). — **Manuel pratique du capitaine de navire au** point de vue légal. 1 volume in-8. . . . . »

LE MÊME. — **Étude sur l'hypothèque maritime.** Loi du 10 décembre 1874. — 1 volume in-8. . . . . 3 »

Paris. — Imprimerie de Ch. Noblet, 13, rue Cujas. — 9813